Heinz-Wilhelm Vogel | Matthias Lefarth

Unternehmensnachfolge in Handwerk, Handel und Produktion

Heinz-Wilhelm Vogel | Matthias Lefarth

Unternehmensnachfolge in Handwerk, Handel und Produktion

Den Generationswechsel Schritt für Schritt planen

Bibliografische Information der Deutschen Nationalbibliothek
Die Deutsche Nationalbibliothek verzeichnet diese Publikation in der Deutschen Nationalbibliografie.
Detaillierte bibliografische Daten sind im Internet über http://dnb.d-nb.de abrufbar.

Für Fragen und Anregungen:
vogel@mi-wirtschaftsbuch.de
lefarth@mi-wirtschaftsbuch.de

1. Auflage 2010

© 2010 by mi-Wirtschaftsbuch, FinanzBuch Verlag GmbH, München
Nymphenburger Straße 86
D-80636 München
Tel.: 089_651285_0
Fax: 089_652096

Redaktion: Leonie Zimmermann, Landsberg am Lech
Lektorat: Stephanie Walter, München
Umschlaggestaltung: Jarzina Kommunikations-Design, Holzkirchen
Satz: HJR, Jürgen Echter, Landsberg am Lech
Druck: GGP Media GmbH, Pößneck
Printed in Germany

ISBN 978-3-86880-030-2

Weitere Infos zum Thema:

www.mi-wirtschaftsbuch.de

Gerne übersenden wir Ihnen unser aktuelles Verlagsprogramm.

Inhalt

Unternehmensnachfolge: Bedrohung oder Chance?

Die Situation

Die Regelung der Unternehmensnachfolge ist für das Unternehmen und alle Betroffenen eine Chance und Bedrohung zugleich, denn für alle Beteiligten steht viel auf dem Spiel. Wie aber lassen sich Unternehmensübergaben optimal gestalten? Wo liegen die Schwierigkeiten und wie können sich Unternehmen fit machen für einen gelungenen und profitablen Nachfolgeprozess?

In den kommenden drei Jahren stehen in Deutschland rund 400.000 kleine und mittelständische Unternehmen mit annähernd fünf Millionen Arbeitsplätzen vor einem Eigentümerwechsel. Allein beim Handwerk steht in den kommenden fünf Jahren in rund 200.000 Unternehmen ein Generationswechsel an. Längerfristig angelegte Schätzungen haben die Notwendigkeit einer Firmenweitergabe bei 700.000 mittelständischen Unternehmen innerhalb der kommenden zehn Jahre ermittelt.

Für viele Unternehmen stellt die Planung und Umsetzung der Unternehmensnachfolge jedoch ein existenzbedrohendes Problem dar. Experten gehen davon aus, dass bis zu 30 Prozent der betroffenen – und größtenteils eigentlich lebensfähigen – Unternehmen wegen fehlender oder mangelhafter Nachfolgeregelung vom Markt verschwinden werden.

Der Unternehmer

Die Ursache für die stetig steigende Anzahl von zu übergebenden Unternehmen liegt vor allem im Alter der Unternehmensgründer. Die Gründergeneration der Nachkriegszeit ist in die Jahre gekommen. Fast 700.000 westdeutsche Unternehmer sind heute mindestens 55 Jahre alt und möchten sich in den nächsten Jahren zur Ruhe setzen. In rund 45 Prozent der Fälle erfolgt dieser Ausstieg aus der Unternehmensführung planmäßig und kann für die Betroffenen vorbereitet werden. Bei über 20 Prozent ist der Wechsel in eine andere Tätigkeit der Anlass für den Ausstieg.

Zu über einem Drittel der Fälle erfolgt das Ausscheiden jedoch plötzlich und für die Beteiligten vollkommen unerwartet (etwa durch Tod, Unfall oder Krankheit). Entgegen den Annahmen und dem Wunschdenken der meisten Unternehmer und ihrer Angehörigen kann der Zeitpunkt, zu dem man als Unternehmer das Ruder übergibt, häufig also nicht selbst bestimmt werden.

Aus diesen Zahlen wird die Bedeutung einer rechtzeitigen Planung und Regelung der Unternehmensübergabe für den Fortbestand sowie für den zukünftigen Erfolg des Unternehmens deutlich. Viele mittelständische Betriebe sind häufig stark auf den Unternehmensinhaber fokussiert und durch ihn geprägt.

Wesentliche Abläufe, finanzielle und steuerlich-rechtliche Regelung sind Chefsache, niemand außer ihm ist ausreichend informiert, um schnelle und effektive Entscheidungen treffen zu können, niemand sonst ist unterschriftsberechtigt und die Kunden definieren das Unternehmen ganz wesentlich über den Unternehmer selbst. Fällt dieser – etwa aufgrund eines Unfalls – plötzlich und unerwartet aus, bedeutet dies leider vielfach das Ende des Betriebs, den finanziellen Ruin der gesamten Familie und den Verlust existenzsichernder Arbeitsplätze.

Wenn also der Bestand des Unternehmens dauerhaft gesichert werden soll, müssen Unternehmer zum einen ihre langfristige Nachfolgeplanung frühzeitig beginnen. Zum anderen sollte diese um eine jederzeit umsetzbare Notfallplanung ergänzt werden.

Zielkonflikte und Problembereiche

Die Planung und der Vollzug einer Unternehmensübergabe beinhalten jedoch für den Unternehmer auch eine Reihe von Schwierigkeiten, die den Ausstieg aus seinem Unternehmen erschweren und einen einvernehmlichen, gut geplanten Übergang verhindern. Häufig tabuisierte Themen und Ängste bezüglich Alter, Tod und »Loslassen-Müssen« brechen auf.

Weiterhin bestehen fast immer auch Ängste hinsichtlich des Verlustes der eigenen Rolle und der Bedeutsamkeit im Unternehmen, denn lange Zeit war die Gestaltung und Leitung des eigenen Betriebes ein wesentlicher Lebensinhalt. Zudem wird der Unternehmer durch die Planung der Unternehmensübergabe unmittelbar mit der Frage nach der Gestaltung des eigenen Lebensabends konfrontiert.

Schwierigkeiten bereiten neben diesen Problematiken für den Firmeninhaber auch Unterschiede zwischen dem Unternehmer und seinem potenziellen Nachfolger. So treten durch unterschiedliche Wertvorstellungen im Hinblick auf Risikobereitschaft, Führungsstil und Unternehmens-grundsätze sowie voneinander abweichende Bedürfnisse bezüglich Lebensweisen und der Bedeutung von Familie Generationskonflikte auf, die angesprochen und gelöst werden müssen.

Weiterhin sind natürlich immer auch die wirtschaftlichen, finanziellen und steuerlich-rechtlichen Fragen einer Unternehmensübergabe zu klären und einer für alle Seiten optimalen Lösung zuzuführen, was mitunter eine schwierige und zeit- wie energieintensive Aufgabe darstellt.

Hier wird deutlich, wie vielfältig die Ursachen für das Scheitern einer erfolgreichen Übergabe sein können. Sowohl psychologische als auch steuerliche und gesellschaftsrechtliche Barrieren beziehungsweise Unwissenheit führen häufig dazu, dass das Thema der Übergabe möglichst lange vermieden wird. Die Planung der Unternehmensübergabe wird dementsprechend lange hinausgezögert und eine Übergabe mit Konzept und zeitlicher Planung scheitert oder wird erschwert.

Die Unternehmensübergabe optimal gestalten

Zum einen gilt es daher vor einer Unternehmensübergabe, die wirtschaftlichen, steuerlichen und rechtlichen Aspekte im Rahmen einer grundlegenden und sorgfältigen Dokumentation und Analyse zu prüfen und die effektivste Strategie für einen Übergang der Unternehmensführung zu entwickeln. Einer ebenso sorgfältigen Betrachtung ist jedoch auch der Bereich der personell-psychologischen Faktoren zu unterziehen. Erst wenn in allen vier Bereichen eine optimale Vorbereitung erfolgt, sind die Grundsteine für eine erfolgreiche Unternehmensweitergabe gelegt.

Bei der Planung von Betriebsübergaben stehen im Regelfall die wirtschaftlichen, vermögenstechnischen und juristischen Faktoren im Zentrum der Analyse. Der Einfluss der personell-psychologischen Faktoren hingegen wird häufig stark unterschätzt.

Wichtig für das Gelingen einer Unternehmensübergabe sind vor allem eine frühzeitige strategische Planung und eine gezielte systematische Vorbereitung des Unternehmens und des Nachfolgers auf die Übergabe. Erst durch den Einbezug aller vier Faktoren, die Erarbeitung eines konkreten Aktionsplans und die konsequente operative Umsetzung Schritt für Schritt sind das Unternehmen und die Betroffenen optimal auf die Unternehmensübergabe vorbereitet. Und erst auf diese Weise werden die Weichen für einen erfolgreichen Fortbestand des Unternehmens gestellt.

Es ist festzustellen, dass sich das Umfeld für einen Prozess erfolgreicher Unternehmensübergaben verschlechtert hat. Der in der Vergangenheit beschleunigte Strukturwandel und Marktveränderungen stellen die Übergabefähigkeit mancher Betriebe zunehmend infrage. Zudem hat die aktuelle Konjunkturkrise die Ertragslage vieler Betriebe stark in Mitleidenschaft gezogen und eine Modernisierung von Anlagen und Maschinen oft nicht mehr erlaubt.

Des Weiteren wird die zunehmend restriktivere Kreditvergabe der Banken zu einem immer stärkeren Hemmnis für potenzielle Übernehmer, zumal die Finanzierung der Übernahme vielfach nicht sichergestellt werden kann. Und schließlich wurden auch die steuerlichen Rahmenbedingungen des Übergabeprozesses neu geregelt. Gerade vor diesem Hintergrund kommt der Ausgestaltung eines erfolgreichen Übergabeprozesses im Mittelstand sowie der konsequenten Nutzung der Beratungsangebote eine zentrale Bedeutung für die Zukunft mittelständischer Betriebe zu.

Mit diesem Ratgeber soll die Betriebsübergabe erfolgreich gestaltet werden. In sechs Schritten wird konkret beschrieben, wie Sie sich ideal auf eine erfolgreiche Übergabe vorbereiten. Mit praktischen Tipps und Tricks, Checklisten und Beispielrechnungen sind Sie optimal aufgestellt für die Übergabe Ihres Unternehmens – sei es in der Familie oder an Dritte.

An den Notfall denken

Jedes Jahr suchen mehr als 70.000 mittelständische Unternehmen einen Nachfolger – weil ihr Eigentümer das Ruhestandsalter erreicht hat, sich nicht weiter um die Firma kümmern will oder kann, erkrankt oder überraschend stirbt. An der erfolgreichen Weiterführung der Betriebe hängen fast 700.000 Arbeitsplätze. Die Übergabe an einen Nachfolger scheitert jedoch oft – jährlich müssen deshalb etwa 6.000 Firmen dichtmachen.

Wer heute eine Tageszeitung durchblättert, könnte meinen, die Wirtschaft bestehe hierzulande vor allem aus Aktiengesellschaften. Dabei werden insgesamt über 90 Prozent der 3,4 Millionen Unternehmen in Deutschland vom Inhaber oder einer Familie geführt. Sie stehen damit früher oder später vor der Nachfolgefrage. Dabei geht es oft um erhebliche Werte. Immerhin 1.200 Familienunternehmen machen mehr als 50 Millionen Euro Umsatz im Jahr.

Viele der inhabergeführten Firmen werden in den kommenden Jahren auf die Suche nach einem neuen Patron gehen müssen. In der Industrie beispielsweise ist jeder fünfte geschäftsführende Inhaber bereits älter als 60 Jahre. Im Dienstleistungsbereich dürfte das Durchschnittsalter etwas darunter liegen.

Während man in diesen Fällen weiß, dass aus biologischen Gründen bald ein Nachfolger gebraucht wird, kommt es in anderen Fällen knüppeldick. Nach Recherchen tritt bei mehr als einem Viertel der Unternehmen die Nachfolgefrage unerwartet auf, zum Beispiel wenn der Chef plötzlich schwer erkrankt oder stirbt. Ein geeigneter Übernahmekandidat steht dann oft nicht bereit.

Die Folge: Jedes Jahr müssen etwa 6.000 Unternehmen mit 34.000 Mitarbeitern ihre Tore schließen, weil sich niemand findet, der in die Fußstapfen des bisherigen Inhabers tritt.

Söhne und Töchter stehen nämlich nicht immer Gewehr bei Fuß, um den väterlichen oder mütterlichen Betrieb zu übernehmen. Meist ist man sich zwar einig, das Eigentum in der Familie zu halten. Dem steht allerdings immer öfter die Lebensplanung der Kinder entgegen. In einer Umfrage der Hessen Agentur – der Wirtschaftsförderungsgesellschaft des Bundeslandes – aus dem Jahr 2006 gab fast ein Drittel der Personenunternehmer, für deren Betrieb keine familieninterne Nachfolgerlösung gefunden werden konnte, zu Protokoll, dass ihre Kinder Berufsziele außerhalb der elterlichen Firma verfolgten.

In einem Viertel der Fälle hatte der Nachwuchs aus anderen Gründen kein Interesse an der Übernahme des väterlichen oder mütterlichen Betriebs – zum Beispiel weil ihm die Eignung fehlte. Ein knappes Fünftel der Senioren hatte gar keine eigenen Kinder.

In Deutschland übertragen nur noch 44 Prozent der Eigner ihre Unternehmen an Kinder, Enkel, Neffen und Co. Die Übergabe an Externe nimmt damit einen immer breiteren Raum ein und sie bedarf einer noch besseren Vorbereitung auf beiden Seiten – beim Unternehmer wie bei seinem Nachfolger. Der Filius oder die Filia kennt meist die Besonderheiten der Firma und weiß, wo es Chancen und Risiken gibt. Ein Fremder muss erst eingearbeitet werden.

Manche älteren Firmeninhaber fahren inzwischen zweigleisig: Sie bereiten den Junior oder die Juniorin auf den Tag X vor. Für den Notfall – wenn die Kinder noch nicht alt genug sind, studieren oder aus anderen Gründen vorerst nicht den Betrieb übernehmen können – liegt jedoch auch ein Plan B in der Schublade: die Übergabe der Firma an ein Nichtfamilienmitglied – und sei es nur vorübergehend.

Trotz der Vielzahl der Fälle gibt es für den Unternehmensübergang kein Standardprozedere. Allein erbschaftsteuerrechtliche Fragen schließen manchmal das Überspringen einer Generation aus. So werden Übertragungen an Neffen und Nichten inzwischen weit höher besteuert als früher – dies war bislang ein üblicher Weg, das Unternehmen in der Familie zu halten, wenn kein eigenes Kind existierte. Das Geld, das ans Finanzamt fließt, fehlt dann in der Firma und gefährdet die Weiterführung des Unternehmens.

Unterstützung bei der komplexen Übergabeplanung leistet die Nachfolgeberatung der Industrie- und Handelskammern (IHKs und der HWK). Zu den Angeboten zählen Nachfolgetage mit grundlegenden Informationen, Seminare und direkte Beratungsgespräche.

Bis der Verkauf unter Dach und Fach ist, müssen die Beteiligten viele Hürden überwinden – und oft klappt es auch gar nicht. Als größter Hemmschuh für einen reibungslosen Übergang erweist sich aus Sicht der Altunternehmer dabei die verpasste Vorsorge für den Übergangsfall. In der Hälfte aller Fälle hat sich der Senior zu spät um die Nachfolgeplanung gekümmert – und muss jetzt Kompromisse machen.

Das Hinausschieben der Übergabe ist nur allzu menschlich – 43 Prozent der Firmenchefs können aus emotionalen Gründen nicht von der Führung des zumeist selbst aufgebauten Betriebs lassen.

Vier von zehn Übertragungen drohen aber an ganz praktischen ökonomischen Hürden zu scheitern: Der vom Inhaber gewünschte Verkaufspreis ist am Markt nicht zu erzielen. Der Alteigentümer möchte sein über lange Zeit aufgebautes Unternehmen verständlicherweise ungern unter Wert abgeben – und muss dabei auch an seine Alterssicherung denken. Der junge Entrepreneur auf Unternehmenssuche kann jedoch den tatsächlichen Ertragswert schwer abschätzen und trägt dazu noch die Risiken, ob der Kundenstamm gehalten werden kann, verborgene Belastungen auftreten oder sich ganz einfach die Konjunktur schlechter entwickelt.

Tatsächlich haben 56 Prozent der Übernahmeinteressenten Schwierigkeiten, die Mittel für den Kauf des Betriebs aufzubringen. Der Preis ist insbesondere in der Industrie eine große Hürde, da es sich hier oft um größere Firmen handelt und dort teure Maschinen zu übernehmen sind.

Darüber hinaus gibt es weitere zahlreiche Hemmnisse für die Übergabe des Staffelholzes: Vier von zehn Kandidaten finden einfach nicht das passende Unternehmen. Mehr als ein Drittel der Unternehmer in spe räumte nach der Beratung ein, die Anforderungen an die Führung einer Firma schlicht unterschätzt zu haben.

Außerdem sprechen eine hohe Steuerbelastung, international vergleichsweise geringe Gewinnmargen sowie die vielen gesetzlichen Regulierungen gegen die Übernahme eines Unternehmens.

Mit der Reform der Erbschaftsteuer sollte eigentlich eine Hürde für die Fortführung von Betrieben durch Familienmitglieder beseitigt werden. Zwar wird Betriebsvermögen nunmehr zu 85 Prozent steuerfrei gestellt – es muss jedoch sieben Jahre lang erhalten bleiben und die kumulierte Lohnsumme darf dabei nicht unter 650 Prozent der Ausgangssumme fallen. Der Fiskus muss also die ganze Zeit prüfen, ob die Kriterien für die Steuervergünstigungen erfüllt werden. Das ist nicht nur ein ungeheurer bürokratischer Aufwand, über dem Nachfolger schwebt auch jahrelang das Damoklesschwert der Nachzahlung. Daher ist es kein Wunder, dass sich viele potenzielle Jungunternehmer das nicht antun wollen.

Viel Spaß beim Lesen und vor allem: Viel Erfolg bei Ihrer Betriebsübergabe!

Heinz-Wilhelm Vogel   *Matthias Lefarth*

Hamburg und Berlin im April 2010

Schritt 1: Sind Sie bereit für eine Nachfolgeregelung?

1.1   Sensibilisierung für die Nachfolgeregelung

Als Unternehmer sind Sie gewohnt, langfristig zu denken. Versäumen Sie es deshalb nicht, auch »in eigener Sache« frühzeitig die Weichen richtig zu stellen. So stellen Sie sicher, dass Sie die überaus wichtige Nachfolgeregelung nicht unter Zeitdruck entscheiden müssen und unter Umständen sogar Ihr Lebenswerk gefährden. Um sich der Nachfolgeregelung behutsam anzunähern, sollten Sie sich einige Fragen beantworten:

Persönliche Fragen

- Wer führt den Betrieb? Sie selbst oder eine Gruppe von Gesellschaftern? Diese Information ist entscheidend für den weiteren Prozess der Übergabeverhandlungen.
- Wie ist Ihre persönliche Lebensplanung, das heißt, wie lange wollen Sie den Betrieb noch fortführen? Hiervon hängt natürlich der Zeitrahmen für die Planung der Übergabe ab.
- Wollen Sie künftig noch im Betrieb mitarbeiten? Wenn ja, dann sollten Sie sich Kapitel 6 genauer anschauen.
- Gibt es einen potenziellen Nachfolger in der Familie? Wenn dies der Fall ist, wird ein völlig anderer Weg eingeschlagen (vorweggenommene Erbfolge) als bei einer Übergabe an einen Dritten (Veräußerungsfall).

Betriebswirtschaftliche Fragen

- Wie ist die heutige Ertragslage des Betriebs? Hier sollten Sie sehr ehrlich antworten. Diese Informationen sind für die gesamten Berechnungsparameter der Betriebsübergabe von entscheidender Bedeutung.
- Wie sind die Ertragsperspektiven in der Zukunft? Gibt es betriebswirtschaftliche Gutachten? Wenn nicht, sollten Sie hier Expertise von außen hinzuziehen.

- Wie hoch ist der Investitionsbedarf in der Zukunft? Auch dies bedarf einer unabhängigen Analyse von außen.
- Welche Renditeerwartungen haben Sie für sich persönlich, wenn Sie den Betrieb übergeben? Diese sollten Sie konkret benennen, damit Sie im Übergabeprozess beziehungsweise in Gesprächen mit Ihren externen Beratern Ihre Erwartungen mit der Realität abgleichen können.

Rechtliche Fragen

- In welcher Rechtsform wird der Betrieb heute geführt? Auch diese Frage ist entscheidend für den Übergabeprozess. Können Teile des Betriebs übergeben werden? Können diese in Aktien übergeben werden? Et cetera.
- Welche Gründe sprechen für, welche gegen einen Rechtsformwechsel? Hier kommt es maßgeblich darauf an, ob der Betrieb innerhalb der Familie oder an Dritte übergeben werden soll, ob man zusätzliches Investitionskapital von außen benötigt – auch mit Blick auf die Erbschaftsteuer sind unterschiedliche Konsequenzen zu beachten. Diese Fragen müssen mit Ihrem Berater, insbesondere auch mit Ihrem Steuerberater, eingehend besprochen werden.
- Soll der Betrieb innerhalb der Familie übertragen werden? Wenn die Pläne in diese Richtung gehen, stellt sich die Frage, ob dies im Wege der vorweggenommenen Erbfolge geschehen soll.

Steuerliche Fragen

- Wann ist die Betriebsübergabe geplant? Seit dem 01.01.2009 (und mit Änderungen seit dem 01.01.2010) gilt das neue Erbschaftsteuerrecht, mit Abführungsklauseln und Behaltefristen kommt es hier ganz entscheidend auf den Zeitpunkt der Übergabe an.
- Wurden schon Teile des Betriebs innerhalb der Familie übertragen oder an Dritte veräußert? Auch diese Frage ist von entscheidender Bedeutung für das Ausmaß der Besteuerung, beispielsweise ob die persönlichen Erbschaftsteuerfreibeträge in den vergangenen zehn Jahren schon genutzt wurden oder nicht. Näheres lesen Sie hierzu im fünften Kapitel.
- Liegt bereits ein Erbfall vor? Hier stellt sich beispielsweise noch die Frage nach dem alten Erbschaftsteuerrecht.
- Soll die Betriebsübergabe in mehreren Schritten oder als Ganzes erfolgen? Hier geht es unter anderem um die Frage, ob es steuerlich

sinnvoll sein kann, den Betrieb in Teilstücken zu übergeben, da so alle steuerlichen Vorteile auf der Zeitschiene kombiniert werden können. Auch hierzu lesen Sie mehr im fünften Kapitel.

1.2 Frühzeitige Planung ist das A und O!

Wenn Sie die Notwendigkeit einer frühzeitigen Nachfolgeplanung erkannt haben und sich mit dem Thema »Unternehmensübergabe« beschäftigen, sind Sie bereits den ersten Schritt in die richtige Richtung gegangen. Machen Sie in Ihrem Betrieb deshalb mit Nachdruck deutlich, dass die Nachfolgeregelung Ihre ureigene Aufgabe ist, die Ihnen niemand abnehmen kann.

Die fünf »W« bilden den Leitfaden für eine strukturierte Vorgehensweise: **W**er übergibt **w**as **w**ann und **w**ie an **w**en? Für Sie als übergebenden Unternehmer können diese fünf »**W**« wie folgt interpretiert werden:

Wer?	Sie als mittelständischer Unternehmer und Privatmensch – mit privaten und geschäftlichen Zielen, Wünschen und Ängsten. *Ihre Aufgabe:* Nehmen Sie sich in Ihrer gesamten Person ernst.
Was?	Ihr Unternehmen, das Sie selbst aufgebaut und geleitet haben. Mit dem Sie sich so identifizieren, dass Sie sich ein Leben »danach« nur schwer vorstellen können. *Ihre Aufgabe:* Zeigen Sie, dass ein Loslassen Chancen und interessante Alternativen bedeutet – für Sie und Ihr Unternehmen.
Wann?	So schnell, wie es für Ihr Unternehmen sinnvoll ist, aber nicht überstürzt. *Ihre Aufgabe:* Helfen Sie, einen Fahrplan zu entwickeln mit Maßnahmen, festen Terminen und Verantwortlichkeiten.
Wie?	So, dass Ihr Unternehmen nicht unter dem Rückzug leidet und Ihr nächster Lebensabschnitt nicht ins Leere führt. *Ihre Aufgabe:* Bereiten Sie Ihr Unternehmen auf den Stabwechsel vor und entdecken Sie für sich selbst neue Aufgaben.
An wen?	An jemanden, der in der Lage ist, Ihr Unternehmen erfolgreich weiterzuführen. *Ihre Aufgabe:* Erarbeiten Sie ein Anforderungsprofil für Ihren Nachfolger und machen Sie sich klar, dass Sie kein Spiegelbild von sich selbst erwarten dürfen.

1.3 Vorbereitung der Übertragung

Vor jeder konkreteren Planung einer Nachfolge sollten Sie eine umfassende Bestandsaufnahme der Ist-Situation erstellen. Sie sollten Ihre unternehmerischen Ziele während des Inhaberwechsels und Ihre persönlichen Ziele für die Zeit nach der Übergabe definieren. Soll es zum Beispiel um jeden Preis Ihr ältester Sohn sein, der die Firma übernimmt, oder stehen für Sie die Belange des Betriebs im Vordergrund?

Und: Wie wollen Sie die viele freie Zeit nach dem Ende Ihrer beruflichen Laufbahn füllen? Schließlich müssen Sie mit kühlem Kopf durchrechnen, wie sich Ihre Altersversorgung zusammensetzen soll, welche Beträge sich aus Ihrer privaten Renten- oder Lebensversicherung ergeben und wie groß gegebenenfalls die Restsumme ist, die zu Ihrem Lebensunterhalt fehlt und deshalb aus der Unternehmensübergabe finanziert werden muss. Neben dem naheliegenden Verkauf Ihres Betriebs wäre hier beispielsweise auch an eine Lösung auf Renten- oder Pachtbasis zu denken. Folgende Fragen sollten Sie sich stellen:

- In welchem Familienstand leben Sie? Ob verheiratet, getrennt lebend, Kinder oder kinderlos – all dies ist entscheidend zum Beispiel für die Frage der Erbschaftsteuer.
- Wie viele Kinder haben Sie? Auch mit Blick auf potenzielle Übernahmekandidaten sowie die Bemessung der Erbschaftsteuer.
- Wie verbringen Sie Ihre Freizeit? Wenn Sie heute zu wenig Freizeit haben, sollten Sie darüber nachdenken, wie Sie dies künftig ändern können.
- Welche Hobbys haben Sie? Haben Sie keine oder zu wenig Zeit für Ihre Hobbys? Auch dann sollten Sie sich mit der Frage der Betriebsübergabe ernsthaft auseinandersetzen.
- Wie wollen Sie Ihr Leben in Zukunft gestalten? Wie viel Zeit wollen Sie für Ihre Familie, für Ihre Hobbys oder eben auch noch für Arbeit, sei es in Ihrem heutigen Betrieb oder an anderer Stelle, aufwenden?
- Reicht Ihre finanzielle Absicherung (Regelung der Altersvorsorge, Gegenüberstellung der Ein- und Ausgaben)? Schreiben Sie genau auf, wie Ihre Altersvorsorge heute im Einzelnen geregelt ist.
- Gibt es einen Erbvertrag/ein Testament? Zunächst einmal müssen Sie zusammenstellen, was bereits an rechtlichen Grundlagen vorhanden ist und was nicht, was dann unter Umständen ergänzt oder geändert werden sollte.

- Sind die Regelungen mit dem Gesellschaftsvertrag abgestimmt? Wenn ja, lassen Sie es genau prüfen, wenn nicht, muss dies zusammen mit Ihrem Berater erfolgen.
- Sind die Regelungen der heutigen Situation angepasst? Was hat sich seit dem Verfassen des Erbvertrags beziehungsweise Testaments geändert, was wird sich in der Zukunft ändern?
- Gibt es Alternativen? Arbeiten Sie mit Ihrem Berater einen Plan A, B und C aus und schreiben Sie im Rahmen einer Pro-und-Kontra-Liste alle Argumente auf. Nur so kommen Sie zu einer systematischen Betrachtungsweise, die zu einem objektiven Ergebnis führt.

Wie Sie den optimalen Zeitpunkt für die Betriebsübergabe ermitteln	
	Geprüft
Ab wann wollen Sie den Betrieb nicht mehr selbst führen?	❏
Welche Investitionen stehen in den nächsten Jahren an, über welche wollen Sie selbst noch entscheiden?	❏
Gibt es in den nächsten Jahren Liquiditätsengpässe, welche die Geldzufuhr von außen (Neueinlagen, Investoren) erforderlich machen?	❏
Erwägen Sie einen Rechtsformwechsel? Wenn ja, wann?	❏
Stehen personelle Veränderungen in der Belegschaft bevor?	❏
Laufen Finanzierungsverträge oder langfristige Kunden- oder Lieferantenverträge aus?	❏
Wie viel Zeit erfordert die Planung der Unternehmensnachfolge?	❏
Wie viel Zeit erfordert im konkreten Fall das Finden eines geeigneten Nachfolgers?	❏
Soll die Übergabe in mehreren Stufen erfolgen?	❏
Wie lange soll der Übergabeprozess dauern?	❏
Wann ist nach alledem Ihr optimaler Zeitpunkt der Betriebsübergabe?	❏

Nicht vergessen: Optimieren Sie Ihre Altersversorgung!

Bei mehr als drei Viertel aller Unternehmer ist der Betrieb ein wesentlicher, wenn nicht gar der wichtigste Teil der Altersversorgung des Betriebsinhabers. Viele Betriebsübergeber sind bei der Finanzierung ihres Lebensabends davon abhängig, dass sie noch Einnahmen aus dem Betrieb erhalten, sei es in Form einer Pacht, Miete, Rente oder in Form eines Arbeitsentgelts. Ihr Versorgungsaspekt spielt deshalb eine ganz große Rolle. Wichtig ist dabei, zu wissen, wie viel Einnahmen Sie künftig noch benötigen. Stellen Sie in der folgenden Versorgungsübersicht zusammen, welche Ausgaben und Einnahmen Sie monatlich haben.

Ihre persönliche Versorgungsübersicht			
Ausgaben pro Monat für	in Euro	Einnahmen pro Monat aus	in Euro
Lebensunterhalt (Haushaltskosten)		Unselbstständiger Arbeit (Inhaber und Ehegatte)	
Miete		Pacht	
Versicherungsprämien (Kranken, Renten Unfall, Leben)		Grundbesitz	
KFZ		Rente von der gesetzlichen Versicherung	
Private Steuern		Rente von privater Lebensversicherung, Versorgungswerk oder Berufsgenossenschaft	
Anschaffungen, Sparen			
Grundbesitz		Betriebliche Rente	
Zins u. Tilgung aus bestehenden Darlehen (Betrieb o. privat)		Gewinnbeteiligung	
Sonstiges		Sonstiges	
Monatliche Gesamtausgaben		Monatliche Gesamteinnahmen	
Finanzieller Überschuss		Finanzielle Unterdeckung	

1.4 Aufstellung eines »Masterplans« für eine vorteilhafte Unternehmensnachfolge

Nachdem der optimale Zeitpunkt der Betriebsübergabe identifiziert ist, sollten Sie einen »Masterplan« erstellen, das heißt eine Zeitschiene, bis zu welchem Zeitpunkt welche Elemente einer erfolgreichen Betriebsübergabe umgesetzt werden sollten.

- Bis wann muss Ihr Nachfolger feststehen?
- Bis wann müssen die Verträge über Ihre Nachfolge geschlossen sein?
- Ab wann wird Ihre Nachfolge gegenüber Mitarbeitern, Familienangehörigen und Außenstehenden bekannt gemacht?

- Ab wann soll Ihr Nachfolger bereits im Unternehmen tätig sein?
- Ab wann soll der Übergabeprozess beginnen, wie lange soll die Übergabephase dauern?
- In welchen Stufen soll Ihr Nachfolger die vollen Geschäfte übernehmen? In welchem Umfang bleiben Sie im Unternehmen an der Geschäftsführung beteiligt?
- Zu welchen Zeitpunkten sollten Übergabegespräche zwischen Ihnen, dem Nachfolger und unter Umständen einem externen Berater stattfinden, um die Einhaltung des Masterplans zu überwachen?
- Was können Sie tun, wenn sich die Umsetzung des Masterplans verzögert oder neue Fragen entstehen, die eine Modifizierung des Masterplans erforderlich machen? Überprüfen Sie Ihre Maßnahmen immer wieder selbstkritisch.
- Ergreifen Sie die Initiative ohne Zeitverzug. Bleiben Sie im »driver's seat« oder bewahren Sie mindestens Ihre geistige Unabhängigkeit. Führen Sie eine wirtschaftliche, strategische, personelle, steuerliche und rechtliche Standortbestimmung durch.
- Ziehen Sie externe Fachleute hinzu und wählen Sie eine Persönlichkeit, der Sie unternehmerische und fachliche Kompetenz zubilligen, zu Ihrer Vertrauensperson. Institutionalisieren Sie für Ihr Unternehmen ein externes Controlling.
- Prüfen Sie sich selbst, Ihre Fähigkeiten und Schwächen, Ihre Vorlieben und Abneigungen. Sind Sie gesund und noch Unternehmer oder schon Verwalter? Sie sind in der Lage, Ihr Unternehmen noch zu befördern, oder sind Sie bereits Getriebener?
- Suchen und entwickeln Sie wieder Spaß am Leben; widmen Sie sich einer Aufgabe außerhalb Ihres Betriebs. Lassen Sie sich vom Staat, von der Gesellschaft und den Mitarbeitern überzeugen, dass es sich lohnt oder wieder lohnt, Unternehmer zu sein. Lassen Sie sich motivieren. Quälen Sie sich nicht länger, wenn Sie keine Lust mehr verspüren, und ziehen sie die unternehmerische Konsequenz. Opfern Sie langfristig nicht Ihre persönlichen Freiräume.
- Seien sie geistig generös, sachbezogen, ehrlich und diskutieren Sie emotionsfrei Lebensfragen, Unternehmensstrategien und Nachfolgeüberlegungen. Ziehen Sie Ihren Ehe-/Lebenspartner und externe Fachleute hinzu.
- Setzen Sie sich für den Generationswechsel zeitliche, inhaltliche und persönliche Ziele. Überprüfen Sie Abweichungen mit den besten Fachkräften, die Sie sich leisten wollen. Etablieren Sie in Ihrem Unternehmen einen aktiven oder inaktiven Beirat. Sichern Sie Ihre

Familie, Ihre Mitarbeiter und Ihr Unternehmen durch vorbereitende Alternativpläne ab.

- Übernehmen Sie künftig wirtschaftspolitische und gesellschaftspolitische Aufgaben. Seien Sie initiativ, kreativ und aggressiv bei der Durchsetzung Ihrer sozialen Verantwortung. Wenn Sie die passenden Rahmenbedingungen nicht vorfinden, so schaffen Sie sie!

Ihr persönlicher »Notfallkoffer« – So sorgen Sie für den »Fall der Fälle« vor

Fällt der Unternehmer durch Krankheit oder Unfall aus, ist der Betrieb führungslos. Das Fortleben des Unternehmens und seiner Arbeitsplätze ist gefährdet. Sorgen Sie daher frühzeitig für den Notfall vor. Ein »Notfallkoffer« sichert nicht nur den Fortbestand Ihres Unternehmens für den Fall, dass Sie schwer erkranken oder einen Unfall haben sollten. Mit einer vorausschauenden Planung verschaffen Sie sich auch bei Ihren Beratern und Geldgebern Pluspunkte: Eine sorgfältige Notfallplanung kann sich beispielsweise günstig auf Kreditkonditionen auswirken. Klären Sie folgende Fragen:

- Wer kann im Notfall kurzfristig die Geschäftsführung übernehmen?
- Welche Voraussetzungen müssen dafür erfüllt werden (Handlungsvollmacht, Bankvollmacht, Prokura zum gegebenen Zeitpunkt)?
- Bei Gesellschaften: Welche Regelungen dazu muss der Gesellschaftervertrag beinhalten (zum Beispiel mindestens zwei Gesellschafter, die die Gesellschaft jeweils allein nach außen vertreten)?
- Was sollte im Testament berücksichtigt werden (zum Beispiel wer übernimmt Testamentsvollstreckung, Unterhaltsleistungen)?
- Liegen dem »Ersatzmann««, dem/der Ehepartner/-in oder dem Notar alle wichtigen Kopien von Dokumenten vor?

Übersicht »Notfallkoffer«:

- *Vollmachten:*
    - private Vollmachten (privates Vermögen, Patientenverfügung et cetera)
    - geschäftliche Vollmachten (Handlungsvollmachten wie zum Beispiel Prokura)
    - Vollmachten über den Tod hinaus (zum Beispiel Regelungen des Testaments et cetera).

- *Vertretungsplan:*
  Klären Sie, wer Sie im Notfall vertreten kann:
  - ein kompetenter und führungserfahrener Mitarbeiter
  - ein Geschäftspartner
  - ein Familienangehöriger
- Wichtige Adressen
- Passwörter
- Zweitschlüssel

Hinterlegen Sie Unterlagen und Schlüssel bei Ihrem Rechtsanwalt oder Steuerberater und fügen Sie eine Checkliste zum weiteren Vorgehen sowie Angaben zum Aufbewahrungsort der jeweiligen Originale bei. Informieren Sie Ihren Stellvertreter und die Person(en) Ihres Vertrauens über Existenz und Verwahrungsort Ihres »Nofallkoffers«. Mindestens einmal im Jahr sollten die Unterlagen auf Aktualität hin überprüft werden.

Checkliste zu den wichtigsten Alternativen der Unternehmensnachfolge: So bereiten Sie sich optimal vor

Regelung der Unternehmensnachfolge durch Testament	
	Geklärt
Ein Testament kann helfen, den Familienfrieden zu erhalten. Klären Sie die folgenden Fragen mit Ihrem Rechtsanwalt.	
• In welchem ehelichen Güterstand leben Sie (Zugewinngemeinschaft, Gütertrennung, Gütergemeinschaft)?	❑
• Welche Auswirkung hat der eheliche Güterstand auf Testament und Erbvertrag?	❑
• Existiert bereits ein Testament oder Erbvertrag?	❑
• Berücksichtigt diese Verfügung Pflichtteilsrechte von anderen Erben?	❑
• Ist klar geregelt, welcher Erbe welches Vermögen erhalten soll, zum Beispiel durch Teilungsanordnung?	❑
• Sind Ausgleichsansprüche geregelt?	❑
• In welcher Höhe sind Ausgleichsansprüche zu zahlen und zu welchem Zeitpunkt?	❑
• Ist das Testament oder der Erbvertrag notariell beurkundet?	❑

Regelung der Unternehmensnachfolge durch Auseinandersetzungsplan

Kann die Erbengemeinschaft zum Beispiel mit Hilfe eines Auseinandersetzungsplanes keine einvernehmliche Teilung des Nachlasses vornehmen, sollte ein auf Familien- und Erbschaftsrecht spezialisierter Rechtsanwalt hinzugezogen werden.

Welche erbrechtlichen Konstellation liegt vor?	❏
Welche Gegenstände gehören im Einzelnen zum Nachlass?	❏
Welche Vermögenswerte, welche Schulden beinhaltet der Nachlass (inklusive Schulden, Beerdigungskosten et cetera)?	❏

Ist der gesamte Nachlass Gegenstand der Auseinandersetzung?

    ❏ Ja   ❏ Nein

• Wenn nein, was geschieht mit dem Rest?	❏
• Welcher Erbe erhält was beziehungsweise wie viel?	❏
• Welche Leistungen und Kosten sind mit der Inanspruchnahme eines externen Beraters verbunden?	❏

Regelung der Unternehmensnachfolge bei vorhandenen Miterben

Im Rahmen einer Schenkung müssen auf alle Fälle die Ansprüche möglicher anderer weichender Erben geklärt werden. Andernfalls könnten durch eventuelle erbrechtliche Ansprüche weiterer Familienangehöriger Ausgleichszahlungen auf den Nachfolger zukommen, die die Liquidität des Unternehmens erheblich einschränken können.

• Wie hoch ist der Wert des Unternehmens?

.... Euro	❏

• Wie hoch ist der Wert des übrigen Vermögens?

.... Euro	❏

• Müssen Pflichtteilsrechte des Ehegatten oder weiterer Kinder beachtet werden?

❏ Ja ❏ Nein	❏

• Falls ja, in welcher Höhe fallen Pflichtteilsansprüche an?

.... Euro	❏

• Existiert ausreichend sonstiges Vermögen, um Pflichtteilsrechte der anderen Familienangehörigen zu befriedigen?

❏ Ja ❏ Nein	❏

• Falls nein, erörtern Sie mit Ihren Rechts- und Steuerberatern Alternativen.	❏

• Hat der Unternehmensnachfolger genügend Barmittel, um Pflichtteilsrechte zu erfüllen?

❏ Ja ❏ Nein	❏

• Falls nein, suchen Sie mit Ihren Beratern nach Alternativen.	❏
• Ist der Schenkungsvertrag notariell beurkundet?	
❏ Ja ❏ Nein	❏
• Falls nein, vereinbaren Sie einen Termin zur Beurkundung bei einem Notar.	❏
Sind Minderjährige beteiligt?	
❏ Ja ❏ Nein	❏
• Falls ja, muss ein Ergänzungspfleger bestellt werden. Eltern können ihre Kinder hier nicht vertreten.	❏
• Werden Grundstücke oder GmbH-Anteile übertragen?	
❏ Ja ❏ Nein	❏
• Ist die testamentarische Regelung an die Vorabschenkung angepasst worden?	
❏ Ja ❏ Nein	❏

Bei den Formalitäten alle Fallstricke sicher umgehen

Wenn Sie Ihren Betrieb schließen, sollten Sie folgende Abmeldungen, Löschungen, Änderungen und andere Formalitäten vornehmen:

- Handwerksbetrieb: Löschung des Betriebsinhabers aus der Handwerksrolle beantragen. Den Betrieb gegebenenfalls bei der Innung abmelden.
- Wenn Ihr Betrieb im Handelsregister eingetragen ist, die Löschung des Betriebs beantragen.
- Wenn der Betrieb Mitglied bei der Industrie- und Handelskammer ist, ebenfalls abmelden.
- Den Betrieb bei Ihrer Gemeinde (Gewerbeamt) abmelden.
- Bei gemieteten Räumen Strom, Gas, Wasser und Müll abmelden.
- Konzessionen bei Versorgungsunternehmen kündigen.
- Einträge im Telefonbuch, in den gelben Seiten, eventuell im Internet (Homepage) löschen.
- Telefonanschluss eventuell kündigen.
- Post benachrichtigen (bei Standortwechsel Nachsendeauftrag).
- Betriebsfahrzeuge ummelden oder verkaufen.
- Geschäftskonto, eventuell auch die Bankverbindung, löschen.
- Betriebliche Daueraufträge und Lastschriften kündigen.
- Den Steuerberater über den reduzierten Geschäftsumfang informieren, eventuell das Mandat kündigen.
- Kunden und Lieferanten informieren.

Was Sie über Fristen wissen müssen

- Die Gewährleistungsverpflichtungen sind von der Betriebsaufgabe nicht betroffen. Sie haften für die ausgeführten Arbeiten, bis die Fristen abgelaufen sind.
- Bücher und Aufzeichnungen, Inventare und Jahresabschlüsse müssen zehn Jahre, andere steuerlich bedeutsame Unterlagen sechs Jahre lang aufgehoben werden.

Rechtsform Einzelunternehmen

Für wen und was?

- Kleingewerbebetreibende, Handwerker, Dienstleister, freie Berufe.

Wie gründen

- Ein Unternehmer
- Entsteht bei Geschäftseröffnung, wenn keine andere Rechtsform gewählt wurde.
- Kaufleute: Eintrag ins Handelsregister mit Fantasiebezeichnung möglich, Ausnahme: Kleingewerbetreibende
- Kein Mindestkapital

Höhe der Haftung?

- Unternehmen haftet unbeschränkt mit seinem gesamten Vermögen, auch Privatvermögen.

Gesellschaftsanteile übertragen?

- Übertragung des gesamten Unternehmens

Wer haftet wofür nach Übertragung?

- *Übergeber*: Haftet bis zu fünf Jahre nach der Übertragung für Verbindlichkeiten, die er selbst zu verantworten hat.
- *Käufer*: Haftet gegenüber Gläubigern für Altschulden des Vorgängers. Die geleistete Zahlung kann beim Vorgänger eingefordert werden.
- *Erben*: Vermögen und Schulden gehen auf den oder die Erben in ungeteilter Erbengemeinschaft über. Jeder Erbe haftet bei Fortführung der Firma persönlich auch mit eigenem Vermögen.

Praxistipp

Gläubiger können sich entweder an den Übergeber oder den Nachfolger wenden. Deshalb bei Unternehmen, die im Handelsregister eingetragen sind: Name des Unternehmens nach der Übertragung ändern. Oder: Hinweis auf Nicht-Haftung für Altschulden nach der Übertragung im Handelsregister eintragen lassen. Im Kaufvertrag aufnehmen, dass Verkäufer »nach seinem Kenntnisstand« keine Steuerschulden hat. Unbedenklichkeitsbescheinigung vom Finanzamt einholen.

Gesellschaft bürgerlichen Rechts (GbR oder BGB-Gesellschaft)

Für wen und was?

- Kleingewerbetreibende, Freiberufler

Wie gründen?

- Mindestens zwei Gesellschafter
- Formfreier Gesellschaftsvertrag
- Kein Mindestkapital

Höhe der Haftung?

Gesellschafter haften für die Verbindlichkeiten der Gesellschaft gegenüber Gläubigern als Gesamtschuldner persönlich.

Gesellschaftsanteile übertragen?

- Nur mit Zustimmung der Gesellschafter

Wer haftet wofür nach Übertragung?

- *Übergeber*: Haftet den Gläubigern der Gesellschaft für vor seinem Ausscheiden entstandene Verbindlichkeiten, wenn er für diese im Außenverhältnis persönlich haftet und wenn sie vor Ablauf von fünf Jahren nach dem Ausscheiden fällig und daraus Ansprüche gegen ihn festgestellt sind oder eine gerichtliche oder behördliche Vollstreckungshandlung vorgenommen oder beantragt wurde.
- *Käufer*: Haftet für Altschulden gegenüber Dritten mit seinem Anteil am Gesellschaftsvermögen, unter Umständen auch mit seinem Privatvermögen.
- *Erben*: Haften für Altschulden mit ihrem Nachlass und sonstigem privatem Vermögen.

- *Alternativ*: Ausstieg innerhalb von drei Monaten und Abfindung durch Gesellschafter möglich.

Praxistipp

Gläubiger können sich entweder an den Übergeber oder den Nachfolger wenden. Deshalb: Im Kaufvertrag festlegen, wer für Altschulden haftet. Modalitäten für Übertragung und Todesfall im Gesellschaftsvertrag festlegen.

Partnerschaftsgesellschaft (PartG)

Für wen und was?

- Freie Berufe (je nach Berufsrecht)

Wie gründen?

- Mindestens zwei Gesellschafter
- Schriftlicher Partnerschaftsvertrag
- Eintragung ins Partnerschaftsregister
- Kein Mindestkapital

Höhe der Haftung?

Gesellschafter haften neben dem Vermögen der PertG für die Verbindlichkeiten der Gesellschaft gegenüber Gläubigern als Gesamtschuldner persönlich. Nur für »Fehler in der Berufsausübung« haftet allein derjenige, der den Fehler begangen hat.

Gesellschaftsanteile übertragen?

- Nur an Berufsangehörige, ansonsten siehe GbR

Wer haftet wofür nach Übertragung?

- *Übergeber*: Haftet den Gläubigern der Gesellschaft für vor seinem Ausscheiden entstandene Verbindlichkeiten, wenn er für diese im Außenverhältnis persönlich haftet und wenn sie vor Ablauf von fünf Jahren nach dem Ausscheiden fällig und daraus Ansprüche gegen ihn festgestellt sind oder eine gerichtliche oder behördliche Vollstreckungshandlung vorgenommen oder beantragt wurde.

- *Käufer*: Haftet für Altschulden gegenüber Dritten mit seinem Anteil am Gesellschaftsvermögen, unter Umständen auch mit seinem Privatvermögen.
- *Erben*: Haften für Altschulden mit ihrem Nachlass und sonstigen privaten Vermögen. Alternativ: Ausstieg innerhalb von drei Monaten und Abfindung durch Gesellschafter möglich.

Praxistipp

Gläubiger können sich entweder an den Übergeber oder den Nachfolger wenden. Deshalb: Im Kaufvertrag festlegen, wer für Altschulden haftet.

Gesellschaft mit beschränkter Haftung (GmbH)

Für wen und was?

- Unternehmer, welche die Haftung beschränken oder nicht aktiv mitarbeiten wollen

Wie gründen?

- Mindestens ein Gesellschafter
- Notariell beurkundeter Gesellschaftsvertrag
- Eintragung ins Handelsregister
- Mindeststammkapital: 25.000 Euro

Höhe der Haftung?

In Höhe der Stammeinlage beziehungsweise in Höhe des Gesellschaftsvermögens. Achtung: Bei Krediten in der Regel zusätzlich mit Privatvermögen, wenn Schuldbeitritt oder Bürgschaft übernommen wurde. Wenn die Einlage aus zum Beispiel Liquiditätsgründen angegriffen wurde, haftet der Gesellschafter persönlich in Höhe des Differenzbetrags. Auch bei der sogenannten Durchschnittshaftung (zum Beispiel Schadenersatzansprüchen) haftet der Gesellschafter persönlich.

Gesellschaftsanteile übertragen?

Nur mit Zustimmung der Gesellschafter, wenn dies in der Satzung festgelegt wurde

Wer haftet wofür nach Übertragung?

- *Verkäufer und Käufer*: Beide haften für zur Zeit der Anmeldung und Veräußerung des Geschäftsanteils für nicht einbezahlte Einlagen. Nach-Haftung des Verkäufers: Haftet bis zu fünf Jahre nach Anmeldung der Veräußerung des Geschäftsanteils für Einzahlungen auf die Stammeinlage.
- *Erben*: Gesellschaftsanteile müssen gemeinsam verwaltet werden; auf Gesellschafterversammlungen kann nur mit »einer Stimme« gesprochen werden.

Praxistipp

Im Kaufvertrag bestätigen, dass alle Einlagen bezahlt wurden. Im Kaufvertrag aufnehmen: Freistellungserklärung des Nachfolgers. Für den Fall, dass Gläubiger auf Übergeber mit Forderungen zukommen, muss Nachfolger ihn freistellen. Modalitäten für Übertragung im Todesfall im Gesellschaftsvertrag festlegen. Generell gilt: Gesellschafts- und Privatvermögen müssen klar voneinander getrennt sein. Zur Absicherung bestimmter Risiken gibt es Haftpflichtversicherungen.

Offene Handelsgesellschaft (OHG)

Für wen und was?

Kaufleute (kein Kleingewerbe), die ein Handelsgeschäft betreiben

Wie gründen?

- Mindestens zwei Gesellschafter
- Formfreier Gesellschaftsvertrag
- Eintragung ins Handelsregister
- Kein Mindestkapital

Höhe der Haftung?

Gesellschafter haften für die Verbindlichkeiten der Gesellschaft gegenüber Gläubigern als Gesamtschuldner persönlich.

Gesellschaftsanteile übertragen?

Siehe GbR

Wer haftet wofür nach Übertragung?

- *Übergeber*: Haftet den Gläubigern der Gesellschaft für vor seinem Ausscheiden entstandene Verbindlichkeiten, wenn sie vor Ablauf von fünf Jahren nach dem Ausscheiden fällig und daraus Ansprüche gegen ihn festgestellt sind oder eine gerichtliche oder behördliche Vollstreckungshandlung vorgenommen oder beantragt wurde.
- *Käufer*: Haftet mit seinem gesamten Vermögen für Altschulden gegenüber Dritten.
- Erben in Höhe des Kommanditanteils. Oder: Auszahlung der Erben.

Praxistipp

Gläubiger können sich entweder an den Übergeber oder den Nachfolger wenden. Deshalb: Im Kaufvertrag festlegen, wer für Altschulden haftet.

Kleine Aktiengesellschaft (AG)

Für wen und was?

- Unternehmer, die zusätzliches Kapital benötigen, und/oder zum ausschließlichen Zweck der Unternehmensübertragung.

Wie gründen?

- AG ohne Börsennotierung
- Anleger sind in der Regel Mitarbeiter, Kunden oder Nachfolger.
- Unternehmer kann alleiniger Aktionär und Vorstand sein.
- Vorstand hat Entscheidungsbefugnis.
- Aufsichtsrat hat Kontrollbefugnis.
- Notarielle Satzung
- Eintragung ins Handelsregister
- Grundkapital: 50.000 Euro

Höhe der Haftung?

- Beschränkt auf Gesellschaftsvermögen

Gesellschaftsanteile übertragen?

- Jederzeit Übertragung formlos möglich. Wenn verbrieft, dann nach dem Wertpapierrecht. Bei vinkulierten Namensaktien: Übertragung nur mit Zustimmung der AG.

Wer haftet wofür nach Übertragung?

• Keine Haftung nach Übertragung. Nachhaftung bei Sachgründung, wenn Bewertung der eingelegten Sachen unter den Nominalwert der Aktie sinkt.

Kleine Aktiengesellschaft – Satzung

Die Aktiengesellschaft muss eine Satzung haben. Dabei müssen folgende Punkte berücksichtigt werden.

Inhalt der Satzung:

• Name und Anschrift der gründenden Aktionäre
• Nennbetrag der Aktien
• Ausgabebetrag der Aktien; bei Stückaktien: Anzahl
• Gattungen der Aktien (Namens- beziehungsweise Inhaberaktien)
• Firmenbezeichnung und Name dessen, der die Gesellschaft im geschäftlichen Verkehr vertritt, mit Zusatz Aktiengesellschaft
• Sitz der Gesellschaft
• Unternehmensgegenstand
• Anzahl der Vorstandmitglieder
• Bezeichnung der Blätter, in denen gemäß den gesetzlichen Bestimmungen Veröffentlichungen vorgenommen werden, mindestens: Bundesanzeiger
• Errichtung
• Übernahme aller Aktien durch den oder die Gründer
• Bestellung von:
    – Aufsichtsrat (mindestens drei Personen)
    – Abschlussprüfer
    – Vorstand
• Unterlagen:
    – Bankauskunft, dass der Gesellschaft mindestens 50.000 Euro zur Verfügung stehen
    – Gründungsbericht, das heißt schriftlicher Bericht der Gründer über den Verlauf der Gründung
    – notarielles Gründungsprotokoll

Schritt 2: Wie finden Sie einen Nachfolger?

2.1 Wer als Nachfolger in Betracht kommt

Die meisten Betriebe werden an eines der Kinder übergeben. Einige Unternehmer haben keine Kinder – oder es ist keines der Kinder bereit, den Betrieb zu übernehmen. In diesen Fällen gilt es, rechtzeitig nach einem Nachfolger Ausschau zu halten:

- Jemand aus dem Kreis Ihrer heutigen oder früheren Mitarbeiter
- Eine Meisterin oder ein Meister, Geschäftsführer oder Mitarbeiter/ Angestellter, der bisher noch nicht selbstständig war
- Einer der bisherigen Konkurrenten, der durch den Zukauf Ihres Betriebs wachsen will
- Ein Unternehmer aus einer anderen Branche, der durch die Übernahme Ihres Betriebs diversifizieren will
- Einer Ihrer bisherigen Kunden oder Lieferanten, der sein Produkt- oder Leistungssortiment erweitern will

Bewährte »Fundstellen« für die Suche nach einem Nachfolger

Die Suche nach Ihrem Nachfolger kann sich schwierig gestalten. Einerseits soll die Suche diskret erfolgen, andererseits soll das Angebot so breit wie möglich gestreut werden. Folgende Möglichkeiten bieten sich an, Ihren Nachfolger zu suchen:

- Betriebsbörse
- Betriebsvermittlungsdienst
- Inserate in Tageszeitungen, besser noch in Fachzeitschriften
- Die Einschaltung eines Firmenmaklers
- Die diskrete Information von Brancheninsidern, wie beispielsweise Vertretern Ihrer Lieferanten

Welcher Nachfolgekandidat ist der geeignete?

Wer heute einen Betrieb selbstständig führen will, der braucht nicht nur überdurchschnittlich gutes fachliches Können, sondern auch kaufmännisches Geschick und Erfahrungen in der Unternehmensführung:

- Welche zusätzliche Qualifikation hat sich Ihr potenzieller Nachfolger erworben?
- Wie war sein beruflicher Werdegang?
- Welche Unterstützung findet Ihr potenzieller Nachfolger in seiner Familie?
- Über wie viel Eigenkapital verfügt er?

2.2 Sachliche und emotionale Entscheidungskriterien

Die Probleme liegen bei familieninternen Übernahmen eher in den weichen Faktoren, während sie bei externen Übergaben eher in den harten Faktoren liegen. Als weich werden die Faktoren bezeichnet, die sich auf die emotionale, kommunikative Ebene beziehen, wie zum Beispiel die Kommunikationsfähigkeit zwischen den Beteiligten und persönliche Sympathien et cetera. Harte Faktoren betreffen die sachlich-logische Ebene und sind damit greifbarer und vor allem prognostizierbar und lassen sich einer Bewertung unterziehen (zum Beispiel Konzepterstellung, Kaufpreisermittlung, Abschluss von Verträgen).

Externe Nachfolger

Bei externen Nachfolgern werden die Übernahmedetails konkret geregelt, strittige Fragen werden erörtert und einer Lösung zugeführt. Art und Zeitpunkt der Betriebsübergabe, die Kompetenzaufteilung und die finanziellen Transaktionen werden schriftlich vereinbart. Die Übernahmeentscheidung ist damit zumindest aufseiten Ihres potenziellen Nachfolgers von sachlichen Kriterien geprägt.

Familieninterne Nachfolger

Demgegenüber bestehen bei familieninternen Nachfolgen häufig Kommunikationsprobleme zwischen Übergeber (Vater/Mutter) und Übernehmer (Sohn/Tochter). Ein intensiver Meinungsaustausch über die Vorstellungen und Erwartungen des Übergebers und des Übernehmers, wie unter fremden Dritten, findet hier oftmals nicht statt, sodass auch die strittigen

Punkte erst gar nicht aufgedeckt und angesprochen, geschweige denn gelöst werden.

Im Ergebnis sind häufig wichtige Punkte wie die Übergabe von Kompetenzen auf den designierten Nachfolger und die Kompetenzverteilung zwischen Übergeber und Übernehmer ungeklärt. Dieser Zustand wirkt sich besonders negativ aus, wenn konkrete Entscheidungen getroffen oder Konflikte ausgetragen werden müssen. Das kann nicht selten zu einem Imageschaden des Übernehmers führen, der dann Probleme mit Kunden, Lieferanten und Kollegen zur Folge hat.

Betriebsinterne Nachfolger

Auch bei betriebsinternen Nachfolgeregelungen bestehen »emotionale« Bindungen, die sich zusätzlich auf die sachlichen Entscheidungen und den Übergabeprozess auswirken können, während bei einer Übernahme durch einen externen Dritten diese »emotionalen« Bindungen an Familie oder Betrieb nicht vorliegen.

Übersicht: Emotionale und sachliche Ebene in Abhängigkeit von der Herkunft des Nachfolgers	
Emotionale Ebene	**Sachliche Ebene**
Mitarbeiter	**Externer Dritter**
Arbeitet meist schon lange im Betrieb mit, kann jedoch frei von familieninternen Konstellationen agieren.	Kennt weder Familie noch Betrieb.
Sohn/Tochter	**Sohn/Tochter**
Arbeitet schon (lange) im Betrieb mit, muss aber auch den familiären Erwartungen/Verpflichtungen gerecht werden.	Kommt erst mit Übernahme des Familienbetriebs in den Betrieb. Ausbildung und/oder Berufserfahrung erfolgte betriebsextern.

Vorbereitung des Unternehmens auf die Nachfolge

Doch nicht nur Ihr potenzieller Nachfolger, sondern auch Ihr Unternehmen selbst muss unter die Lupe genommen werden. Ist es auf die Nachfolge vorbereitet? Sind beispielsweise die firmeninternen Rahmenbedingungen so abgesteckt, dass der erhöhte Liquiditätsbedarf während einer Übergabe gedeckt werden kann?

Sind Ihre Mitarbeiter so kooperativ und fachlich kompetent, dass sie Ihrem potenziellen Nachfolger in der ersten Zeit helfend zur Seite stehen können? Oder gibt es Bereiche, die ausschließlich vom bisherigen Unternehmer abgedeckt werden müssen?

Auch die unternehmensexternen Rahmenbedingungen dürfen nicht vernachlässigt werden. In Zeiten steigenden Kosten- und Konkurrenzdrucks muss die Nachfolgeregelung nach anderen Maßgaben gestaltet werden als in entspannteren Konjunkturphasen.

- Welches sind die Meilensteine in Ihrer Unternehmensgeschichte?
- Wer ist für welche Aufgaben der Geschäftsführung zuständig?
- Haben Sie einen oder mehrere Vertreter?
- Wer sind die Bevollmächtigten für Ihre Bankgeschäfte?
- Wer ist der Ansprechpartner für Ihre Kunden und Lieferanten?
- Wie ist die rechtliche Situation Ihres Unternehmens (Rechtsform, Anteilsverteilung, Gesellschafts- und sonstige Verträge)?
- Wurde eine Betriebsanalyse durchgeführt (Unternehmenskonzept, Unternehmenszweck, Produktpalette, Marktsituation/Trend, Kundenstruktur, Konkurrenz, Marketing, Produktion, Logistik, Unternehmenskultur, Finanzdaten, Wachstumspotenzial und Strategie)?
- Wie weit ist Ihr Unternehmen bisher auf die Unternehmensnachfolge vorbereitet?

Anforderungsprofil für Nachfolgekandidaten

Familienexterne wie familieninterne Nachfolgekandidaten müssen sich die Frage stellen, ob sie den Anforderungen einer Unternehmensführung fachlich und auch kaufmännisch gewachsen sind. Know-how-Lücken können durch rechtzeitige, den Unternehmenseinstieg begleitende und praxisnahe Fortbildungsmaßnahmen geschlossen werden. Solche Fortbildungsmaßnahmen fördern gleichzeitig das Selbstbewusstsein des Nachfolgekandidaten und bedeuten einen Zuwachs an aktuellem Fachwissen für das Unternehmen.

Zu guter Letzt ist es Aufgabe Ihres potenziellen Nachfolgers, seine Vorstellungen von der Zukunft der Firma zu formulieren und seine unternehmerischen Visionen auf den Punkt zu bringen.

Checkliste: Fragenkatalog für Nachfolgekandidaten

Was Sie die Nachfolgekandidaten unbedingt fragen sollten	Geklärt
Wie ist Ihre persönliche und familiäre Situation?	☐
Bekommen Sie Unterstützung von Ihrer Familie?	☐
Wie wollen Sie die Zukunft gestalten?	☐
Welches sind Ihre Beweggründe für eine Betriebsübernahme?	☐
Gibt es eine Regelung zum Güterstand in Ihrer Ehe?	☐
Könnte diese Regelung das Unternehmen im Falle einer Scheidung gefährden (Liquiditätsengpass)?	☐
Wie ist Ihre finanzielle Situation?	☐
Wie wollen Sie die Unternehmensnachfolge finanzieren?	☐
Über welche Förderprogramme haben Sie sich bereits informiert?	☐
Haben Sie ein Qualifikationsprofil erstellt beziehungsweise erstellen lassen?	☐
Stimmt das Qualifikationsprofil mit dem Anforderungsprofil überein?	☐
Wie können Sie etwaige Diskrepanzen ausgleichen?	☐
Haben Sie einen Geschäftsplan für die Übernahme erstellt?	☐
Ist er vollständig und auf dem neuesten Stand?	☐
Haben Sie für einen Notfall (zum Beispiel Unfall) vorgesorgt?	☐

Die Entwicklung Ihres Nachfolgekonzepts

Am Ende Ihrer Bestandsaufnahme stehen die Bemühungen um einen Konsens: Ihre Interessen und die Ihres Nachfolgers müssen miteinander in Einklang gebracht werden. Von entscheidender Bedeutung ist dabei ein offener Austausch zwischen Ihnen beiden. Nur wenn Sie die Situation nicht beschönigen und alle potenziellen Konflikte an- und durchsprechen, hat Ihr Vorhaben »Unternehmensübergabe« die nötigen Erfolgsaussichten.

Viele Stabwechsel in mittelständischen Unternehmen scheitern nicht aufgrund mangelnder Liquidität oder sich ändernder Marktbedingungen, sondern aufgrund von Konflikten zwischen Übergeber und Nachfolger. Konflikte entstehen zum Beispiel aus divergierenden Ziel- und Wertvorstellungen, deren Ursachen wiederum im Altersunterschied der Beteiligten zu suchen sind: Die Nachkriegsgeneration ist nach anderen gesellschaftlichen Regeln aufgewachsen als die Kinder und Enkel der 1960er- und 1970er-Jahre.

Konfliktpunkte im gemeinsamen Dialog klären

Im gemeinsamen Dialog sollten eventuell anstehende Probleme diskutiert werden. Die Lösung der Konfliktpunkte kann dann in das individuelle Konzept für eine erfolgreiche Nachfolge integriert werden. Dieses Konzept regelt auch alle anderen relevanten Fragen. Da sich der Zeitrahmen der Übergabe zumeist über mehrere Jahre erstreckt, sollte für den Fall, dass Sie oder Ihr potenzieller Nachfolger einen Unfall mit schwerwiegenden Folgen erleidet, zudem ein Maßnahmenkatalog für den Notfall erarbeitet werden.

Strategien entwerfen

Darüber hinaus gilt es, eine Vermögens- beziehungsweise Schuldenstrategie zu entwickeln. Wie soll ein Erlös aus dem Unternehmensverkauf angelegt werden, damit die Lebenshaltungskosten dauerhaft gedeckt sind? Wie kann die private Haftung für betriebliche Verbindlichkeiten mit der Übergabe abgelöst werden?

Außerdem sind eine Investitionsstrategie und ihre Umsetzung im Unternehmen zu erarbeiten und die betriebswirtschaftliche Gestaltung für die Übergabe zum Beispiel im Hinblick auf die Rechtsform festzulegen – um nur einige Punkte zu nennen.

Ihr Steuerberater und auch Ihr Rechtsanwalt lassen ihr Know-how in die Übergabekonzeption einfließen, die dadurch ausgewogen und individuell auf das jeweilige Unternehmen zugeschnitten wird.

2.3 Hürden und Fallstricke in den Phasen der Übergabe

Zu späte Vorbereitung

Die späte Vorbereitung der Übergabe ist ein häufig zu beobachtendes Phänomen:

- Der Übergabeprozess wurde nicht langfristig vorbereitet. Dadurch entsteht der Eindruck, dass es sich um eine sehr spontane Entscheidung handelt, die Unternehmensnachfolge zu regeln.

- Die fehlende Vorbereitung macht die Übergabe im Prinzip zu einer Notübergabe aus gesundheitlichen Gründen oder aus Altersgründen. Es gestaltet sich schwierig, alle klärungsbedürftigen Punkte rechtzeitig und interessengerecht zu regeln.
- Darüber hinaus wird deutlich, dass von den Übergebern nur Teilprobleme im Rahmen des Übergabeprozesses erkannt und diese in ihrer Bedeutung falsch eingeschätzt werden. Dies betrifft zum Beispiel irrationale Vorstellungen im Hinblick auf die steuerlichen Belastungen.
- Die vermutete steuerliche Belastung dient dann als »Entschuldigung« für die verspätete Auseinandersetzung mit der Unternehmensnachfolge.

Der interne Nachfolger fällt aus

Viele Unternehmer ziehen eine alternative Lebensplanung ihrer Kinder nicht ins Kalkül ziehen, sie gehen davon aus, dass Sohn oder Tochter den Betrieb übernimmt. Tatsächlich sieht die Lebensplanung der Kinder aber oftmals anders aus, was familienintern jedoch nicht kommuniziert wird. Für den Unternehmer fällt damit der interne Nachfolger aus und er muss mit der Suche nach einem geeigneten externen Nachfolger beginnen.

Achtung!
Diese zeitliche Verzögerung und die damit verbundene geänderte Situation kann Ihre Übergabe deutlich behindern beziehungsweise zeitlich verschieben.

Psychologische Hürden

Auch psychologische Aspekte können die Auseinandersetzung mit dem Thema Nachfolge hinauszögern. Bei den theoretischen Vorüberlegungen standen die Sachaufgaben im Vordergrund, die den Übergabeprozess prägen. Diese sachlichen Themen sind relativ einfach zu regeln, wenn der übergebende Unternehmer die mentale/psychologische Vorarbeit geleistet hat. Dies betrifft insbesondere die persönliche Einstellung des Übergebers. Er muss bereit sein, zeitgleich mit der Betriebsübergabe seinen Aufgabenbereich loszulassen. Es ist sehr verbreitet, dass Unternehmer bis zum Lebensalter von 70 Jahren und länger das Sagen haben, weil sie nicht imstande sind, ihren Beruf und ihre Berufung »an den Nagel zu hängen«.

In zahlreichen Familienunternehmen ist die Verzahnung des betrieblichen und privaten Lebensbereichs sehr eng. Es geht bei der Übergabe nicht einfach um den Verkauf oder die Übergabe eines Unternehmens, sondern um den Abschied vom eigenen Lebenswerk. Ist der Übergeber mental nicht bereit, sich von seiner Lebensaufgabe (dem Unternehmen) zu trennen, kann sich diese Einstellung in den weiteren Phasen des Übergabeprozesses negativ auswirken. Dies betrifft bei externen Übergaben die rechtzeitige Vorbereitung und Nachfolgersuche, die Kaufpreisfindung sowie bei familieninternen Übernahmen das Back-Seat-Driving – das fallweise Eingreifen des Vaters in die Entscheidungskompetenzen des Sohnes nach Übergabe.

Fehlende Notfallplanung

In den meisten Fällen fehlt eine Notfallplanung. Eine Notfallregelung sollte nicht erst im Hinblick auf eine Betriebsnachfolge, sondern deutlich zeitiger erfolgen. Das gilt vor allem, wenn man bedenkt, dass ein erheblicher Teil der Altinhaber früher aufhören muss als ursprünglich geplant.

Eine Notfallregelung zielt darauf ab, die Geschäftsfähigkeit im Falle einer längeren Entscheidungsunfähigkeit des Betriebsinhabers durch Krankheit oder im Falle des ungeplanten Ausscheidens des Betriebsinhabers durch Unfall oder Tod aufrechtzuerhalten.

2.4 Aus Fehlern anderer lernen: Wie Sie es besser machen

Alle bisher genannten Punkte resultieren aus der versäumten oder zu späten Auseinandersetzung mit dem Thema Unternehmensnachfolge. Den Inhabern fehlen Informationen über Inhalte und Ablauf des Übergabeprozesses, was sich für die anschließenden Prozessphasen negativ auswirken kann. Diese Informationsdefizite haben eine unzureichende Planung des Übergabeprozesses zur Folge.

Unnötig spät dran ist auch, wer an ein Testament erst kurz vor Lebensende denkt. Hinweis: Keiner ist an seinen einmal formulierten letzten Willen gebunden. Er kann ihn ebenso formlos durch ein weiteres Testament neueren Datums korrigieren oder ganz zurücknehmen. Die freie Verfügung über eigene Vermögenswerte von Todes wegen wird nur durch gesetzliche Vorschriften eingeschränkt: So haben Ehepartner und eigene Kinder einen Anspruch auf einen Pflichtteil, auf den sie allerdings per notariellen Vertrag auch verzichten können. Rechtzeitig für eine Regelung zu sorgen ist hier besonders ratsam, damit beispielsweise der überlebende Ehepartner nicht in existenzielle Schwierigkeiten kommt.

Ein Viertel der Konflikte bei Betriebsübergaben hat mit der Pflichtteil-problematik zu tun. Sind die Ansprüche nicht im Voraus geregelt, muss eine Witwe oft die Immobilie verkaufen, um die Kinder auszubezahlen. Beispiel: das beliebte Berliner Testament. Hier entstehen unzumutbare Belastungen, wenn Kinder oder deren Lebenspartner auf dem Pflichtteil beharren. Die Folgen sind nicht nur materiell. Eheleute haben in der Regel das Vermögen zusammen erwirtschaftet, sodass der Hinterbliebene auf Forderungen des Nachwuchses pikiert bis empört reagiert.

Dabei wäre die Liquiditätsklemme bei frühzeitiger Beratung und Regelung leicht zu verhindern. Leider wagen aber viele nicht, von ihren Kindern einen Verzicht auf den Pflichtteil zu verlangen. Auch Schenkungen zu Lebzeiten belasten die Eltern ungern mit einer Anrechnungs-bestimmung für den Todesfall.

Den Kopf in den Sand stecken darf man erst recht nicht bei Unternehmensübertragungen. Hier sorgt die neue Erbschaftsteuer für große Unsicherheiten, zumal Unternehmer momentan mit Ihrem aktuellen Krisen-management alle Hände voll zu tun haben.

2.5 Vergleich der unterschiedlichen Übergabevarianten

Familien- und betriebsinterne Nachfolgeregelung

In diesem Fall arbeiten die Nachfolger schon länger im zu übergebenden Betrieb mit und stammen aus der Besitzerfamilie. Im Idealfall waren sie bereits vor der Übergabe in leitender Funktion im Betrieb tätig. Als Kinder oder Enkel der Übergeber sind sie in das familiäre Umfeld stark integriert und sowohl mit den betrieblichen Inhalten und Abläufen als auch mit den gewachsenen betrieblichen Strukturen bestens vertraut und in diese eingebunden.

In dieser Konstellation können spezifische emotionale oder psychologische Faktoren des familiären Umfeldes und die betriebsinterne Entscheidungskompetenz und Entscheidungsakzeptanz wesentlich für das Gelingen beziehungsweise Scheitern des Übergabeprozesses sein.

Familieninterner Nachfolger mit betriebsexterner Berufserfahrung

Eine familieninterne, aber betriebsexterne Nachfolge liegt vor, wenn die Nachkommen der Übergeber vorher nicht im zu übergebenden Betrieb mitgearbeitet haben, sondern Ausbildungs- und Berufserfahrung aus anderen Unternehmen mitbringen. Es liegt eine Verquickung der familiären mit der zukünftigen betrieblichen Sphäre vor, also auch hier werden familienpolitische und psychologische Aspekte den Übergabeprozess und das betriebliche Geschehen nach Übernahme beeinflussen.

Durch den externen Einstieg in den zu übernehmenden Betrieb ergeben sich für den Nachfolger sowohl Vor- als auch Nachteile: Für eine Übernahme des Betriebs durch den Junior könnte der bisher fehlende Einblick in die Betriebsabläufe einen Nachteil darstellen. Andererseits kann der unbelastete, sachliche Blick auf den zu übernehmenden Betrieb und die damit verbundene objektivere Einschätzung der Gegebenheiten ein Vorteil sein, um beispielsweise bestehende Schwachstellen schnell zu erkennen und rechtzeitig schon vor, während oder auch nach der Übernahme Einfluss auf eine positive Entwicklung nehmen zu können.

Familienexterne, aber betriebsinterne Nachfolgeregelung

Die sachlichen Kriterien zur Nachfolgeregelung gewinnen an Gewicht, wenn die Übernahme durch einen Mitarbeiter erfolgt, der als familienexterner, aber betriebsinterner Nachfolger die Leitung übernimmt. Diese Art der Nachfolgeregelung ist – nach der familieninternen Nachfolgeregelung – die zweithäufigste Form der Übergabe.

Der Mitarbeiter ist nicht in die innerfamiliären Prozesse und Konflikte einbezogen und urteilt eher sachlich, sodass die Interessenkonflikte, die innerhalb der Familie auftreten können, von vornherein ausgeschlossen sind. Der Mitarbeiter wird sich, unter anderem auch aufgrund der mit dem Kauf verbundenen Finanzierung, deutlich stärker auf die harten Fakten bei seiner Entscheidung für eine Unternehmensübernahme stützen müssen. Durch die Zugehörigkeit zum Betrieb können emotionale Faktoren die Entscheidung für oder gegen die Übernahme beeinflussen.

Eine betriebsinterne Nachfolgeregelung kann für die zukünftige Entwicklung des Betriebs sowohl Vorteile als auch Nachteile bringen. Der Übernehmer muss beispielsweise von den Mitarbeitern akzeptiert werden, um erfolgreich agieren zu können. Er sollte auch in der Lage sein, strukturelle Veränderungen herbeizuführen und durchzusetzen, um gegebenenfalls auch Entscheidungen zur Entlassung von nicht benötigten Arbeitskräften zu treffen.

Externer Dritter als Nachfolger

Familien- und betriebsexterne Nachfolgeregelungen sind die seltenste Form der Übergabe. In einer solchen Nachfolgesituation dominiert die sachliche Entscheidungsebene, da der Nachfolger weder in die familieninternen Strukturen eingebunden ist noch betriebsinterne Befindlichkeiten berücksichtigen muss. Gleichzeitig kennt sich der Nachfolger aber nicht mit den betriebsinternen Abläufen aus und kann deshalb Unzulänglichkeiten und Schwachstellen im Betrieb zunächst nur schwer erkennen und einschätzen. Gerade deshalb wird er versuchen, sich durch vertragliche Regelungen gegen verdeckte Risiken abzusichern.

Auch die Entscheidungen innerhalb externer Nachfolgeregelungen werden erheblich von emotionalen Faktoren beeinflusst. Dies betrifft insbesondere die Verkaufspreisvorstellungen des Übergebers, die anfangs oftmals überhöht sind. Im Verlauf der Übergabeverhandlungen kommt es aber häufig zu wiederum »emotional« bedingten Preiszugeständnissen des Übergebers, welche die Übernahme und Fortführung des Unternehmens durch einen externen Nachfolger erst ermöglichen. Für die Preiszugeständnisse wird der Erhalt der Arbeitsplätze – gerade auch mit Blick auf die langjährigen Mitarbeiter – als zentrales Motiv angeführt. Im Ergebnis bleiben dadurch gerade in ländlichen Gegenden Betriebe bestehen.

Checkliste: Was macht Ihren Wunschkandidaten für die Nachfolge aus?

Über welche beruflichen Kenntnisse sollte Ihr Nachfolger verfügen?	
	Geklärt
• Welche Ausbildung/Studium sollte der Nachfolger absolviert haben?	❑
• Welche praktischen Berufserfahrungen sollte der Nachfolger mitbringen?	❑
Welche Führungsqualitäten sind in Ihrem Betrieb besonders wichtig?	
• Gibt es besondere Anforderungen an die Mitarbeiterführung?	❑
• Welche besonderen Fähigkeiten im Umgang mit Kunden, öffentlichen Auftraggebern, Banken und anderen Geschäftspartnern sind Ihnen besonders wichtig?	❑
• Gibt es besondere Anforderungen an Ihre Einbindung in die Betriebsführung?	❑
• Gibt es besondere Anforderungen an die Einbindung von Familienmitgliedern?	❑
Welche Vorstellungen über die finanziellen Rahmenbedingungen des Nachfolgers haben Sie?	
• Soll Ihr Nachfolger über eigenes Kapital, das er in das Unternehmen einbringt, verfügen?	❑
• Haben Sie konkrete Vorstellungen über den persönlichen Finanzbedarf Ihres Nachfolgers (Geschäftsführergehalt, Privatentnahmen)?	❑

- Soll Ihr Nachfolger Risikokapital oder Beteiligungen privater Investoren einbringen? Wie steht es um die Bonität Ihres Nachfolgers? ❑

Wie Sie einen Nachfolger finden, der zu Ihnen und zu Ihrem Unternehmen passt

- Soll Ihr Nachfolger aus der Region kommen? ❑
- Passt ein »Familienmensch« oder ein Single? ❑
- Soll Ihr Nachfolger ein Netzwerker sein, der sich ehrenamtlich engagiert (HWK, IHK, Vereine, Parteien et cetera)? ❑
- Soll Ihr Nachfolger Ihr Unternehmen und die Mitarbeiter bereits einige Jahre kennen? ❑

Warum der »Wunschkandidat« nicht unbedingt auch der richtige Nachfolger sein muss

- Verfügt er über die notwendige Akzeptanz auch bei Ihren Mitarbeitern? Oder bei anderen Familienmitgliedern? ❑
- Verfügt er über die notwendige Entscheidungskompetenz, den Betrieb zu führen? Oder ist er zu autoritär im Umgang mit Mitarbeitern und Kunden? ❑
- Verfügt er über den notwendigen »langen Atem«? ❑
- Ist Ihr Kandidat langfristig in der Lage, den Fortbestand des Unternehmens zu sichern (Generationswechsel)? ❑
- Gibt es persönliche Gründe (Scheidung, Gesundheit et cetera), die ein Risiko für die (auch finanzielle) Stabilität des Betriebs darstellen? ❑

Welche Besonderheiten bei einer familieninternen Lösung gelten

- Gibt es einen oder mehrere Nachfolgeaspiranten in der Familie? ❑
- Soll der Betrieb von mehreren Familienmitgliedern fortgeführt werden? ❑
- Müssen »weichende Erben« im Fall der vorweggenommenen Erbfolge abgefunden werden? ❑
- Wie verfahren Sie, wenn nicht Sohn oder Tochter, sondern Enkel oder Enkelin, Neffe oder Nichte oder weiter entfernte Verwandte den Betrieb übernehmen sollen oder wollen? ❑
- Wie können Sie Streitigkeiten über die Nachfolge vermeiden und Regelungen vereinbaren, die den erfolgreichen Fortbestand des Betriebs sichern? ❑

Wenn der Nachfolger nicht aus der Familie stammt

- Wann sollten Sie Ihre Entscheidung für einen Nachfolger Ihrer Familie idealerweise mitteilen? ❑

• Wie können Sie Ihre Familie in den Entscheidungsprozess einbinden und sie für dessen Ergebnis gewinnen?	❑
• Wie können Sie sicherstellen, dass Ihre Familie nicht in die Unternehmenspolitik Ihres Nachfolgers »hineinregiert«?	❑

2.6 Leitfaden für ein Gespräch über die Zukunft Ihres Betriebs

Stimmen Ihre Erwartungen an Ihren Nachfolger mit seinen Vorstellungen über die Weiterentwicklung des Betriebs überein?

Soll-Zustand des Unternehmens oder: Wie soll die Zukunft des Unternehmens aussehen?	Status quo
Die Idee	
Meine Geschäftsidee	Was wird derzeit angeboten?
Welchen Nutzen hat mein zukünftiges Angebot?	Welchen Nutzen bietet das derzeitige Angebot?
Was soll mein Produkt/meine Dienstleistung kosten?	Was kostet das bestehende Angebot?
Welche Kunden kann ich für mein Angebot gewinnen?	Welche Kunden kaufen das derzeitige Angebot?
Wie groß ist das Marktvolumen der zukünftigen Kunden?	Wie groß ist das Marktvolumen der derzeitigen Kunden?
Wird das Absatzgebiet durch die Übernahme vergrößert?	Wie groß ist das jetzige Absatzgebiet?
Welche Konkurrenz wird es geben?	Wer gehört zu den bestehenden Konkurrenten?
Was kostet mein Produkt bei der Konkurrenz?	Zu welchem Preis bietet die Konkurrenz das bestehende Produkt an?
Kann ich einen günstigeren Preis anbieten als die Konkurrenz?	Ist das bestehende Angebot derzeit preisgünstiger als das der Konkurrenz?
Wie viel Personal werde ich zukünftig brauchen?	Wie viele Mitarbeiter hat das Unternehmen?
Welche Geräte/Maschinen/Kfz muss ich anschaffen?	Welche Geräte/Maschinen/Kfz sind vorhanden? Wie alt sind sie und in welchem Zustand?

Sollte ich einen Teil der Geräte/Maschinen/Kfz leasen?	Ist ein Teil der Geräte/Maschinen/Kfz geleast?
Muss an- oder umgebaut werden?	Wie groß sind die Räumlichkeiten?
Kann ich Miet- und Pachtverträge übernehmen? Welche Miet- oder Pachtverträge benötige ich nicht?	Welche Miet- oder Pachtverträge bestehen?
Der Standort	
Verfügt der Standort über einen erfolgversprechenden Markt für meine neuen Produkte?	Ist der derzeitige Standort angemessen?
Die Geschäftspartner	
Werde ich das Unternehmen allein übernehmen oder mit einem Partner?	Besteht derzeit eine Partnerschaft?
Ist es sinnvoll, die bestehenden Lieferantenverträge zu übernehmen?	Welche Lieferanten hat das Unternehmen?
Ist es sinnvoll, Kooperationsverträge mit anderen Unternehmen einzugehen?	Welche Kooperationsverträge bestehen?
Die Rechtsform	
Werde ich die Rechtsform beibehalten?	Welche Rechtsform hat das Unternehmen?
Die Übergabe	
Wie hoch ist der Kaufpreis?	Wie hoch ist der Investitionsbedarf?

2.7 Den Nachfolgeplan in die Praxis umsetzen

Das von Ihnen gemeinsam mit Ihrem potenziellen Nachfolger erarbeitete und intensiv durchgesprochene Übergabekonzept ist die Basis für Ihren Nachfolgefahrplan, der Schritt für Schritt den Stabwechsel mit verbindlicher Terminierung und Zuständigkeit festlegt. Der Nachfolgefahrplan hilft, Ihre eigenen Pflichten nicht zu vernachlässigen und die Aufgabenerfüllung Ihres Nachfolgers neutral und dadurch frei von eventuellen Konfliktpotenzialen kontrollieren zu können. Die konkrete Umsetzung Ihres Nachfolgefahrplans erfolgt idealtypisch in vier Phasen:

1. *Vormachen und Testen:* Zunächst steigt der Nachfolger – häufig im Rahmen eines ganz normalen Anstellungsvertrags – in den Betrieb ein und sammelt seine ersten Erfahrungen. Parallel dazu schließt er etwaige Qualifizierungslücken durch entsprechende fachliche oder betriebswirtschaftliche Fortbildungsmaßnahmen. Für beide Seiten ist dies eine Testphase.

2. *Mitmachen und Orientieren:* In dieser zweiten Phase sollte sich Ihr Nachfolger überlegen, wie er einzelne Unternehmensbereiche in Zukunft gestalten will. Nach erfolgreicher Einarbeitung sollte auch seine allmähliche finanzielle Beteiligung am Betrieb erfolgen: Je nach Rechtsform und Struktur der Firma wird Ihr Nachfolger seinen Anteil am Kapital sukzessiv aufstocken, unter Umständen bis hin zu einer hundertprozentigen Beteiligung. Gleichzeitig übernimmt der Nachfolger zunehmend anspruchsvollere Aufgaben und bekommt eigene Verantwortungsbereiche zugeordnet, während Sie ihm mit Rat und Tat zur Seite stehen, ohne ihn zu bevormunden. Am Ende dieser zweiten Phase wird Ihr Nachfolger Mitgeschäftsführer des Unternehmens.

3. *Selbermachen und Übergeben:* Jetzt ist der Zeitpunkt für Sie gekommen, aus dem Unternehmen auszusteigen und sich aus dem operativen Geschäft zurückzuziehen. Dabei hat es sich bewährt, den genauen Ausstiegstermin frühzeitig und schriftlich zu fixieren, um eventuelle Missverständnisse und Verzögerungstaktiken gar nicht erst aufkommen zu lassen. Ihr Unternehmen sollte den Führungswechsel jetzt verkraften können.

4. *Umstrukturierung:* Die Betriebsorganisation muss nach den Belangen Ihres Nachfolgers umstrukturiert und einzelne Aufgabenbereiche müssen gegebenenfalls an andere Mitarbeiter delegiert worden sein. Zwar stehen Sie Ihrem Nachfolger dank Ihrer profunden Erfahrungen noch ein gewisse Zeit mit Rat und Tat zur Seite, bis er sich auf breiter Front etabliert hat und auch Kunden- und Lieferantenbeziehungen wieder reibungslos und ohne eventuelle Irritationen laufen. Doch sollten Sie sich nicht mehr in die alltäglichen Abläufe einschalten. Vor allem in dieser Phase zeigt sich, ob Ihre Gespräche während der Bestandsaufnahme und Konzeptionsentwicklung so offen waren, dass Sie beide die Sorgen und Nöte der jeweils anderen Seite verstehen und Konflikte dadurch von vornherein vermeiden können.

5. *Unterstützung von außen:* Schließlich ziehen Sie sich endgültig aus Ihrem Betrieb zurück. Es ist auch in Ihrem Interesse, dass Ihr Nachfolger den Betrieb nun eigenständig und ohne jede fremde Hilfe führt. Sie können dabei die Position eines externen Beraters oder eines Beirats annehmen. Mit einer solchen Regelung sind Vorteile für Sie beide verbunden: Zum einen erhält Ihr Nachfolger weiterhin äußerst kompetente Unterstützung, zum anderen haben Sie eine befriedigende Aufgabe, die mit »Ihrem« Unternehmen zusammenhängt. Ob diese Lösungen realisierbar sind, hängt aber von den

individuellen Vorstellungen und dem (guten) Einvernehmen zwischen Ihnen und Ihrem Nachfolger ab.

Checkliste: Nachfolger gefunden – Was nun?

Wie Sie nach einer erfolgreichen Nachfolgersuche am besten vorgehen	
	Geklärt
Sind Ihre Prioritäten für die Verhandlungen sowie die Strategie festgelegt?	❑
Hat sich Ihr potenzieller Nachfolger ein umfassendes Bild von Ihrem Betrieb verschaffen können (Betriebsanalyse)?	❑
Haben erste Vorverhandlungen stattgefunden?	❑
Haben Sie Experten hinzugezogen (Unternehmensberater, Rechtsanwälte, Steuerberater et cetera)?	❑
Ist ein Übergabekonzept entwickelt worden, das die Vorstellungen der einzelnen Parteien berücksichtigt?	❑
Haben Sie Gehaltsfragen geklärt und Aufgabenbereiche definiert?	❑
Haben Sie alle Beteiligten des Unternehmens von der bevorstehenden Unternehmensnachfolge informiert?	❑
Haben Sie die Einführung des Nachfolgers geregelt?	❑
Haben Sie die finanzielle Versorgung der Familienmitglieder geregelt?	❑
Welche Tätigkeiten obliegen derzeit allein Ihnen beziehungsweise der Geschäftsführung?	❑
Wer kann und wird diese Tätigkeiten im Notfall reibungslos übernehmen können?	❑
Existieren entsprechende Vollmachten?	❑
Wer ist Ansprechpartner bei den verschiedenen Kunden und Zulieferern und allen anderen Geschäftspartnern?	❑
Sofern vorhanden (zum Beispiel bei einer GmbH): Haben Sie den Gesellschaftsvertrag und die Satzung geprüft (Zustimmungserfordernisse, Sonderrechte und -pflichten, Versorgungsansprüche, Rechte Dritter)?	❑
Haben Sie eine Unternehmensbewertung zur Kaufpreisfindung durchgeführt?	❑
Berücksichtigt der Nachfolgefahrplan alle Ihre Vorstellungen und Wünsche?	❑
Sind die im Fahrplan enthaltenen Vereinbarungen eindeutig und unmissverständlich formuliert?	❑

Haben Sie alle den Fahrplan betreffenden Fragen und Probleme geklärt?	❏
Liegt eine Absichtserklärung zur Einhaltung des Fahrplans vor?	❏
Ist gewährleistet, dass Sie und Ihr Nachfolger dieselben Informationen erhalten?	❏
Sind die Aufgabenbereiche geklärt und transparent?	❏
Ist Ihr Nachfolger den Geschäftspartnern bekannt?	❏
Wurden Ihre Mitarbeiter, Kunden, Lieferanten et cetera ausführlich über den Stabwechsel informiert?	❏
Wissen diese, an wen sie sich bei welchen Fragen und Problemen wenden sollen?	❏

Fünf Tipps, wie Sie die persönliche Entwicklung vom Unternehmer zum Berater Ihres Nachfolgers schaffen

1. Werden Sie sich darüber klar, in welchem zeitlichen Umfang Sie künftig noch im Unternehmen tätig sein wollen.
2. Entwickeln Sie eine Vorstellung davon, wie hoch Ihre Vergütung für diese Tätigkeit sein soll.
3. Sprechen Sie über diese Vorstellungen zunächst mit Ihrem externen Berater, der eine Pro-und-Kontra- Liste Ihrer Vorstellungen fertigt.
4. In einem nächsten Schritt führen Sie hierzu ein gemeinsames Gespräch mit Ihrem Nachfolger und Ihrem externen Berater.
5. In einem letzten Schritt wird Ihre künftige Tätigkeit in einem entsprechenden Berater- oder Anstellungsvertrag vereinbart.

Schritt 3: Was ist Ihr Betrieb wert?

3.1 Den Wert des Betriebsvermögens ermitteln

Die Bewertung von Unternehmensvermögen erfolgt unabhängig von der Rechtsform. Damit gelten künftig einheitliche Bewertungsverfahren sowohl für Personenunternehmen als auch für Kapitalgesellschaften.

Als Grundlage für die Bewertung von Betrieben dient das sogenannte Ertragswertverfahren. Andere übliche Bewertungsverfahren können angewendet werden, wenn sie zu vergleichbaren Ergebnissen führen. Die Betriebe haben ein Wahlrecht zwischen dem sogenannten »vereinfachten Ertragswertverfahren« und den »anderen branchenüblichen Bewertungsverfahren«.

So funktioniert das vereinfachte Ertragswertverfahren

Das Bewertungsgesetz, das mit der Reform des Erbschaft- und Schenkungsteuerrechts zum 1. Januar 2009 neu gefasst wurde, schreibt grundsätzlich die Wertermittlung nach einem vereinfachten Ertragswertverfahren vor. Hierzu wird der in den letzten drei Jahren vor der Betriebsübergabe erwirtschaftete Gewinn vor Steuern um einen pauschalierten Unternehmerlohn von 50.000 Euro gekürzt.

Von dem verbleibenden Betrag wird ein Anteil von 30 Prozent abgezogen, der eine typisierte Steuerbelastung abbilden soll. Der sich so ergebende Betrag wird durch einen branchenspezifischen Kapitalisierungszinssatz dividiert. Darauf wird ein einheitlicher Kapitalisierungszinssatz angewendet, der sich aus dem um 4,5 Prozentpunkte erhöhten aktuellen Basiszinssatz ergibt.

Beispiel: Unternehmer U überträgt im Jahr 2009 seinen Betrieb an seinen Sohn S. Im Jahr 2006 hat U einen Gewinn vor Steuern und ohne Berücksichtigung eventuell eigener Gehaltszahlungen von 75.000 Euro gemacht. Im Jahr 2007 betrug der korrigierte Gewinn 80.000 Euro, im Jahr 2008 85.000 Euro.

Der durchschnittliche Jahresgewinn beträgt demnach 80.000 Euro. Hiervon ist der pauschalierte Unternehmerlohn von 50.000 Euro abzuziehen. Vom verbleibenden Betrag von 30.000 Euro ist ein Anteil von 30 Prozent abzuziehen. Es bleibt ein Betrag von 20.000 Euro, der durch derzeit 7,82 Prozent aktueller Kapitalisierungszinssatz zu teilen ist. Das Unternehmen hat also einen Ertragswert von 255.754,48 Euro, abgerundet 255.754 Euro.

> **Achtung!**
> Wenn der Ertragswert zu gering ist, gilt der Substanzwert. Der Substanzwert bildet den Mindestwert, der insbesondere dann, wenn das Unternehmen in den letzten drei Jahren keine Gewinne erwirtschaftet hat, Verwendung findet. Alternative branchenübliche Verfahren können zu niedrigeren Werten führen.

Beachten Sie diese zwei Faustregeln für die neuen Wertansätze:

1. Je kleiner der Betrieb, umso höher die Abhängigkeit vom Inhaber, das heißt umso größer der Abschlag.
2. Die neue Bewertung des Betriebsvermögens gilt laut Bundesfinanzministerium für Kapitalgesellschaften mit einer durchschnittlichen Werterhöhung von 60 Prozent, für Personenunternehmen im schlechtesten Fall sogar von rund 120 Prozent.

Der gemeine Wert ist in erster Linie aus Verkäufen unter fremden Dritten abzuleiten, die weniger als ein Jahr vor dem Besteuerungszeitpunkt zurückliegen.

Wann die Bewertung nach einem »anerkannten Verfahren« möglich ist

Kommt das vereinfachte Bewertungsverfahren offensichtlich zu unzutreffenden Ergebnissen, kann auch auf andere Verfahren zurückgegriffen werden, die zu außersteuerlichen Zwecken anerkannt sind. Hierzu zählen insbesondere:

* IDW S1 des Instituts der Wirtschaftsprüfer für Großunternehmen
* AWH-Standard der Handwerkskammern und Verbände für kleinere und mittlere Handwerksunternehmen
* Multiplikatormethode für kleine Unternehmen
* Andere branchentypische Verfahren

> **Achtung!**
> Ergibt sich aufgrund von zeitnahen Ereignissen (zum Beispiel Erbauseinandersetzungen, Verkäufe) vor oder nach dem Erbfall ein anderer Wert, so ist dieser anzusetzen.

3.2 Anerkannte branchenübliche Bewertungsverfahren

Handwerksbetriebe

Hier können Sie den sogenannten AWH-Standard (Wertermittlungsverfahren Arbeitsgemeinschaften der Wert ermittelnden Betriebsberater im Handwerk, AWH, Redaktion: B. Juhl, HWK Ulm, Tel.: 0731 1425-350, E-Mail: b.juhl@hk-ulm.de) nutzen.

Veröffentlichung des Verfahrens

Das Verfahren ist im *Handbuch Unternehmensbewertung im Handwerk: AWH-Standard Version 4.0* veröffentlicht (letzter Stand: 1. März 2010).

Art des Verfahrens

Es handelt sich um ein Ertragswertverfahren, der Substanzwert kann als Mindestwert verwendet werden. Wenn der überwiegende Teil des Unternehmensvermögens aus Immobilien und Anlagen besteht, ist ebenfalls die Verwendung des Substanzwerts möglich. Die Unternehmensbewertung erfolgt ohne Betriebsgrundstücke und Gebäude, diese müssen separat angesetzt werden.

Anwendung

In erster Linie durch Betriebsberater der Handwerksorganisationen; der Standard steht allgemein zur Verfügung und kann von allen verwendet werden, auch von anderen Unternehmens- und Steuerberatern. Die Bewertung erfolgt mithilfe einer Excel-Arbeitsmappe. Das Verfahren ist für handwerkliche Betriebe im klein- und mittelständischen Bereich geeignet.

Welche Daten Ihres Unternehmens Sie brauchen

- Jahresabschlüsse der letzten vier Jahre (Bilanz und GuV)
- Aktueller Anlagenspiegel mit Angaben derjenigen Anlagen, die sich im Eigentum des Übergebers befinden (eventuell Sachwert-Gutachten zur Ermittlung von Verkehrswerten und der durchschnittlichen Restnutzungsdauer)
- Aktuelle betriebswirtschaftliche Auswertung mit Summen-Saldenliste für das laufende Geschäftsjahr

- Angaben über Altlasten und umweltgefährdende Stoffe; schwebende Verfahren; Patente, gewährte Lizenzen und genutzte Lizenzen; betriebliche Versicherungen; in den letzten Jahren geltend gemachte oder angedrohte Gewährleistungs- und Produkthaftungsansprüche; den Arbeitnehmern gewährte Sozialleistungen und Pensionszusagen; Liefer-, Abnahme-, Wartungs- und Miet-/Pachtverträge
- Nachweis der bauplanungsrechtlichen Verfahren (für die Betriebsstätte und ihre angrenzenden Gebiete)
- Liste aller Arbeitnehmer unter Angabe des Namens, des Alters, des Eintrittsjahrs, der Funktion und des Bruttogehalts sowie Sonderzahlungen
- Liste aller Arbeitnehmer, die besonderem Kündigungsschutz unterliegen
- Gesellschaftsvertrag und Liste der Gesellschafter (nur bei Personen- oder Kapitalgesellschaften)
- Geschäftsführervertrag (neu bei Personen- oder Kapitalgesellschaften)
- Plandaten nur so weit vorhanden
- Wenn möglich: Daten zur Umsatzentwicklung, Kostenentwicklung, Gewinnentwicklung, Entwicklung des Eigenkapitals, Entwicklung des Anlagevermögens, Entwicklung des Umlaufvermögens, Entwicklung der Verbindlichkeiten
- Informationen über Besonderheiten wie zum Beispiel Änderungen der Kundenstruktur

Welche externen Daten Sie benötigen

Ermitteln Sie die langfristig erzielbare Rendite öffentlicher Anleihen. Diese wird regelmäßig von der Deutschen Bundesbank veröffentlicht.

Wie Sie am besten vorgehen

- Der zukünftige Erfolg wird mithilfe der gewichteten Ergebnisse der letzten vier Jahre ermittelt.
- Da in der Regel die Schulden des übergebenden Betriebsinhabers nicht übernommen werden, wird der Gewinn vor Zinsen verwendet.
- Es werden kalkulatorische Zinsen auf das betriebsnotwendige Kapital angesetzt. Die tatsächlich gezahlten Zinsen und somit die Art der Finanzierung (Eigenkapital beziehungsweise unterschiedliche Fremdfinanzierungsquellen) bleiben unberücksichtigt. Durch die Verwendung von kalkulatorischen Zinsen werden die Opportunitätskosten der Kapitalbindung des betriebsnotwendigen Vermögens erfasst.

- Die steuerlichen Abschreibungen werden nicht berücksichtigt, an ihrer Stelle werden kalkulatorische Abschreibungen angesetzt.
- Es werden gegebenenfalls ein kalkulatorischer Unternehmerlohn und eine kalkulatorische Miete angesetzt.
- Im Kapitalisierungszinssatz wird ein Immobilienzuschlag (1 bis 3 Prozent, zur Berücksichtigung der geringeren Fungibilität des Betriebsvermögens im Vergleich zu reiner Kapitalanlage) berücksichtigt. Der Risikozuschlag wird durch Addition verschiedener Zuschlagssätze (je 0 bis 3 Prozent) für die im Handwerk häufigsten Risiko- und Erfolgsfaktoren (unter anderem Kunden Abhängigkeit, Branchenentwicklung, Wettbewerbsintensität) ermittelt. Der Kapitalisierungszins inklusive der Risikoaufschläge wird um die Abgeltungsteuer zuzüglich Solidaritätszuschlag korrigiert.
- Da die Ertragslage des mittelständischen Handwerks stark durch die Person des Inhabers bestimmt wird, wird die Inhaberabhängigkeit gesondert als Zuschlag zum Kapitalisierungszins berücksichtigt.

Kfz-Zulieferunternehmen

Hier bestand früher eine hohe Planungssicherheit aufgrund stabiler Absatzmärkte und langfristiger Lieferbeziehungen. Dadurch war ein hohes Qualitätsniveau der Inputdaten in der Unternehmensbewertung gewährleistet. Durch die teilweise starken Umsatzeinbrüche in dieser Branche als Folge der Finanz- und Wirtschaftskrise ist die Bewertung spürbar schwieriger geworden.

Branchentypische Bewertungsverfahren

- DCF-Verfahren
- Multiplikatorverfahren

Anlagenbauunternehmen

Beachten Sie hier folgende Besonderheiten bei der Bewertung: starke zyklische Schwankungen der Nachfrage. Das erschwert die Ertragsprognose und deren Plausibilisierung beziehungsweise die Auswahl von Vergleichsunternehmen beim Multiplikatorverfahren. Ferner ist zu berücksichtigen, dass ein hoher Liquiditätsbestand vorhanden ist. Dies ist insbesondere auf hohe Anzahlungen bei Projektbeginn zurückzuführen. Sie haben zwei Möglichkeiten, diese Besonderheiten bei der Unternehmensbewertung zu berücksichtigen:

1. *Netto-Methode:* Hier werden liquide Mittel mit dem Fremdkapital, Zinserträge mit Zinsaufwendungen saldiert. Dabei bleibt allerdings unberücksichtigt, dass liquide Mittel betriebsnotwendig sind. Ferner werden unterschiedliche Soll- und Haben-Zinssätze nicht berücksichtigt.
2. *Brutto-Version:* Hier erfolgt keine Saldierung.

Branchentypische Bewertungsverfahren

- Multiplikatorverfahren
- DCF-/Ertragswertverfahren

Taxiunternehmen

Hier gilt die Besonderheit, dass Taxikonzessionen nicht allein veräußerbar sind, sondern nur dann, wenn das ganze Unternehmen verkauft wird.

Branchentypische Bewertungsverfahren

Einzelbewertungsverfahren mit folgenden relevanten Bestandteilen:

- Taxikonzession (regional stark unterschiedliche Werte: von 0 Euro, wenn direkt von der Gemeinde zu erhalten, über 1.000 Euro bis 5.000 Euro im Landkreis Erding, München etwa 25.000 Euro, Rosenheim etwa 45.000 Euro)
- Fahrzeug zum Zeitwert, eventuell Berücksichtigung günstiger Versicherung
- Stammkunden (vor allem im ländlichen Bereich)
- Angestelltes Fahrpersonal (in Bereichen mit wenigen Fahrern)
- Schulden, offene Posten

Empfehlungen der Berufsverbände

- Taxiverband München empfiehlt Einzelbewertungsverfahren mit Spezifikationen.
- Landesverband Bayerischer Taxi- und Mietwagenunternehmen empfiehlt gemischte Verfahren für Taxiunternehmen ohne Anschluss an eine Zentrale: Betriebsausstattung zum Zeitwert + Goodwill (etwa 30 Prozent des Jahresumsatzes).

Betriebe aus dem Gastgewerbe

Infolge der Wirtschafts- und Finanzkrise sind die Umsätze – und auch die Ertragslage – im Gaststättengewerbe aktuell »unter Druck«. Beim auch für das Gaststättengewerbe neu anzuwendenden Ertragswertverfahren kann dies den sogenannten Ertragswert, das heißt das für die Erbschaftsteuer relevante Betriebsvermögen, stark vermindern. Übergeben Sie beispielsweise Ihre Gaststätte im Jahr 2012, werden die Erträge der Jahre 2009, 2010, 2011 zugrunde gelegt. Liegen die Erträge allerdings unterhalb des sogenannten Substanzwerts (das heißt der Summe des aktuellen Werts aller Wirtschaftsgüter), so wird dieser für die Berechnung der Erbschaftsteuer herangezogen.

Branchentypische Bewertungsverfahren

- Ertragswertverfahren
- Substanzwert & Goodwill (vor allem bei kleinen, durch die Person des Inhabers geprägten Betrieben)

Handelsunternehmen (Einzel- und Großhandel)

Hier ist besonders die teils große Bedeutung von Immobilien (Lage; Kündigungsgefahr bei Mietverträgen; starke Restriktionen bei Neubauten) zu berücksichtigen. Ferner schlägt der hohe Wettbewerbsdruck zu Buche, da für Kunden kaum Wechselhürden bestehen.

Branchentypische Bewertungsverfahren

1. *Diskontierungsverfahren*
   - Bei ertragsschwachen Unternehmen (im Einzelhandel häufig) sind die Sonderbestimmungen des IDW S 1 für solche Unternehmen anzuwenden (unter anderem Berücksichtigung des Liquidationswerts).
   - Wegen der hohen Bedeutung des Restwerts (ewige Rente nach dem expliziten Prognosezeitraum) bei Handelsunternehmen nur eingeschränkt brauchbar wegen schneller Veränderungen der Erfolgsbedingungen
   - Primär bei Unternehmen mit erfolgreichem Markenname zu verwenden

2. *Substanzwertmethode (im Immobilienbereich)*
   - Von Bedeutung, da Substanz von Handelsunternehmen oft nicht reproduzierbar (zum Beispiel große Verkaufsflächen in Innenstadtlage)
   - Auch bei (allein) nicht überlebensfähigen Unternehmen
3. *Multiplikatorverfahren*
   - Vergleich mit Unternehmen mit ähnlichen Risiko-, Wachstums- und Renditeerwartungen
   - Relevante Erfolgsgröße: bereinigter EBITDA(R) [Earnings before taxes, depreciation, amortization (and rent)]
   - Betrachtung der Erfolgsgröße vor Mietzahlungen, wenn angemietete Standorte als Aktiva betrachtet werden. Ein solches Vorgehen ermöglicht den Vergleich von Unternehmen mit unterschiedlichen Präferenzen für Eigenbesitz oder Leasing.
4. *Sum-of-part-Verfahren (Spezifisches Multiplikatorverfahren)*
   - Auf der Grundlage einer umfassenden Segmentberichterstattung
   - Sinnvoll bei Unternehmen mit unterschiedlichen Geschäftsfeldern

Empfehlungen der Berufsverbände

Der Verband Deutscher Drogisten empfiehlt keine allgemein verbindliche und einheitliche Bewertungsmethode und verwendet selbst die Ertragswertmethode auf Basis der Überrenditenermittlung. Sonst seien folgende Verfahren üblich:

- Ertragswertmethode nach IdW
- DCF-Methode (wird von BBE Retail Experts verwendet, einer auf den Handel spezialisierten Unternehmensbewertung)

Wie Sie Anteile an Kapitalgesellschaften bewerten

- Bei Anteilen an börsennotierten Kapitalgesellschaften stellt der Börsenkurs den gemeinen Wert dar.
- Bei nicht notierten Anteilen ist der gemeine Wert in erster Linie aus Verkäufen unter fremden Dritten abzuleiten, die weniger als ein Jahr vor dem Besteuerungszeitpunkt zurückliegen. Fehlen derartige zeitnahe Verkäufe, ist der gemeine Wert zu schätzen.

3.3 Was zum begünstigten Betriebsvermögen gehört

Das Einkommensteuerrecht eröffnet die Möglichkeit, Vermögensgegenstände, die nicht ihrer Natur nach der privaten Lebensführung dienen, zu »gewillkürtem« Betriebsvermögen zu erklären. Das hat zur Folge, dass praktisch alle Gegenstände, die üblicherweise in Form der privaten Vermögensverwaltung gehalten werden (Geld- und Kapitalanlagen, vermietete und verpachtete Grundstücke und Gebäude), auch in Form eines Gewerbebetriebs gehalten werden können. Voraussetzung ist allerdings, dass sie einen gewissen betrieblichen Zusammenhang aufweisen. Ob begünstigtes Vermögen übertragen wurde und damit die Begünstigung in Anspruch genommen werden kann, können Sie wie folgt prüfen:

* Im ersten Schritt stellen Sie fest, ob dem Grunde nach begünstigtes Vermögen übertragen wurde. Sofern das übertragene Vermögen nicht dem Grunde nach begünstigt ist, kommen die Begünstigungen nicht in Betracht.
* Wie viel Prozent des Unternehmensvermögens sind als sogenanntes Verwaltungsvermögen zu qualifizieren? Wird festgestellt, dass mehr als 50 Prozent Verwaltungsvermögen vorhanden ist, scheidet die Inanspruchnahme der Begünstigungen ebenfalls aus.
* Bei dieser Frage kommt der Bewertung der unterschiedlichen Vermögen eine hohe Bedeutung zu, da diese Werte für die Prüfung der 50-Prozent-Grenze verwendet werden.
* Überschreitet der Anteil des Verwaltungsvermögens 50 Prozent des Unternehmenswertes nicht, so ist Ihr Unternehmensvermögen grundsätzlich in vollem Umfang begünstigt. Eine Ausnahme gilt allerdings, wenn der Unternehmenswert auf Verwaltungsvermögen entfällt, das noch nicht zwei Jahre zum Betriebsvermögen gehört hat. Dann kommen die Begünstigungen nicht zur Anwendung.
* Auf das danach verbleibende begünstigte Unternehmensvermögen kommt ein pauschaler Abschlag von 85 Prozent zur Anwendung. Das danach verbleibende Vermögen (15 Prozent) unterliegt der Erbschaftsteuer.
* Die Begünstigung bleibt erhalten, wenn zum einen die Behaltensvoraussetzungen innerhalb eines 7-Jahres-Zeitraums eingehalten werden und zum anderen in keinem der dem Übertragungszeitraum folgenden 7 Jahre insgesamt 90 Prozent der durchschnittlichen Lohnsumme unterschritten werden.

3.4 Was »Verwaltungsvermögen« ist und damit nicht begünstigt wird

Verwaltungsvermögen darf einen Anteil von 50 Prozent des Betriebsvermögens nicht überschreiten. Ansonsten gilt das gesamte Betriebsvermögen als nicht begünstigt. Als Verwaltungsvermögen gelten:

- Dritten zur Nutzung überlassene Grundstücke, Grundstücksteile, grundstücksgleiche Rechte und Bauten. Eine Nutzungsüberlassung an Dritte ist nicht anzunehmen, wenn der Erblasser oder Schenker sowohl im überlassenden Betrieb als auch im nutzenden Betrieb einen einheitlichen geschäftlichen Betätigungswillen durchsetzen konnte oder als Gesellschafter den Vermögensgegenstand der Gesellschaft zur Nutzung überlassen hatte und diese Rechtsstellung auf den Erwerber übergegangen ist, wenn keine Nutzungsüberlassung an einen weiteren Dritten erfolgt.
- Anteile an Kapitalgesellschaften, wenn die Beteiligung am Nennkapital dieser Gesellschaften 25 Prozent oder weniger beträgt. Ob diese Grenze unterschritten wird, ist aufgrund der Summe der dem Betrieb unmittelbar zuzurechnenden Anteile und der Anteile weiterer Gesellschafter zu bestimmen, wenn die Gesellschafter unwiderruflich untereinander verpflichtet sind, über die Anteile nur einheitlich zu verfügen oder sie ausschließlich auf andere derselben Verpflichtung unterliegende Anteilseigener zu übertragen, und das Stimmrecht gegenüber nicht gebundenen Gesellschaftern nur einheitlich ausüben.
- Beteiligungen an Gesellschaften und an entsprechenden Gesellschaften im Ausland sowie Anteile an Kapitalgesellschaften, die nicht unter den vorgenannten Spiegelpunkt fallen, wenn bei diesen Gesellschaften das Verwaltungsvermögen mehr als 50 Prozent beträgt.
- Wertpapiere sowie vergleichbare Forderungen.
- Kunstgegenstände, Kunstsammlungen, wissenschaftliche Sammlungen, Bibliotheken und Archive, Münzen, Edelmetalle und Edelsteine, wenn der Handel mit diesen Gegenständen oder deren Verarbeitung nicht der Hauptzweck des gewerblichen Betriebs ist.

Das anteilige Verwaltungsvermögen ermitteln

Der Anteil des Verwaltungsvermögens am gesamten Betriebsvermögen bestimmt sich nach dem Verhältnis der erbschaftsteuerlichen Bewertungsansätze für die Gegenstände des Verwaltungsvermögens als Einzelwirtschaftsgüter zum erbschaftsteuerlichen Unternehmenswert.

Beispiel:

Bewertungsansatz Betrieb (Ertragswert)	10 Millionen Euro
Bewertungsansatz vermietetes Betriebsgrundstück (wie Grundvermögen)	3 Millionen Euro
Bewertungsansatz börsennotierte Streubesitzanteile (Kurswert)	0,5 Millionen Euro
Bewertungsansatz nicht notierter GmbH-Anteil im Streubesitz (Ertragswert)	1,5 Millionen Euro
Bewertungsansatz Kunstgegenstände (gemeiner Wert)	0,8 Millionen Euro
Verwaltungsvermögen insgesamt	5,8 Millionen Euro
Anteil Verwaltungsvermögen am gesamten Betriebsvermögen	58 Prozent

Achtung!

Beteiligungen über 25 Prozent im In- und Ausland gehören grundsätzlich zum begünstigten Betriebsvermögen. Sie zählen zum Verwaltungsvermögen, wenn diese Gesellschaften die Verwaltungsvermögensgrenze von 50 Prozent überschreiten. Begünstigt sind Anteile an Kapitalgesellschaften auch bei Beteiligungen unter 25 Prozent, wenn über die Anteile nur einheitlich verfügt werden kann oder sie ausschließlich auf andere derselben Verpflichtung unterliegende Anteilseigner übertragen und das Stimmrecht gegenüber nicht gebundenen Gesellschaftern nur einheitlich ausgeübt werden kann.

Berechnung der Grenze des Verwaltungsvermögens: Was der Brutto-Netto-Vergleich bedeutet

Verglichen werden die »Summe der gemeinen Werte des Verwaltungsvermögens« und der »Unternehmenswert«. Bei der »Summe der gemeinen Werte des Verwaltungsvermögens« handelt es sich um einen Brutto-Wert; Schulden werden auch dann nicht berücksichtigt, wenn sie ausschließlich für die Anschaffung dieses Wirtschaftsgutes aufgenommen worden sind. Der Unternehmenswert beinhaltet demgegenüber die Schulden.

Das führt dazu, dass das Verwaltungsvermögen systematisch eher zu groß dargestellt wird und sich rein rechnerisch sowie in der Praxis Quoten von über 100 Prozent ergeben werden. Dies ist eine zusätzliche Hürde, bei der Quoten des Verwaltungsvermögens zu berücksichtigen sind, und einmal mehr ein gutes Beispiel für die Komplexität des Gesetzes insgesamt.

Kurzfristig eingelegtes Verwaltungsvermögen aussondern

Wenn der Anteil des Verwaltungsvermögens 50 Prozent des Betriebsvermögens nicht überschreitet, ist grundsätzlich das gesamte Betriebsvermögen in vollem Umfang – und damit auch das Verwaltungsvermögen – begünstigt. Allerdings gilt dies nur für das Verwaltungsvermögen, das zum Zeitpunkt der Besteuerung bereits zwei Jahre dem Betrieb zuzurechnen war. Umgekehrt bedeutet dies, dass für Verwaltungsvermögen, das noch keine zwei Jahre zum Betriebsvermögen zählt, keine Begünstigungen in Anspruch genommen werden können.

Damit ist nur das Vermögen begünstigt, das sich nach Aussonderung des innerhalb von zwei Jahren eingelegten Vermögens ergibt. Darauf ist ein Abschlag in Höhe von 85 Prozent anzuwenden, während das ausgesonderte Verwaltungsvermögen in voller Höhe zu versteuern ist.

Beispiel: Sie wollen Ihre Beteiligung an Ihrer gewerblich tätigen KG in Höhe von 5 Millionen Euro auf Ihren Sohn/Ihre Tochter übertragen. Die Erbschaftsteuerbelastung berechnen Sie wie folgt:

	Steuerklasse I (Kind)	Steuerklasse II (Neffe/Nichte)	Steuerklasse III
Wert des KG-Anteils abzgl. Abschlag von 85 %	5.000.000 Euro − 4.250.000 Euro	5.000.000 Euro − 4.250.000 Euro	5.000.000 Euro − 4.250.000 Euro
ergibt abzgl. persönlicher Freibetrag	750.000 Euro − 400.000 Euro	750.000 Euro − 20.000 Euro	750.000 Euro − 20.000 Euro
steuerpflichtiger Erwerb abgerundet	350.000 Euro 350.000 Euro	730.000 Euro 730.000 Euro	730.000 Euro 730.000 Euro
ErbSt-Satz ErbSt (neu)	15 % 52.500 Euro	30 % 219.000 Euro	30 % 219.000 Euro
abzgl. Entlastungsbetrag (§ 19a ErbStG)		70.664 Euro	70.664 Euro
ErbSt (neu)	**52.500 Euro**	**148.336 Euro**	**148.336 Euro**
ErbSt (alt)	**550.753 Euro**	**617.443 Euro**	**648.206 Euro**
Differenz	**498.253 Euro**	**398.443 Euro**	**429.206 Euro**

3.5 Wie Sie den Wert des Grundvermögens ermitteln

Die Definition und Abgrenzung der Vermögensart »Grundvermögen« erfolgt entsprechend den geltenden Regelungen in §§ 68, 69 BewG. Bewertungsmaßstab ist der gemeine Wert. Zu beachten sind Regelungen für die dort nicht genannten Bewertungen von Sonderfällen (Erbbaurecht, Gebäude auf fremdem Grund und Boden, Grundstücke mit Gebäuden im Zustand der Bebauung). Generell gilt:

- *Bewertung unbebauter Grundstücke:* Der Wert unbebauter Grundstücke ist wie nach geltendem Recht nach der Fläche und den jeweils aktuellen Bodenrichtwerden zu ermitteln.
- *Bewertung bebauter Grundstücke:* Der Wert der bebauten Grundstücke ist nach dem Vergleichswertverfahren, dem Ertragswertverfahren oder dem Sachwertverfahren zu ermitteln. Die Wertermittlungsverfahren werden in Anlehnung an die Wertermittlungsverordnung typisierend geregelt.

Vergleichswertverfahren

Das Vergleichswertverfahren kommt bei der Ermittlung des gemeinen Werts von bebauten Grundstücken nur bei Grundstücken in Betracht, die mit weitgehend gleichartigen Gebäuden bebaut sind und bei denen sich der Grundstücksmarkt an Vergleichswerten orientiert. Das Vergleichswertverfahren ist daher regelmäßig für Wohnungseigentum, Teileigentum sowie Ein- und Zweifamilienhäuser anzuwenden.

Beim Vergleichswertverfahren wird der Marktwert eines Grundstücks aus tatsächlich realisierten Kaufpreisen von anderen Grundstücken abgeleitet, die in Lage, Nutzung, Bodenbeschaffenheit, Zuschnitt und sonstiger Beschaffenheit hinreichend mit dem zu vergleichenden Grundstück übereinstimmen.

Ertragswertverfahren

Das Ertragswertverfahren kommt insbesondere bei bebauten Grundstücken in Betracht, bei denen der nachhaltig erzielbare Ertrag für die Werteinschätzung am Grundstücksmarkt im Vordergrund steht (typische Renditeobjekte).

Das Ertragswertverfahren ist daher regelmäßig für Mietwohngrundstücke sowie Geschäftsgrundstücke und gemischt genutzte Grundstücke, für die sich auf dem örtlichen Grundstücksmarkt eine übliche Miete ermitteln lässt, anzuwenden.

Beim Ertragswertverfahren wird der Wert von bebauten Grundstücken auf der Grundlage des für diese Grundstücke nachhaltig erzielbaren Ertrags ermittelt.

Sachwertverfahren

Das Sachwertverfahren kommt insbesondere für bebaute Grundstücke in Betracht, bei denen es für die Werteinschätzung am Grundstücksmarkt nicht in erster Linie auf den Ertrag ankommt, sondern die Herstellungskosten im gewöhnlichen Geschäftsverkehr wertbestimmend sind. Im Sachwertverfahren sind daher Wohnungseigentum, Teileigenturm sowie Ein- und Zweifamilienhäuser, wenn ein Vergleichswert nicht vorliegt, Geschäftsgrundstücke und gemischt genutzte Grundstücke, für die sich auf dem örtlichen Grundstücksmarkt keine übliche Miete ermitteln lässt, sowie sonstige bebaute Grundstücke zu bewerten.

Beim Sachwertverfahren wird der Wert von bebauten Grundstücken auf der Grundlage des Substanzwerts – Summe aus Herstellungswert der auf dem Grundstück vorhandenen baulichen und nicht baulichen Anlagen sowie Bodenwert – ermittelt.

Drei Sonderfälle und was sie für die Wertermittlung bedeuten

1. Erbbaurecht
Ist das Grundstück mit einem Erbbaurecht belastet, sind die Werte für die wirtschaftliche Einheit Erbbaurecht und für die wirtschaftliche Einheit des belasteten Grundstücks gesondert zu ermitteln.
Bei der Wertermittlung sind neben dem Bodenwert und dem Gebäudewert bei bebauten Grundstücken die Höhe des Erbbauzinses, die Restlaufzeit des Erbbaurechts und die Höhe der Heimfallentschädigung angemessen zu berücksichtigen.
2. Gebäude auf fremdem Grund und Boden
In Fällen mit Gebäuden auf fremden Grund und Boden sind die Werte für die wirtschaftliche Einheit des Gebäudes auf fremdem Grund und Boden und die wirtschaftliche Einheit des belasteten Grundstücks gesondert zu ermitteln.
Bei der Wertermittlung sind neben dem Bodenwert und dem Gebäudewert die Höhe des Pachtzinses und die Restlaufzeit des Nutzungsrechts angemessen zu berücksichtigen.
3. Grundstücke mit Gebäuden im Zustand der Bebauung
Die Gebäude oder Gebäudeteile im Zustand der Bebauung sind mit den bereits im Besteuerungszeitpunkt entstandenen Herstellungskosten dem Wert des bislang unbebauten oder bereits bebauten Grundstücks hinzuzurechnen.

3.6 Wichtig: Vermietetes Grundvermögen wird »verschont«

Zum Grundvermögen gehören der Grund und Boden, die Gebäude, die sonstigen Bestandteile und das Zubehör, aber auch das Erbbaurecht sowie das Wohnungs- und Teileigentum, Wohnungserbbaurecht und Teilerbbaurecht nach dem Wohnungseigentumsgesetz.

Unterscheiden Sie zwischen diesen Grundstücksarten	
Grundstücksart	**Voraussetzungen**
1. Ein- und Zweifamilienhäuser	Wohnungsgrundstücke mit bis zu zwei Wohnungen: Mitnutzung für betriebliche oder öffentliche Zwecke zu weniger als 50 Prozent – berechnet nach der Wohn- oder Nutzfläche – ist unschädlich, wenn dadurch nicht die Eigenart als Ein- oder Zweifamilienhaus wesentlich beeinträchtigt wird. Kein Wohnungseigentum nach Nr. 3
2. Mietwohnungsgrundstücke	Grundstücke, die zu mehr als 80 Prozent – berechnet nach der Wohn- oder Nutzfläche – Wohnzwecken dienen und nicht Ein- und Zweifamilienhäuser im Sinne der Nr. 1 oder Wohnungseigentum nach Nr. 3 sind
3. Wohnungs- und Teileigentum	Wohnungseigentum ist das Sondereigentum an einer Wohnung in Verbindung mit dem Miteigentumsanteil an dem gemeinschaftlichen Eigentum, zu dem es gehört (§ 1 Abs. 2 Wohnungseigentumsgesetz – WEG). Teileigentum ist das Sondereigentum an nicht zu Wohnzwecken dienenden Räumen eines Gebäudes in Verbindung mit dem Miteigentum an dem gemeinschaftlichen Eigentum, zu dem es gehört (§ 1 Abs. 3 WEG).
4. Geschäftsgrundstücke	Grundstücke, die zu mehr als 80 Prozent – berechnet nach der Wohn- oder Nutzfläche – eigenen oder fremden betrieblichen oder öffentlichen Zwecken dienen und nicht Teileigentum nach Nr. 3 sind
5. Gemischt genutzte Grundstücke	Grundstücke, die teils Wohnzwecken, teils eigenen oder fremden betrieblichen oder öffentlichen Zwecken dienen und keine Grundstücke im Sinne der Nr. 1 bis 4 sind
6. Sonstige bebaute Grundstücke	Grundstücke, die nicht unter die Nr. 1 bis 5 fallen

Auswirkung der Grundstücksart

Die Grundstücksart ist für die Zuordnung des Bewertungsverfahrens von entscheidender Bedeutung. Die Abgrenzung der Grundstücksarten ist nach dem Verhältnis der Wohn- und Nutzfläche vorzunehmen. Maßgeblich ist dabei die Wohnfläche nach der Wohnflächenverordnung. Ist die Wohnfläche bis zum 31. Dezember 2003 nach der II. Berechnungsverordnung berechnet worden, bleibt es bei dieser Berechnung, wenn nach dem 31. Dezember 2003 keine baulichen Änderungen an dem Wohnraum vorgenommen worden sind, die eine Neuberechnung erforderlich machen. Abzustellen ist auf die tatsächliche Nutzung am Bewertungsstichtag.

Zuordnung zu den Bewertungsverfahren

Der Wert eines Grundstücks ist entweder nach dem Vergleichswertverfahren, dem Ertragswertverfahren oder dem Sachwertverfahren zu bemessen. Welches Verfahren für die zu bewertende wirtschaftliche Einheit anzuwenden ist, richtet sich nach der Grundstücksart der wirtschaftlichen Einheit.

- *Vergleichswertverfahren:* Das Vergleichswertverfahren ist für Wohnungseigentum, Teileigentum und für Ein- und Zweifamilienhäuser anzuwenden, sofern der Gutachterausschuss entsprechende Vergleichspreise oder Vergleichsfaktoren ermittelt hat. Nachrangig kann auf die in der Finanzverwaltung vorliegenden Unterlagen zu Vergleichspreisen zurückgegriffen werden.
- *Ertragswertverfahren:* Das Ertragswertverfahren ist für Geschäftsgrundstücke und gemischt genutzte Grundstücke anzuwenden, für die sich auf dem örtlichen Grundstücksmarkt eine übliche Miete ermitteln lässt. Das Verfahren ist nicht anzuwenden, wenn zwar eine tatsächliche Miete vereinbart ist, jedoch keine übliche Miete ermittelt werden kann, da in einem solchen Fall ein Vergleich nicht möglich ist. Mietwohngrundstücke sind stets im Ertragswertverfahren zu bewerten. Ist in diesen Fällen weder ein tatsächliche Miete vorhanden noch eine ortsübliche Miete ermittelbar, ist die Miete zu schätzen.
- *Sachwertverfahren:* Das Sachwertverfahren ist für die Bewertung der sonstigen bebauten Grundstücke heranzuziehen. Darüber hinaus ist das Schwertverfahren das Auffangverfahren für
    - Wohneigentum, Teileigentum und für Ein- und Zweifamilienhäuser, wenn das Vergleichswertverfahren mangels Vergleichspreisen oder Vergleichsfaktoren nicht anwendbar ist,

– Geschäftsgrundstücke und gemischt genutzte Grundstücke, für die sich auf dem örtlichen Grundstücksmarkt keine übliche Miete ermitteln lässt.

Achtung!

Befinden sich auf einem Grundstück nicht nur Gebäude oder Gebäudeteile, die im Ertragswertverfahren zu bewerten sind, erfolgt die Wertermittlung für die gesamte wirtschaftliche Einheit nach dem Sachwertverfahren.

3.7 Wertermittlung bei Betriebsaufspaltung/ Konzernverbund

Das kommt im Betriebsalltag immer wieder vor: Im Rahmen einer Betriebsaufspaltung überlässt das Besitzunternehmen einem Betriebsunternehmen ein Geschäftsgrundstück. Eine ortsübliche Miete ist nicht ermittelbar. Das Grundstück ist daher nicht im Ertragswertverfahren, sondern im Sachwertverfahren zu bewerten.

Vergleichsfaktoren je Quadratmeter Wohnfläche			
Die Werte sind umgerechnet auf die definierte Musterwohnung		**Baujahrsklasse**	
Stadtbezirk	**Wohnanlage**	**1920 bis 1944**	**1945 bis 1960**
A		**Euro/m² Wohnfläche**	
	gut	1.700	1.800
	mittel	1.500	1.650
	einfach	1.350	1.500
B	gut	1.900	1.850
	mittel	1.700	1.650
	einfach	1.500	1.550
Garagen und Stellplätze sind bei diesen Werten nicht berücksichtigt.			

Anwendung der Vergleichsfaktoren

Liegt zum Beispiel eine im Jahr 1950 errichtete Eigentumswohnung (Wohneigentum) mit einer Wohnfläche von 70 Quadratmetern im Stadtbezirk A in guter Wohnlage, weicht sie im Vergleich zur Musterwohnung mit einer Differenz von 10 Quadratmetern geringfügig ab (Abweichung nicht mehr als 20 Prozent von 80 m²). Deshalb kann der Vergleichswert

(Grundbesitzwert) unmittelbar durch Anwendung des Vergleichsfaktors ermittelt werden:

70 m² Wohnfläche × 1.800 Euro/m² = 126.000 Euro

Würde die Wohnfläche der zu bewertenden Eigentumswohnung (Wohnungseigentum) nur 60 Quadratmeter betragen (Abweichung im Vergleich zur Musterwohnung über 20 Prozent von 80 m²), wäre eine Anwendung des Vergleichsfaktors nur möglich, wenn der Gutachterausschuss zusätzlich entsprechende Umrechnungskoeffizienten hinsichtlich unterschiedlicher Wohnflächen ermittelt und mitgeteilt hat.

Überblick über das Verfahren (Schema)

		Rohertrag (Jahresmiete beziehungsweise übliche Miete) (§ 185 Abs. 1, § 186 BewG)
		÷
		Bewirtschaftungskosten (§ 185 Abs. 1, § 187 BewG)
		=
		Reinertrag des Grundstücks (§ 185 Abs. 1 BewG)
		÷
		Bodenwertverzinsung ÷ Bodenwert × Liegenschaftszinssatz (§ 179, § 185 Abs. 2, § 188 BewG)
		=
Bodenrichtwert (gegebenenfalls angepasster Bodenwert)		Gebäudereinertrag (≤ 0 Euro) (§ 185 Abs. 2 BewG)
	×	×
Grundstücksfläche		Vervielfältiger (§ 185 Abs. 3 BewG)
= Bodenwert (§179, § 184 Abs. 2 BewG)		= Gebäudeertragswert (§ 185 Abs. 1 bis 3 BewG)
↓		↓
Ertragswert = Grundbesitzwert (§ 184 Abs. 3 BewG)		

Beispiel für eine Betriebsaufspaltung

Sie vermieten als Eigentümer Ihr Geschäftsgrundstück an die U-GmbH zur Ausübung Ihrer gewerblichen Tätigkeit (tatsächliche Miete 20 Euro pro Quadratmeter Nutzfläche). Sie sind Alleingesellschafter der U-GmbH. Aufgrund der personellen und sachlichen Verflechtung liegt eine Betriebsaufspaltung vor. Am 15. Januar 2009 stirbt U, Erbe ist S. Die übliche Miete beträgt 14 Euro pro Quadratmeter. Da die zwischen Besitz- und Betriebsunternehmen vereinbarte Miete um mehr als 20 Prozent von der üblichen Miete abweicht (Abweichung rund 43 Prozent), ist die übliche Miete zum Bewertungsstichtag anzusetzen.

Beispiel für Ermittlung der üblichen Miete in einem Mietshaus

In einem Mietshaus befinden sich vier vergleichbare Wohnungen. Drei Wohnungen sind vermietet zu 5, 7 und 10 Euro pro Quadratmeter Wohnfläche. Eine Wohnung wird selbst genutzt. Die übliche Miete für vergleichbare Wohnungen beträgt nach dem Mietspiegel 11 Euro pro Quadratmeter.

Wohnung	Vereinbarte Nettokaltmiete	Übliche Miete	Anzusetzende Vergleichsmiete
WE 1	5 Euro	11 Euro	11 Euro
WE 2	7 Euro	11 Euro	11 Euro
WE 3	10 Euro	11 Euro	10 Euro
WE 4/eigengenutzt		11 Euro	11 Euro

Beispiel für Mietermittlung bei vorübergehender Gebrauchsüberlassung

Der Vermieter besitzt eine Ferienwohnung, die zum vorübergehenden Gebrauch dauernd wechselnden Mietern überlassen wird. Wie sich die Vermietungszeiten darstellen, zeigt die Übersicht auf Seite 70.

Folge für die Wertermittlung: Als übliche Miete im Bewertungsstichtag für den Zeitraum von zwölf Monaten ist ein Betrag von 5.104 Euro anzusetzen.

Zeitraum	Miete pro Woche	Anzahl der Wochen der jeweiligen Saison	Durchschnittliche Auslastung des Objektes (einschließlich Zeiten der Selbstnutzung und des anteiligen Leerstandes)	Übliche Miete (Spalte 2 × Spalte 3 × Spalte 4)
1	2	3	4	5
Vor-/Nachsaison	230 Euro	12	40 %	1.104 Euro
Hauptsaison	300 Euro	12	80 %	2.880 Euro
Nebensaison	200 Euro	28	20 %	1.120 Euro
Summe		52		**5.104 Euro**

3.8 Allgemeine Grundsätze des Sachwertverfahrens

Bei Anwendung des Sachwertverfahrens ist der Gebäudesachwert getrennt vom Bodenwert auf der Grundlage von gewöhnlichen Herstellungskosten zu bemessen. Der Bodenwert ist wie bei einem unbebauten Grundstück zu ermitteln. Die Summe aus Gebäudesachwert und Bodenwert ergibt den vorläufigen Sachwert, der zur Anpassung an den gemeinen Wert mit einer Wertzahl zu multiplizieren ist.

Der Wert der sonstigen baulichen Anlagen, insbesondere der Außenanlagen, und der Wert der sonstigen Anlagen, wie zum Beispiel gärtnerische Anpflanzungen, sind regelmäßig mit dem Gebäude- und dem Bodenwert abgegolten. Nur in Ausnahmefällen mit besonders werthaltigen Außenanlagen, zum Beispiel ein größerer Swimmingpool, und sonstigen Anlagen werden hierfür gesonderte Wertansätze nach gewöhnlichen Herstellungskosten berücksichtigt.

Überblick über das Sachwertverfahren **(in der Regel ohne Außenanlagen und sonstige Anlagen)**	
	Regelherstellungskosten (§ 190 Abs. 1, Anlage 24 II., III. BewG)
	× Brutto-Grundfläche (§190 Abs. 1, Anlage 24 I. BewG)

	=
Bodenrichtwert (gegebenenfalls angepasster Bodenwert)	Gebäuderegelherstellungswert (§ 190 Abs. 2 BewG)
×	÷
Grundstücksfläche	Alterswertminderung (§ 190 Abs. 2 BewG)
=	=
Bodenwert (§ 179, § 189 Abs. 2 BewG)	Gebäudesachwert (§ 190 Abs. 1 und 2 BewG)
↓	↓

Vorläufiger Sachwert (§ 189 Abs. 3 BewG)
×
Wertzahl (§ 189 Abs. 3, § 191 BewG)
=
Sachwert = Grundbesitzwert (§ 189 Abs. 3 BewG)

»Sonstiges Vermögen« ermitteln

Vermögen, das unter keine der vorgenannten Vermögensarten fällt und auch nicht zum land- und forstwirtschaftlichen Vermögen zählt, wird weitgehend nach Verkehrswertgesichtspunkten bewertet. Im Einzelnen gilt Folgendes:

- Für Wertpapiere und Anteile an Kapitalgesellschaften, die an der Börse notiert sind, ist der Kurswert maßgeblich. Andere Wertpapiere werden als Kapitalforderungen mit dem Nennwert erfasst.
- Kapitalforderungen und Schulden sind regelmäßig mit dem Nennwert anzusetzen. Noch nicht fällige Versicherungsansprüche sind künftig nicht mehr mit zwei Dritteln der eingezahlten Prämien, sondern mit dem Rückkaufswert zu bewerten. Für Sachleistungsansprüche gilt wie bisher der Verkehrswert.
- Bei wiederkehrenden Nutzungen und Leistungen (zum Beispiel Nießbräuche und Renten) ist wie bisher der Kapitalwert zugrunde zu legen.
- Für die zum übrigen Vermögen rechnenden Gegenstände des Hausrats und andere bewegliche Gegenstände gilt der gemeine Wert.

Den Betrieb verschenken – aber wie?

Die unentgeltliche Übertragung kommt überwiegend im familiären Bereich vor. Der Nachfolger hat die Werte der Firma des bisherigen

Betriebsinhabers fortzuführen. Der Nachfolger tritt somit in die »Fußstapfen« seines Vorgängers.

Vorteil: Der Übergeber muss die stillen Reserven nicht versteuern. Die Bewertung des Grundbesitzes erfolgt auf der Basis des Einheitswertes. Es gelten bei der Schenkung hohe Steuerfreibeträge für das Betriebsvermögen (bis 500.000 Euro) und ein Bewertungsabschlag in Höhe von 25 Prozent für das Betriebsvermögen, das den Freibetrag übersteigt.

Nachteil: Ihr Nachfolger ist an Ihre Werte gebunden. Steuerliche Freibeträge bleiben ungenutzt.

Klären Sie speziell diese Fragen:

- Welche Auflagen sind mit der Schenkung verbunden?
- Welchen Wert hat die Schenkung unter Berücksichtigung der Auflagen?
- Wie werden andere Familienmitglieder berücksichtigt?
- Erfolgt die Schenkung im Rahmen einer umfassenden Erbregelung?
- Was ist sinnvoller: Schenkung oder Betriebsaufgabe mit anschließender Schenkung?
- Welche Steuern sind bei der Schenkung des Betriebs zu bezahlen (Erbschaftsteuer, Einkommensteuer)?

Was gilt bei einer Beteiligung Ihres Nachfolgers?

Diese Übergabeform wird gewählt, wenn der Nachfolger schrittweise an seine Aufgaben herangeführt werden soll. Das Unternehmen bleibt so noch für eine gewisse Zeit in der Obhut des bisherigen Betriebsinhabers. Unterscheiden Sie zwischen diesen Alternativen:

- *Stille Beteiligung des Nachfolgers:* Die Mitspracherechte des Nachfolgers sind eingeschränkt. Dies gilt unabhängig von der Höhe seiner Beteiligung. Die Haftung des stillen Beteiligten beschränkt sich auf die Höhe seiner Einlage.
- *Beteiligung an einer zu gründenden Personen- oder Kapitalgesellschaft:* Hier nimmt der Beteiligte je nach dem Grad der finanziellen Beteiligung direkten Einfluss auf die Entscheidungen der Betriebsführung. Vorteilhaft ist, dass die Kompetenzen und Besitzverhältnisse in Etappen übertragen werden können. Ihr Nachfolger kann so allmählich in seine Rolle hineinwachsen. Das bedeutet zugleich aber auch: Ohne vertrauensvolle Zusammenarbeit kann die Übergabe scheitern.

Beispiel: Sie bringen Ihren Handwerksbetrieb in eine neu gegründete Personengesellschaft (GbR) ein. Der Verkehrswert des Betriebs beläuft sich auf 1 Millionen Euro. Sie und Ihr Sohn sollen zu je 50 Prozent beteiligt sein. Ihr Sohn leistet dafür 500.000 Euro an Sie. Bewertungsrechtlich haben Sie hier zwei Möglichkeiten:

1. *Buchwertfortführung:* Nach § 24 Umwandlungssteuergesetz kann die Personengesellschaft den eingebrachten Betrieb mit den Buchwerten fortführen, ohne dass ein Veräußerungsgewinn zu versteuern ist.
2. *Aufdeckung der stillen Reserven:* Sie erzielen einen steuerbegünstigten Aufgabengewinn, allerdings nur zu 50 Prozent, und sind an der neu gegründeten Personengesellschaft weiterhin zu 50 Prozent beteiligt. Sie können diesen Aufgabengewinn zum halben Steuersatz und gegebenenfalls unter Ausnutzung des Freibetrags versteuern.

Forderungen und Schulden berücksichtigen

Eine Darlehensforderung der Personengesellschaft gegen einen Gesellschafter gehört steuerrechtlich zum Betriebsvermögen der Personengesellschaft, wenn das Darlehen zu fremdüblichen Konditionen (Zins, Laufzeit, Sicherheit) gewährt wird. Das gilt auch für ein Darlehen zu nicht fremdüblichen Konditionen, wenn ein betriebliches Interesse am Verwendungszweck des Darlehens besteht.

Ein Darlehen zu nicht fremdüblichen Konditionen, an dessen Verwendungszweck kein betriebliches Interesse besteht, stellt ertragsteuerlich eine Entnahme der Darlehenvaluta aus dem Betriebsvermögen der Gesellschaft in ihr gesamthänderisch gebundenes Privatvermögen dar, die allen Gesellschaften anteilig unter Minderung ihrer Kapitalkonten zuzurechnen ist. Die entsprechende Darlehensschuld des Gesellschafters ist je nach Verwendung des Darlehens (negatives) Sonderbetriebsvermögen oder eine private Schuld.

Geht der Anteil eines Gesellschafters an der Personengesellschaft von Todes wegen über oder überträgt dieser den Anteil durch Schenkung, ist ein anteilig ihm zuzurechnender Anspruch auf Rückzahlung eines nicht im Betriebsvermögen der Personengesellschaft erfassten Darlehens als Kapitalforderung im übrigen Vermögen anzusetzen.

> **Achtung!**
>
> Das gilt nicht nur für den Gesellschafter, der das Darlehen in Anspruch genommen hat. Die Erben des Gesellschafters, der das Darlehen erhalten hat, können außerdem die Darlehensschuld als Nachlassverbindlichkeit abziehen. Im Fall der Schenkung sind insoweit die Grundsätze der gemischten Schenkung anzuwenden, wenn der Erwerber die Darlehensschuld übernimmt.

Beispiel:

- Gemeiner Wert des Betriebsvermögens der Personengesellschaft zum Bewertungsstichtag 7.100.000 Euro
- Kapitalkonten laut Gesamtbilanz der Personengesellschaft 5.000.000 Euro
- Davon entfallen auf A 1.500.000 Euro, auf B 2.500.000 Euro und auf C 1.000.000 Euro
- Gewinn- und Verlustverteilung A, B und C je 1/3

Gesellschafter A hat von der Personengesellschaft ein nicht betrieblich veranlasstes Darlehen zu nicht fremdüblichen Konditionen in Höhe von 300.000 Euro erhalten, das in dieser Höhe nicht valutiert. Die Kapitalkonten der Gesellschafter sind insoweit zu gleichen Teilen gemindert worden.

		Gesellschafter A	Gesellschafter B
Gemeiner Wert des Betriebsvermögens	7.100.000 Euro		
Abzgl. Kapitalkonten laut Gesamthandbilanz	− 5.000.000 Euro	1.500.000 Euro	3.500.000 Euro
Unterschiedsbetrag	2.100.000 Euro	+ 700.000 Euro	+ 1.400.000 Euro
Anteil am Wert des Betriebsvermögens		2.200.000 Euro	4.900.000 Euro

Im Erbfall ist im Nachlass des A neben dem Anteil am Wert des Betriebsvermögens die anteilige Darlehensforderung in Höhe von (300.000 Euro × 1/3 =) 100.000 Euro und eine Nachlassverbindlichkeit in Höhe von 300.000 Euro zu berücksichtigen.

Im Schenkungsfall ist neben dem Anteil am Wert des Betriebsvermögens die anteilige Darlehensforderung in Höhe von (300.000 Euro × 1/3 =)

100.000 Euro erworben. Muss der Erwerber die Darlehensverbindlichkeit in Höhe von 300.000 Euro übernehmen, ist sie im Rahmen einer gemischten Schenkung als Gegenleistung zu berücksichtigen.

Wert des Betriebsvermögens aufteilen

Beispiel:

- Wert des Gesamtvermögens zum Bewertungsstichtag 12.000.000 Euro
- Kapitalkonten laut Gesamtbilanz der Personengesellschaft 9.000.000 Euro
- Davon entfallen auf A 5.000.000 Euro, auf B 1.000.000 Euro und auf C 3.000.000 Euro
- Gewinn- und Verlustverteilung A, B und C je 1/3

Der Gesellschafter A verpachtet an die Personengesellschaft ein Grundstück mit dem gemeinen Wert von 1.500.000 Euro. Zu bewerten ist der Anteil des Gesellschafters A:

		GesellschafterA	Gesellschafter B/C
Wert des Gesamt-handsvermögens	12.000.000 Euro		
Abzüglich Kapital-konten laut Ge-samthandsbilanz	−9.000.000 Euro	5.000.000 Euro	4.000.000 Euro
Unterschiedsbe-trag	3.000.000 Euro	+1.000.000 Euro	+2.000.000 Euro
Anteil am Wert des Gesamthandsver-mögens zuzüglich Wert des Sonder-betriebsvermö-gens		6.000.000 Euro +1.500.000 Euro	6.000.000 Euro
Anteil am Wert des Betriebsvermö-gens		7.500.000 Euro	

Schritt 4: Ist die Finanzierung der Unternehmensnachfolge gesichert?

4.1 Die Finanzierung ist nicht allein Sache des Nachfolgers

Wenn es um die Finanzierung der Betriebsübergabe geht, klinken sich manche Unternehmer aus der Diskussion aus. »Das ist doch allein Aufgabe meines Nachfolgers«, lautet immer wieder das Argument. Entgegen diesem weitverbreiteten Irrtum geht die Finanzierung der Betriebsübergabe auch Sie als übergebenden Unternehmer an.

Dabei macht es grundsätzlich keinen Unterschied, ob Sie Ihren Betrieb innerhalb der Familie oder an einen externen Nachfolger übergeben, wenngleich Sie bei einer familieninternen Lösung sicherlich noch »näher dran« sind und sich von vornherein ohnehin stark engagieren werden. Entscheidend für Sie ist, dass Ihr Nachfolger sowohl den Kaufpreis als auch seine etwaigen Pläne für eine Weiterentwicklung des Unternehmens (zum Beispiel Modernisierung, Expansion, Ausweitung der Produktpalette oder des Dienstleistungsangebots) sicher finanzieren kann.

Sie können Ihrem Nachfolger sehr behilflich sein, indem Sie ihm die erforderlichen Unterlagen über Ihr Unternehmen aufbereiten beziehungsweise zur Verfügung stellen, um ihm die Finanzierungsgespräche mit Kreditinstituten und Investoren so weit wie möglich zu erleichtern. Das gilt umso mehr, als Kredite immer wieder an diesen drei Hürden scheitern: Offenlegung von Informationen, Dokumentation geplanter Vorhaben, Nachweis erforderlicher Sicherheiten. Lesen Sie im Folgenden, auf welche Kriterien es im Rahmen eines Ratingverfahrens ganz besonders ankommt, welche Unterschiede es bei der Bewertung von Sicherheiten gibt und welche Finanzierungsmöglichkeiten sich ergänzend zum klassischen Bankkredit anbieten.

Ob und zu welchen Finanzierungskonditionen ein Betrieb übernommen werden kann, hängt nicht zuletzt von den finanziellen Möglichkeiten Ihres Nachfolgers ab. Hat er bereits eine ungefähre Vorstellung, wie viel er in eine Unternehmensübernahme investieren kann? Wie viel Eigenkapital kann er aufbringen? Im Betriebsalltag zeigt sich immer wieder, dass der Kapitalbedarf für die Übernahme eines Unternehmens unterschätzt wird.

Oftmals wird auch vernachlässigt, dass aufgrund der Finanzierung des Kaufpreises der Kapitalbedarf in der Regel deutlich höher ist als für eine Neugründung.

4.2 Wie Sie die Ratingnote und damit die Kreditkonditionen spürbar verbessern

Mit dem Ratingverfahren stellen die Kreditinstitute jedes Unternehmen auf den Prüfstand. Sie ermitteln Stärken und Schwächen und wollen in erster Linie feststellen, ob ihr Kreditnehmer auch in Zukunft in der Lage sein wird, die eingegangenen Finanzverpflichtungen pünktlich und vollständig zu erfüllen. Deshalb erfordert Rating von allen Kreditnehmern die Bereitschaft, ihre tatsächliche Leistungsfähigkeit gegenüber Kreditinstituten zu dokumentieren.

Anhand des Ratingergebnisses erkennen die Banken, ob und in welchem Ausmaß ein Kreditnehmer für sie voraussichtlich zu einem Ausfallrisiko wird. Danach richten sich nicht nur die Kreditkonditionen, sondern auch die Bereitschaft der Bank, Kredite zur Verfügung zu stellen.

Wie die Banken ihre Kreditkonditionen kalkulieren

Generell sieht die Preiskalkulation für Kredite wie folgt aus:

Refinanzierungskosten der Bank (abhängig von der Ratingeinstufung der Bank)
+ Aufschlag für Verwaltungskosten der Bank (abhängig von der Kostenstruktur)
+ Aufschlag für Eigenkapitalkosten (abhängig vom Rating des Kreditnehmers und der Eigenkapitalverzinsung der Bank
+ Standardrisikokosten (abhängig vom Rating des Kreditnehmers)
+ Gewinnaufschlag
= Zinssatz für Kreditnehmer

Achtung!

Allein die unterschiedlich hohen Eigenkapitalunterlegungen führen zwischen der besten und einer schlechten Ratingeinstufung bereits zu rund 2 Prozentpunkten Zinsunterschied.

Hinzu kommen die unterschiedlichen Standardrisikokosten – die den Hauptposten des Aufschlags ausmachen – und ein unterschiedlich hoher Verwaltungskostenaufwand, sodass Zinsunterschiede von 5 bis 7 Prozentpunkten durchaus realistisch sind. Eine gute Ratingeinstufung verspricht also für jedes Unternehmen Kostenvorteile.

Bilanzwerte (Hard Facts)

Die Bilanzwerte, die sogenannten Hard Facts, stehen beim Rating im Vordergrund. Sie geben Aufschluss über die momentane finanzielle und wirtschaftliche Situation des Unternehmens. Anhand der Hard Facts beurteilen die Kreditinstitute also den wirtschaftlichen Ist-Zustand des Unternehmens. Das Ergebnis der Analyse geht mit einer Gewichtung von circa 50 bis 70 Prozent in die Ratingnote ein.

Überwiegend werden folgende Kennzahlen, die entsprechende wirtschaftliche Tatbestände abbilden, ermittelt und bewertet:

1. Eigenkapitalquote
2. Gesamtkapitalrentabilität
3. Liquiditätslage (Working Capital, Debitorenziel, Kreditorenziel, Lagerdauer)
4. Verschuldungsgrad (Schuldentilgungsdauer)
5. Kapitaldienstfähigkeitsgrad
6. Cashflow-Rate
7. Zinsdeckungsquote

> **Achtung!**
>
> Die Ratingsysteme der Banken und Sparkassen sind nicht einheitlich. Es kann durchaus sein, dass einzelne Banken auch andere Kennzahlen für ihre Ratingeinstufung nutzen.

Nachfolgend erhalten Sie Empfehlungen, wie und mit welchen Mitteln Sie Kennzahlen beeinflussen und verbessern können, damit Sie zu einer besseren Ratingnote kommen. Konkret geht es darum, nicht nur die Kennzahlen zu verbessern, sondern vielmehr darum, die Effizienz des Unternehmens zu steigern. Das lässt sich am besten erreichen, wenn diese vier Einflussfaktoren gezielt genutzt werden:

*   *Ertragskraft steigern:* Dies erreichen Sie durch Kostensenkung und/oder ertragssteigerndes Umsatzwachstum. Durch die Steigerung von Gewinn und Cashflow beeinflussen Sie einen erheblichen Teil der

besonders wichtigen Finanzkennzahlen (zum Beispiel Gesamtkapital-rentabilität, Cashflow-Rate, Verschuldungsgrad, Zinsdeckungsquote, Kapitaldienstfähigkeitsgrad).

- *Eigenkapital erhöhen:* Sie ersetzen Fremdkapital durch Eigenkapital beziehungsweise eigenkapitalähnliche Mittel. Wenn Sie Ihr Eigenkapital erhöhen, verbessern sich ebenfalls zentrale Kennzahlen, da auch gleichzeitig Ihre Zinsbelastung abnimmt (Eigenkapitalquote, Zinsdeckungs-quote, Verschuldungsgrad, Kapitaldienstfähigkeitsgrad). Gleichzeitig dokumentieren Sie Vertrauen in die eigene Firma.
- *Verschuldung abbauen:* Dies erreichen Sie durch die Freisetzung von Vermögenswerten beziehungsweise die Verkürzung der Bilanzsumme. Eine wirksame Maßnahme zur Bilanzverkürzung sind der Abbau von Lagerbeständen, die Reduzierung von Außenständen, der Verkauf von nicht notwendigem Anlagevermögen sowie Leasing und Factoring. Durch Bilanzverkürzung verbessern Sie ebenfalls wichtige Kennzahlen (Eigenkapitalquote, Verschuldungsgrad, Zinsdeckungs-quote, Kapitaldienstfähigkeitsgrad). Sie verringern Ihr Unternehmer-risiko.
- *Liquidität sicherstellen:* Durch die Verkürzung von Lagerdauer und Debitorenziel erreichen Sie einen schnelleren Geldeingang. Die Vereinbarung »richtiger« Kreditlaufzeiten und eine exakte Steuerung der Zahlungsströme sichern nicht nur die Liquidität, sondern verbessern auch Kennzahlen (Working Capital, Verschuldungsgrad, Kapital-dienstfähigkeitsgrad).

1. Eigenkapitalquote

Bedeutung	Bei der Eigenkapitalquote handelt es sich um eine zentrale Kennzahl. Sie zeigt den Anteil des Eigenkapitals am Gesamtkapital.
Formel	Wirtschaftliches Eigenkapital × 100 ÷ Bilanzsumme = Eigenkapitalquote
Beispiel	Wirtschaftliches Eigenkapital 600.000 Euro, Bilanzsumme 5.000.000 Euro 600.000 × 100 : 5.000.000 = 12 % Eigenkapitalquote
Bewertung	Sehr guter/guter Wert > 25 %, mittlerer Wert 15 bis 25 %, ungünstiger Wert < 15 %

Praxistipp

Zur Optimierung der Eigenkapitalquote bieten sich diese finanzwirtschaftlichen Maßnahmen an:

- (Privat-)Einlagen einbringen
- Beteiligungskapital aufnehmen
- Entnahmen beziehungsweise Ausschüttungen reduzieren
- Factoring
- Gewinne thesaurieren/Ertragskraft stärken
- Leasing von Material-/Warenbeständen
- Leasing/Sale-and-lease-back von Anlagevermögen
- Mezzanine-Kapital aufnehmen
- Mitarbeiter beteiligen
- Teilhaber aufnehmen

Investitionen können Sie beispielsweise statt mit einem Bankdarlehen mit Beteiligungskapital oder Mezzanine-Kapital finanzieren. Die Anschaffung einer Immobilie oder auch von Mobilien können Sie via Leasing finanzieren. Dadurch erscheinen diese Vermögenswerte nicht in Ihrer Bilanz.

Eine Möglichkeit ist das Leasing von bestimmten Teilen des Warenbestands. Wenn Sie Teile Ihres Warenbestands leasen, statt zu finanzieren, reduzieren Sie Ihre Bilanzsumme und verbessern dadurch indirekt neben der Eigenkapitalquote auch noch andere Kennzahlen.

Eine bereits bankfinanzierte Immobilie lässt sich unter Umständen im Rahmen einer Sale-and-lease-back-Aktion an eine Leasinggesellschaft verkaufen und wieder zurückmieten. Auf diesem Wege verkürzen Sie die Bilanzsumme Ihres Unternehmens um den Immobilienwert und erhöhen dadurch indirekt Ihre Eigenkapitalquote.

Gleiches gilt, wenn Sie Kundenforderungen durch ein strafferes Debitoren-Management abbauen oder Waren/Materialbestände verringern (Verkürzung der Lagerdauer beziehungsweise Erhöhung des Lagerumschlags). Ihren Forderungsbestand können Sie nicht nur durch ein strafferes Debitoren-Management, sondern auch durch den Verkauf von Forderungen an einen Factor abbauen. Factoring bedeutet den Verkauf von Kundenforderungen, die dann bei der Factoring-Gesellschaft und nicht mehr bei Ihnen bilanziert werden.

2. Gesamtkapitalrentabilität

Bedeutung	Die Gesamtkapitalrentabilität zeigt, welche Verzinsung Ihr Unternehmen für das gesamte im Betrieb eingesetzte Kapital erwirtschaftet. Der Zielwert muss deutlich oberhalb des Zinssatzes für Fremdkapital liegen. Nur dann verdienen Sie mit Ihrem Unternehmen genug, um weitere Kredite aufnehmen zu können.
Formel	(Betriebsergebnis + Zinsaufwand) $\times$ 100 : Bilanzsumme = Gesamtrentabilität
Beispiel	Betriebsergebnis (Gewinn) 200.000 Euro, Zinsaufwand 150.000 Euro, Bilanzsumme 5.000.000 Euro 350.000 $\times$ 1000 ÷ 5.000.000 = 7 % Gesamtkapitalrentabilität
Bewertung	Sehr guter/guter Wert > 15 %, mittlerer Wert 7 bis 15 %, ungünstiger Wert < 7 %

Verbesserungen lassen sich durch den Abbau von Kapital (beispielsweise Abbau von Beständen und Forderungen) und durch diverse Maßnahmen zur Verbesserung der Rentabilität (Kostensenkung) erreichen.

Maßnahmen zur Verbesserung der Rentabilität sind alle Maßnahmen, die Sie zur Steigerung von Erträgen ergreifen, und alle Maßnahmen zur Kostensenkung. Überprüfen Sie sowohl die Sachkosten als auch die Personalkosten. Ziel dieser Maßnahmen ist die Steigerung des Unternehmensergebnisses (Gewinn), das zusammen mit den bezahlten Zinsen für Fremdkapital ins Verhältnis zur Bilanzsumme gesetzt wird.

Praxistipp

»Planen« Sie Ihr Betriebsergebnis anhand einer Rentabilitätsvorschaurechnung und legen Sie dabei Wert darauf, eine angemessene und notwendige Verzinsung des Gesamtkapitals (Bilanzsumme) zu erwirtschaften. Liegt die von Ihrem Betrieb erwirtschaftete Gesamtkapitalverzinsung unterhalb des Zinsniveaus für Fremdkapital, sollten Sie keine weiteren Fremdmittel aufnehmen, da dies Ihre Situation nur verschlechtern würde. Es sei denn, Sie erwirtschaften mit diesen Fremdmitteln einen entsprechenden Ertrag.

3. Liquiditätslage

Working Capital

Bedeutung	Die Fähigkeit eines Unternehmens, die zu einem bestimmten Termin fälligen Zahlungsverpflichtungen problemlos zu erfüllen, wird als Liquidität bezeichnet. Die Liquiditätslage eines Unternehmens ist umso besser, je höher das Working Capital ist.
Formel	Umlaufvermögen $\times$ 100 $\div$ kurzfristige Verbindlichkeiten = Working Capital
Beispiel	Umlaufvermögen 2.000.000 Euro, kurzfristige Verbindlichkeiten: 1.500.000 Euro 2.000.000 $\times$ 100 $\div$ 1.500.000 = 133,3 % Working Capital
Bewertung	Sehr guter/guter Wert > 200 %, mittlerer Wert 130 bis 200 %, ungünstiger Wert < 130 %

Deckung erreicht ein Unternehmen bei einer Kennziffer von 100 Prozent. Sie sollten jedoch darauf achten, dass Ihr Unternehmen einen Wert von deutlich über 100 Prozent erreicht. Ist das Working Capital zu niedrig, können Sie durch eine Umfinanzierung eine Verbesserung erreichen.

Praxistipp

Sprechen Sie mit Ihrer Bank, damit sie Ihnen kurzfristige Kredite in langfristige Darlehen umtauscht. Diese Maßnahme stabilisiert die Finanzstruktur Ihres Unternehmens und bringt Ihnen im Regelfall auch noch Zinsvorteile, da Darlehen normalerweise zinsgünstiger sind als Kontokorrentkredite. Achten Sie in diesem Fall darauf, keine zu hohen Tilgungsraten zu vereinbaren. Schlagen Sie der Bank vor, ein endfälliges Darlehen zur Verfügung zu stellen.

Debitorenziel

Bedeutung	Je kürzer das Debitorenziel ist, umso günstiger ist es zu bewerten. Eine exakte Bewertung lässt sich branchenübergreifend nicht darstellen. Da in bestimmten Branchen oftmals sehr unterschiedliche Zahlungsvereinbarungen getroffen werden, gibt es keinen eindeutigen Bewertungsmaßstab.
Formel	Kundenforderungen $\times$ 365 $\div$ Umsatz = Debitorenziel
Beispiel	Kundenforderungen 300.000 Euro, Umsatz 5.000.000 Euro 300.000 $\times$ 365 $\div$ 5.000.000 = 22 Tage Debitorenziel
Bewertung	Sehr guter/guter Wert: deutlich besser als Branche, mittlerer Wert: Branchendurchschnitt, ungünstiger Wert: deutlich schlechter als Branche

Praktizieren Sie ein konsequentes Debitoren-Management, organisieren Sie ein straffes Mahnwesen:

- Die Rechnungsstellung muss sofort erfolgen und darf nicht mit Zeitverzögerung vorgenommen werden.
- Spätestens nach drei Wochen sollte die erste (freundliche) Erinnerung erfolgen.
- Der Mahnrhythmus sollte zehn Tage betragen.
- Nach der dritten Mahnung ist die Forderung zum Einzug zu geben.
- Für Forderungen, die nach der dritten Mahnung noch nicht beglichen sind, ist eine Wertberichtigung zu bilden.
- Legen Sie für bestimmte Kunden ein Kreditlimit fest, das nicht überschritten werden darf.

Kreditorenziel

Bedeutung	Je schneller Sie Ihre Lieferantenrechnung bezahlen, umso günstiger ist es um Ihre Liquidität bestellt. Wegen unterschiedlicher Usancen können auch für diesen Bereich keine allgemein verbindlichen Werte genannt werden.
Formel	Lieferantenverbindlichkeiten $\times$ 365 $\div$ Materialeinkauf = Kreditorenziel
Beispiel	Lieferantenverbindlichkeiten 25.000 Euro, Materialeinkauf 750.000 Euro 25.000 $\times$ 365 $\div$ 750.000 = 12 Tage Kreditorenziel
Bewertung	Sehr guter/guter Wert: deutlich besser als Branche, mittlerer Wert: Branchendurchschnitt, ungünstiger Wert: deutlich schlechter als Branche

Achten Sie darauf, dass Sie alle Lieferantenrechnungen innerhalb der Skontofrist bezahlen können. Nehmen Sie ein branchenunübliches langes Zahlungsziel in Anspruch, deutet dies (aus Sicht der Bank) auf eine angespannte Liquiditätslage hin. Je kürzer das Kreditorenziel (Lieferantenziel), umso günstiger. Die Zielinanspruchnahme bei Lieferanten zeigt, ob Ihr Unternehmen über ausreichend Liquidität verfügt, um innerhalb der branchenüblichen Fristen Lieferantenrechnungen zu bezahlen, oder ob Ihr Betrieb unter Umständen Liquiditätsprobleme hat. Sofern es in Ihrer Branche üblich ist, mit langen Zahlungszielen zu arbeiten, oder wenn Sie für Ihre Firma ein besonders günstiges Zahlungsziel vereinbart haben, sollten Sie dies Ihrer Bank transparent machen, damit sie keine falschen Schlüsse zieht.

Praxistipp

Vereinbaren Sie mit Ihren Lieferanten möglichst günstige Einkaufskonditionen, die zum einen in einem möglichst langen Zahlungsziel bestehen können und zum anderen zu einem möglichst hohen Skonto bei sofortiger Zahlung führen. Legen Sie Wert darauf, dass Ihnen stets ausreichende Kreditlinien zur Verfügung stehen, um zu skontieren.

Beispiel: Wenn Sie Ihrer Bank vorrechnen können, dass Sie mit einem um 100.000 Euro höheren Kontokorrentkredit in der Lage sind, alle Lieferantenrechnungen zu skontieren und deshalb 3 Prozent Skonto auf Ihren Einkauf von 1 Millionen Euro, also 30.000 Euro, erhalten, wird sofort klar, dass Sie eine Rentabilitätsverbesserung erreichen. Wenn Sie für Ihren Kontokorrentkredit von 100.000 Euro 9 Prozent Zinsen p. a. zahlen, können Sie Ihren Gewinn um 21.000 Euro steigern. Sprechen Sie Ihre Bank an und beantragen Sie, falls nötig, zusätzlichen Kredit zum Skontieren. Sie erreichen nicht nur ein kürzeres Lieferantenziel, sondern verbessern auch Ihre Rentabilität.

Lagerumschlag

Bedeutung	Eine für ein Handelsunternehmen äußerst wichtige Kennziffer ist der Lagerumschlag. Je schneller das Lager umgeschlagen wird, umso günstiger ist das Verhältnis zwischen Warenbestand und Umsatz
Formel	Materialeinsatz ÷ Warenbestand = Lagerumschlag
Beispiel	Materialeinsatz 1.500.000 Euro, Warenbestand 500.000 Euro 1.500.000 ÷ 500.000 = 3-facher Lagerumschlag
Bewertung	Sehr guter/guter Wert: deutlich besser als Branche, mittlerer Wert: Branchendurchschnitt, ungünstiger Wert: deutlich schlechter als Branche

Eine günstige Relation zwischen Umsatz und Warenbestand ist eine der Grundvoraussetzungen für ein erfolgreiches Geschäft. Geben Sie Ihrer Bank zusätzliche Informationen zur Bewertung Ihrer Vorräte. Für sie ist die Werthaltigkeit Ihrer Bestände von Bedeutung. Insbesondere dann, wenn sie als Sicherheit dienen.

Ein Hinweis auf einen günstigen Lagerumschlag zeigt Ihrer Bank, dass Sie kaum oder keine Ladenhüter haben. Stellen Sie den Lagerumschlag Ihres Betriebs dem der Branche gegenüber, sodass Ihre Leistung deutlich wird. Achten Sie darauf, dass Sie einen Lagerumschlag erreichen, der möglichst besser ist als der des Branchendurchschnitts.

Praxistipp

Planen Sie Ihren Wareneinkauf anhand von Limits und legen Sie konkret fest, in welchen Bereichen Sie wie viel einkaufen dürfen, um einen günstigen Lagerumschlag zu erreichen. Ermitteln Sie exakt, welche Bestände Sie innerhalb welcher Zeitspanne abbauen wollen. Verpflichten Sie die Mitarbeiter im Bereich Einkauf, sich streng an die Limitvorgaben zu halten.

4. Verschuldungsgrad

Bedeutung	Je schneller ein Unternehmen in der Lage ist, seine Verschuldung wieder zurückzuzahlen, umso günstiger ist die Ratingeinstufung für diesen Bereich.
Formel	(Gesamtverschuldung – flüssige Mittel) $\times$ 100 $\div$ Brutto-Cashflow = Verschuldungsgrad
Beispiel	Gesamtverschuldung 3.000.000 Euro, flüssige Mittel 50.000 Euro, Brutto-Cashflow 250.000 Euro 2.950.000 $\div$ 250.000 = 11,8 Jahre Tilgungsdauer
Bewertung	Sehr guter/guter Wert < 5 Jahre, mittlerer Wert 16 bis 20 Jahre, ungünstiger Wert > 20 Jahre

Praxistipp

So verbessern Sie den Verschuldungsgrad:

- Erhöhen Sie den Cashflow durch Steigerung der Erträge und/oder durch Reduzierung von Ausschüttungen beziehungsweise Entnahmen.
- Verringern Sie Ihren Bedarf an Fremdmitteln durch Abbau von Beständen und Forderungen, eventuell auch durch Leasing und Factoring (Bilanzstrukturmaßnahmen).
- Achten Sie darauf, dass die Schuldentilgungsdauer möglichst nicht über 15 Jahre ansteigt. Ein guter Wert liegt zwischen sechs und zwölf Jahren.

- Verschieben Sie notfalls geplante Investitionen, um die Verschuldung nicht zusätzlich zu erhöhen.
- Berücksichtigen Sie die Ist-Situation bei beabsichtigten neuen Finanzierungen, damit Sie auf der sicheren Seite bleiben.

5. Kapitaldienstfähigkeitsgrad

Bedeutung	Für die Bank ist es besonders wichtig, ob ihr Kreditnehmer dauerhaft in der Lage ist, Zinsen und Tilgung zu erwirtschaften. Der Nachweis der Kapitaldienstfähigkeit ist ein entscheidendes Bonitätskriterium.
Formel	Netto-Cashflow $\times$ 100 ÷ vereinbarte Kredittilgungen = Kapitaldienstfähigkeitsgrad
Beispiel	Netto-Cashflow 150.000 Euro, vereinbarte Kredittilgungen 75.000 Euro 150.000 $\times$ 100 ÷ 75.000 = 200 % Kapitaldienstfähigkeitsgrad
Bewertung	Sehr guter/guter Wert > 200 %, mittlerer Wert 140 bis 200 %, ungünstiger Wert < 140 %

Selbst bei einer vorübergehenden Kapitaldienststörung zieht die Bank bereits Konsequenzen. Sie fordert im Minimum zusätzliche Sicherheiten und kürzt eventuell die Linien.

Praxistipp

Prüfen Sie diese Maßnahmen zur Verbesserung der Kapitaldienstfähigkeit:

- Vereinbaren Sie ausreichend langfristige Kreditlaufzeiten. Orientieren Sie sich für die Kreditlaufzeit an der wirtschaftlichen Nutzungsdauer der damit finanzierten Gegenstände.
- Verhandeln Sie mit Ihrer Bank über eine Tilgungsstreckung, das heißt über die Verlängerung der Darlehenslaufzeit bei bestehenden Krediten.
- Bitten Sie die Bank, vereinbarte Tilgungen für ein oder zwei Jahre auszusetzen.
- Verschieben und/oder reduzieren Sie Ausschüttungen/Entnahmen.

Achtung!

Diese Maßnahmen ermöglichen Ihnen, die Kapitaldienstfähigkeit kurzfristig zu verbessern. Langfristig sichern Sie die Kapitaldienstfähigkeit, indem höhere Überschüsse erwirtschaftet werden.

6. Cashflow-Rate

Bedeutung	Der Cashflow repräsentiert die erwirtschafteten Finanzmittel aus eigener Betriebstätigkeit und stellt somit das finanzielle Betriebsergebnis dar. Damit gibt der Cashflow in erster Linie Auskunft über die Selbstfinanzierungskraft des Unternehmens.
Formel	Brutto-Cashflow $\times$ 100 ÷ Umsatz = Cashflow-Rate
Beispiel	Brutto-Cashflow 300.000 Euro, Umsatz 5.000.000 Euro 300.000 $\times$ 100 ÷ 5.000.000 = 6 % Cashflow-Rate
Bewertung	Sehr guter/guter Wert > 10 %, mittlerer Wert 5 bis 10 %, ungünstiger Wert < 5 %; branchentypische Entwicklungen können von diesen Wert abweichen.

Alle bereits beschriebenen Maßnahmen zur Steigerung des Betriebsergebnisses sind auch zur Verbesserung des Brutto-Cashflow geeignet.

7. Zinsdeckungsquote

Bedeutung	Die Zinsdeckungsquote setzt den liquiditätsmäßigen Ertragsüberschuss ins Verhältnis zum Zinsaufwand. Sie zeigt an, wie oft mit dem zur Verfügung stehenden Überschuss der Zinsaufwand abgedeckt werden könnte, wenn er ausschließlich dafür verwendet würde.
Formel	EBITDA ÷ Zinsaufwand = Zinsdeckungsquote
Beispiel	EBITDA 400.000 Euro, Zinsaufwand 80.000 Euro 400.000 ÷ 80.000 = 5-fache Zinsdeckung
Bewertung	Sehr guter/guter Wert > 10-fach, mittlerer Wert 3- bis 10-fach, ungünstiger Wert < 3-fach

EBITDA (Earnings before Interests, Taxes, Depreciation and Amortisation) bezeichnet das Betriebsergebnis vor Zinsen, Steuern sowie Abschreibungen auf Sachanlagen und immaterielle Vermögensgegenstände.

Praxistipp

Eine Steigerung der Zinsdeckungsquote erreichen Sie durch folgende Maßnahmen:

- Den Zinsaufwand durch Abbau von Verschuldung senken. Mögliche Maßnahmen: Verkauf von nicht betriebsnotwendigem Anlagevermögen, Erhöhung der Lagerumschlagsgeschwindigkeit durch Abbau von Warenbestand, Reduzierung von Kundenforderung durch aktives Debitoren-Management.
- Zinsaufwand durch Inanspruchnahme von kostengünstigeren Finanzierungsarten absenken (zum Beispiel Euribor- und Euro-Libor-Finanzierungen).
- Verbesserung des Betriebsergebnisses durch Kostensenkung und/oder ertragssteigernden Umsatzzuwachs.

4.3 Soft Facts

Anhand der Soft Facts, also der sogenannten »weichen Faktoren«, wollen sich die Kreditinstitute in erster Linie ein Bild von der Zukunftsfähigkeit ihrer Kreditnehmer machen. Im Regelfall werden folgende Bereiche bewertet:

* Unternehmen/Management/Unternehmensführung
* Rechnungswesen/Planung/Controlling/Steuerung
* Branche/Markt/Produkte/Wettbewerb

Bei der Prüfung der Qualität der Unternehmensführung/des Managements gehen die Kreditinstitute anlassbezogen auch der Frage nach, ob rechtzeitig eine Nachfolgeregelung getroffen wurde. Einen Anlass dazu sehen die Kreditinstitute zum Beispiel bei einem Unternehmen in der Rechtsform der GmbH dann, wenn der Gesellschafter-Geschäftsführer das 50. Lebensjahr vollendet hat.

Praxistipp

Sobald Sie ernsthaft die Nachfolge planen, empfiehlt es sich, Ihren Ansprechpartner bei Ihrer Hausbank ins Vertrauen zu ziehen. Gestalten Sie die Kommunikation umsichtig und umfassend, wird auch Ihr Nachfolger optimal davon profitieren.

Qualitative Faktoren: Was die Bank bewertet – mit Beispielen aus der Praxis

Kriterium	Das bewertet die Bank	Beispiele
Qualität der Unternehmensführung/des Managements	Die Bank will feststellen, ob Sie als Geschäftsführer und Ihre leitenden Mitarbeiter zuverlässig und kompetent sind.	• Hat die Unternehmensleitung eine gute fachliche Ausbildung? • Ist das Management erfahren? • Wurde rechtzeitig eine Nachfolgeregelung getroffen (besonders wichtig bei Gesellschafter-Geschäftsführern ab 50)?

Branchenentwicklung	Die Bank bewertet Ihre Branche hinsichtlich ihrer Wachstumspotenziale und der Preis/Kosten-Relationen.	• Welches Wachstum ist in Ihrer Branche auf mittlere Sicht zu erwarten? • Welche Kosten- und Führungsstrukturen sind erforderlich, damit Ihre GmbH an diesem Wachstum teilhaben kann?
Qualität der Produkte und Marktbeziehungen	Die Bank bewertet die Zukunftsfähigkeit Ihrer Produkte und wird prüfen, ob Sie dauerhaft im Wettbewerb bestehen können.	• Entsprechen Ihre Produkte dem Stand der Technik? • Welches Ansehen haben Ihre Produkte und Ihre GmbH bei wichtigen Kundengruppen? • Gelten Sie als innovativ und kundenfreundlich?
Status Ihrer Technologie und Produktion	Der Bank ist wichtig, einzuschätzen, wie leistungsfähig Ihre GmbH im Wettbewerb der Produzenten ist.	• Werden in der Produktion Automatisierungschancen ausreichend genutzt? • Wird in neue Produktionstechnik investiert? • Sind Ihre Produktionskosten wettbewerbsfähig?
Qualität von Standort und Umweltbeziehungen	Die Bank möchte sichergehen, dass Ihr Standort dauerhaft geeignet ist.	• Ist Ihr Standort marktnah genug? • Stellen Ihre Emissionen oder andere Umweltrisiken eine Gefahr für den Fortbestand des Unternehmens am Standort dar?

Abhängigkeiten und Allianzen	Welche Faktoren gefährden, welche stabilisieren die zukünftige Entwicklung Ihrer GmbH?	• Gibt es Rahmenverträge mit Lieferanten und Kunden? • Welche Abhängigkeiten bestehen auf der Beschaffungs- und Absatzseite? • Welche Planungssicherheiten lassen sich aus Allianzen und Rahmenverträgen ableiten?
Funktion und Aussagekraft Ihres Zahlenwerks	Die Bank will wissen, ob und wie frühzeitig Sie Verlustpotenziale und Schieflagen erkennen können und wie sicher die Zahlen Ihres Controllings sind.	• Können Sie den Erfolg Ihrer Sparten einzeln nachweisen? • Verfügen Sie über zuverlässige Kalkulationsmethoden? • Werden Sie durch Ihr Controlling automatisch und frühzeitig informiert, wenn Ihre Rendite nicht mehr ausreichend ist?
Unternehmensplanung	Die Bank bewertet Ihre Methoden und Instrumente der strategischen und operativen Planung.	• Gibt es eine (aktuelle) kurzfristige und mittelfristige Ertrags-, Liquiditäts- und Strategieplanung? • Wie zuverlässig war diese Planung in der Vergangenheit?
Bankenkommunikation	Die Bank bewertet Ihre Verlässlichkeit in der Zusammenarbeit.	• Wie zuverlässig waren Ihre Prognosen zur Geschäftsentwicklung bisher? • Wurde die Bank stets frühzeitig über negative Entwicklungen in Kenntnis gesetzt? • Wie offen wird mit der Bank kommuniziert?

| Liquidität und Kontoführung | Die Bank bewertet ihre Erfahrung mit Ihnen als Kreditnehmer. | • Wie oft und dauerhaft gab es Überziehungen?
• Wurden diese vorher verabredet?
• Wie sicher haben Sie Ihre Liquidität unter Kontrolle?
• Wie zuverlässig sind Sie als Kreditnehmer in der Bereitstellung erforderlicher Unterlagen? |

4.4 Für einen Kredit nicht mehr Sicherheiten leisten als unbedingt nötig

Ob es sich nun um die Finanzierung einer größeren Investition oder die Unternehmensnachfolge handelt: Ohne Bankkredit geht es nicht. Bevor das Kreditinstitut das gewünschte Darlehen zur Verfügung stellt, müssen Sie fast immer Sicherheiten vorweisen. »Kein Kredit ohne Sicherheit« lautet die Devise.

Auch für Sie als übergebender Unternehmer ist es wichtig, zu wissen, wie das Kreditinstitut die Vermögenswerte beurteilt, die Ihr Nachfolger für die von ihm benötigten Kredite bietet. Das gilt allein schon deshalb, weil meist auch Vermögenswerte des Unternehmens, wie zum Beispiel Betriebsgebäude, besichert werden. Nur dann können Sie beziehungsweise Ihr Nachfolger sich auf die entscheidende Kreditverhandlung vorteilhaft vorbereiten und optimale Konditionen herausholen. Vor allem besteht nicht die Gefahr, sogenannte »gute« Sicherheiten voreilig anzubieten.

Was Ihre Sicherheiten dem Kreditinstitut wert sind

Nicht jeder Vermögenswert, den Sie der Bank anbieten, wird von ihr akzeptiert. Als »bankmäßig« stuft das Kreditgewerbe Sicherheiten nur dann ein, wenn sie

- einfach bewertbar,
- wertbeständig und
- leicht verwertbar sind.

Vor allem folgende Sicherheiten kommen in Betracht: Bankguthaben aller Art, Bausparguthaben, Wertpapiere, Lebensversicherungen, Edelmetalle, Fahrzeuge aller Art, Bürgschaften, Garantieerklärungen, bereits vorhandene Firmengrundstücke und Betriebsgebäude, aber auch Immobilien (Grundstücke, Eigentumswohnungen, Eigenheime, Mietshäuser) aus dem Privatbesitz.

Wenn sich der Wert eines Gegenstands nicht einschätzen oder die Sache sich nicht sofort in »klingende Münze« umsetzen lässt, verzichtet die Bank im Zweifel lieber auf das Kreditgeschäft. Auch ein Wertgutachten hilft Ihnen in diesen Fällen nicht weiter. Zur Besicherung von Krediten kommen deshalb insbesondere folgende Gegenstände nicht infrage:

- eigene oder schwer bewertbare GmbH-Anteile
- Sammlungen aller Art
- Antiquitäten
- Gemälde, Kunstgegenstände aller Art

Die Banken akzeptieren als Sicherungswert nur selten den vollen Wert Ihrer Gegenstände. Rechnen Sie also stets mit einem Abschlag vom Tages- oder Verkehrswert. Die Banken sprechen hier vom Beleihungswert. Das ist der Wert, den die Bank bei einem Verkauf oder einer Zwangsversteigerung der Sicherheit jederzeit mühelos erzielen könnte.

Beispiel: Die Beleihungsgrenze für Immobilien liegt in der Regel bei maximal 80 Prozent. So dient etwa ein Mietshaus, das einen Verkehrswert von 900.000 Euro hat, als Sicherheit für einen Kredit bis zum Betrag von 720.000 Euro. Hier bietet es sich unter Umständen an, die Mieteinnahmen zusätzlich als Sicherheit abzutreten, wenn Sie dadurch den Kreditbetrag erhöhen können.

Schnellübersicht über die üblichen Beleihungswerte	
Kreditsicherheit	**Beleihungsgrenze**
Unbebaute Grundstücke in Wohngebieten	80 % des Verkehrswerts
Unbebaute Grundstücke in Mischgebieten	70 % des Verkehrswerts
Unbebaute Grundstücke in Gewerbegebieten	60 % des Verkehrswerts
Wohngrundstücke	80 % des Verkehrswerts
Gemischt genutzte Grundstücke	70 % des Verkehrswerts
Gewerblich genutzte Grundstücke	60 % des Verkehrswerts

Sparkassenguthaben:	
• Spareinlagen	100 % des Nennwerts
• Festgelder	100 % des Nennwerts
• Sparbriefe	100 % des Nennwerts
Bausparverträge	100 % des Bausparguthabens
Lebensversicherungen	100 % des Rückkaufwerts
Steuererstattungsansprüche	100 % des Erstattungsanspruchs
Wertpapiere:	
• Bundesschatzbriefe	100 % des Nennwerts
• Schuldverschreibungen öffentlicher Stellen	90 % des Kurswerts
• Sonstige Schuldverschreibungen	80 % des Kurswerts
• Sammelschuldverschreibungen	60 % des Kurswerts
• Aktien	50 % des Kurswerts
• Aktienfonds	60 % des Kurswerts
• Gemischte Fonds	60 % des Kurswerts
• Rentenfonds	75 % des Kurswerts
• Zertifikate offener Immobilienfonds	70 % des Kurswerts
Bürgschaften:	
• einer Bürgschaftssparkasse	100 % des Bürgschaftsbetrags
• von Dritten/vom Ehepartner	Je nach nachgewiesener Bonität
• Edelmetalle	70 % des Metallwerts

Mit welchen Risikoabschlägen Sie bei einer Verpfändung rechnen müssen

Banken bevorzugen haftende Guthaben als Sicherheiten. In der Praxis gibt es vor allem die Verpfändung von Sparguthaben, Wertpapieren und Edelmetallen. Zur Bestellung des Pfandrechts ist immer auch die Übergabe des jeweiligen Vermögensgegenstands notwendig. Ausnahme: Der Wertgegenstand liegt bereits im Depot der Bank.

Beachten Sie in diesem Zusammenhang, dass die Allgemeinen Geschäftsbedingungen der Banken eine generelle Pfandklausel enthalten. Danach unterliegen die Werte im Depot automatisch dem Pfandrecht, sodass diese ohnehin immer als Kreditsicherheit dienen.

Beispiel: Die Wertpapiere Ihres Ehegatten befinden sich im Depot Ihrer Bank. Bürgt Ihr Ehegatte für Ihren Kredit, kann das Kreditinstitut in diesem Fall von seinem Pfandrecht Gebrauch machen und auf diese Wertpapiere zugreifen, wenn Sie Ihren Kredit nicht zurückzahlen.

Praxistipp

Führen Sie Ihr Privatkonto oder Wertpapierdepot – oder das Ihres Ehegatten – grundsätzlich bei einem anderen als dem kreditgebenden Bankinstitut. So verhindern Sie zunächst einmal, dass die Bank auf alle Ihre Vermögenswerte Zugriff hat. Es bleibt dann Ihnen selbst überlassen, derartige Konten und Depots bei anderen Banken als zusätzliche Sicherheit heranzuziehen.

Verpfändung von Kontoguthaben: Zugriff versperrt

Kreditinstitute ziehen für einen Kredit haftende Guthaben jeder anderen Form der Sicherung vor. Kontoguthaben sichern den Kredit zu 100 Prozent.

Als Sicherheiten bevorzugt die Bank:

- Termingelder
- befristete Guthaben
- unbefristete Guthaben

Die Höhe des zu verpfändenden Guthabens entspricht maximal der Höhe der eingeräumten Kreditlinie. Über Ihr Guthaben müssen Sie eine Verpfändungserklärung abgeben. Dazu hält jedes Bankinstitut einen speziellen Vordruck bereit, den Sie als Kontoinhaber unterschreiben müssen. Die Konsequenz für Sie: Ihr Guthaben ist ab sofort gesperrt und Sie können nicht mehr frei darüber verfügen.

Verpfändung von Wertpapieren: Diese Werte bieten am meisten Sicherheit

Als Sicherheit können Sie folgende Papiere hinterlegen: Anleihen, Aktien, Options- und Genussscheine, Sparbriefe, Investmentanteile, Immobilienfonds, Bundesschatzbriefe, Finanzierungsschätze und ähnliche börsennotierte Wertpapiere oder nicht börsengehandelte Wertpapiere. Voraussetzung ist allerdings, dass die Wertpapiere einen Marktwert haben, von ersten Adressen stammen und/oder zu einem festen späteren Zeitpunkt zurückgezahlt werden.

Schwieriger ist es, wenn Ihre Wertpapiere im Ausland lagern und nur dort gehandelt werden. Die zu beleihenden Papiere können Sie bei der kreditgebenden Bank oder jedem anderen Kreditinstitut deponieren. Dabei müssen folgende Voraussetzungen erfüllt sein:

- Ihre schriftliche Verpfändungserklärung,
- die Mitteilung an die verwahrende Bank und

- die Einverständniserklärung der verwahrenden Bank, dass die Papiere zu Ihren Gunsten gesperrt sind.

Achtung!

Über diese Wertpapiere können Sie so lange nicht mehr frei verfügen, bis die Verpfändung aufgehoben ist.

Wertpapiere schwanken im Wert. Die Kreditinstitute nehmen entsprechend hohe Abschläge bei der Beleihung vor. Die Kreditbereitschaft der Banken richtet sich nach der Art des Papiers. Sind die Banker bei ausländischen Aktien zugeknöpfter als bei inländischen Werten, so gibt es auch bei den übrigen Wertpapieren große Unterschiede bei der Höhe der Beleihung. Welche Beleihung bei den einzelnen Papieren üblich ist, zeigt die Übersicht auf Seite 93f. Bei Aktien, Investmentanteilen, Nullcoupon-Anleihen und Optionsscheinen wird der Beleihungsprozentsatz vom Kurswert, bei Anleihen gewöhnlich vom Nennwert gerechnet.

Praxistipp

Auch wenn Sie Wertpapiere verpfändet haben: Verkäufe und Käufe können Sie weiterhin tätigen. Das kann bei entsprechender Marktlage sogar vorteilhaft für Sie sein: Mit dem Verkauf eines Wertpapiers bauen Sie den Sollsaldo Ihres Kontos ab. Dagegen wird Ihre Bank nichts einzuwenden haben. Andernfalls holen Sie die Zustimmung Ihrer Bank zur Freigabe bestimmter Werte ein. Diese Zustimmung ist reine Formsache, wenn der Sicherungswert den Kreditwert übersteigt.

Achtung!

Schwieriger wird es, wenn die Papiere bei einer anderen als der kreditgewährenden Bank aufbewahrt werden. Dann muss zuerst die kreditgebende Bank dem Verkauf zustimmen und der verwahrenden Bank eine Freigabe-Erklärung schicken. Erst dann können Sie über die Wertpapiere verfügen.

Mit welchem Wert Gold und andere Edelmetalle angesetzt werden

Edelmetalle beleihen Banken nicht voll. Egal, ob es sich um Barren, Edelmetallkonten oder Goldzertifikate handelt: Vom reinen Metallwert (999 Feingehalt) werden in der Regel mindestens 50 Prozent abgezogen. Bei einigen Banken beißen Sie geradezu auf Granit, wenn Sie Gold, Silber oder Platin als Sicherheit anbieten.

Münzen und Medaillen scheiden als Beleihungsobjekte völlig aus. Im Ausland stehen die Banken dem Edelmetall als Sicherheit meist etwas positiver gegenüber.

Wie Sie bei Immobilienbesitz eine Grundschuld optimal einsetzen

Grundschuld und Hypothek sind als Sicherheiten bei der Bank besonders gern gesehen. Im Gegensatz zur Hypothek ist die Grundschuld vielseitiger einsetzbar. Sie eignet sich für kurzfristige Kredite ebenso wie für langfristige Darlehen und hat die Hypothek weitgehend abgelöst.

Die Hypothek als Grundpfandrecht eignet sich dann, wenn die Schuld in regelmäßigen Raten abgetragen und nicht wieder aufgestockt wird. Die Hypothek kann allerdings nicht variabel genutzt werden und eine Übertragung an eine andere Bank zwecks Weiternutzung ist oft umständlich.

Sicherheit ist aber nicht gleich Sicherheit. Je nach Objektart, Alter und Verwertbarkeit unterscheiden sich die Immobilienwerte als Sicherungsobjekte sehr stark. Die Banken haben auch hier eine »Beliebtheits-Skala« und entsprechend abgestufte Beleihungsgrenzen entwickelt.

Welche Objektarten Ihre Bank bevorzugt

+ + Selbst bewohnte oder vermietete Wohnhäuser und Eigentumswohnungen werden von den Banken bevorzugt.

+ + Grundstücke (besonders Wohngrundstücke) sind als Sicherheit gern gesehen.

+ Ladenlokale und gut gelegene Büroflächen werden positiv eingeschätzt.

- Landwirtschaftliches Gelände, Teiche, Sumpfgelände und Wald werden nur mit großen Abschlägen beliehen.

-- Fertighäuser werden ungern oder gar nicht beliehen.

-- Blockhütten im Wald, Bergalmen, einfache Ferienhäuser scheiden als Kreditsicherungsmittel aus.

Wohnimmobilien eignen sich besonders gut als Sicherheiten. Vor dem Bankgespräch sollten Sie sich am besten genau über das Preisniveau am Ort und den aktuellen Wert der Immobilien informieren, die Sie als Sicherheit anbieten können.

So kalkulieren Sie mit dem Beleihungswert

Allerdings richtet sich die Kredithöhe – auch bei bevorzugten Objekten – nicht nach dem tatsächlichen Wert Ihres Objekts. Die Banken machen hier Abschläge vom jeweiligen Beleihungswert. Dieser kann unter dem Kaufpreis liegen:

- Wohnhäuser beleiht die Bank mit 60 bis 80 Prozent des Beleihungs-werts.
- Eigentumswohnungen bekommen Sie bis zu 80 Prozent – in Ausnah-mefällen sogar bis zu 100 Prozent beliehen.

Gewerbeobjekte akzeptieren viele Kreditinstitute wegen fehlender Marktübersicht nur ungern. Der Beleihungswert richtet sich nach Lage und Zuschnitt des Grundstücks und den Nutzungsmöglichkeiten. Rechnen Sie mit maximal 50 Prozent des Marktpreises bei einer solchen gewerblichen Beleihung. Auf ein Fabrikgelände bekommen Sie unter Umständen nur 20 bis 30 Prozent der Baukosten bevorschusst. Wenden Sie sich in solchen Fällen an eine Bank, die sich auf Gewerbefinanzierung spezialisiert hat.

Praxistipp

Damit Sie Ihren Kreditspielraum richtig einschätzen können, kann es sich für Sie lohnen, von einem unabhängigen Sachverständigen ein Wertgutachten erstellen zu lassen. Und: Haus- und Grundbesitz als Sicherheit ist ein Joker, den Sie gezielt einsetzen sollten. Verhandeln Sie mit der Bank zunächst über die weniger guten Sicherheiten. Erst wenn diese Sicherheiten nicht ausreichen, kommt der Grundbesitz ins Spiel.

Mit der Grundschuld bleiben Sie flexibel

Die Belastung des Grundstücks erfolgt durch die Eintragung einer Grundschuld in Abteilung III des Grundbuchs. Damit die Grundschuld dort eingetragen werden kann, ist es zwingend erforderlich, dass Sie als Eigentümer die Eintragung der Grundschuld bewilligen. Ihre Erklärung muss notariell beurkundet werden.

Achtung!

Kreditinstitute und Lebensversicherungsgesellschaften sichern sich nur im ersten Rang ab. Wenn Sie aus Ihrem Grundstück den ersten Rang bereits an eine Bank vergeben haben und danach Kredit in Anspruch nehmen, werden Sie nur schwer einen weiteren Finanzier finden, der sich mit einer Eintragung im Rang danach zufriedengibt. Am ehesten werden Sie eine Kreditbereitschaft bei der Bank finden, die auch die Sicherheit aus dem ersten Rang in Händen hält.

Die Grundschuld kann immer wieder bis zur vollen Höhe der Summe, über die sie lautet, benutzt werden. Sie können darauf also Kredit bis zum jeweiligen Grundschuldbetrag in Anspruch nehmen.

Beispiel: Der Grundschuldbetrag liegt bei 200.000 Euro. Bis zu diesem Betrag gewährt Ihnen die Bank einen Kredit. Tilgen Sie das Darlehen zeitweise, so sind Sie nicht gehindert, den Kredit später bis zum Höchstbetrag von 200.000 Euro wieder aufzustocken.

Das gilt auch dann, wenn Sie das Bankinstitut wechseln. In diesem Fall treten Sie die Grundschuld an die neue Bank ab. Das muss Ihnen das bisherige Kreditinstitut bewilligen. Voraussetzung ist allerdings, dass Sie Ihre Schuld völlig getilgt haben. Das können Sie beispielsweise mit dem Kredit der neuen Bank. Die neue Bank überweist dann in Ihrem Auftrag die Restschuld an die alte Bank mit der Maßgabe, den Betrag zur Abdeckung Ihres Kontos zu verwenden und die Grundschuld freizugeben.

Die meisten Banken ermitteln selbst die Werthaltigkeit von Immobilien, die sie beleihen sollen. Erkundigen Sie sich, wer die Kosten der Wertschätzung trägt – Sie oder die Bank. Im Regelfall versuchen die Banken, die Schätzkosten dem Kreditnehmer zu belasten. Versuchen Sie, zu vereinbaren, dass die Bank die Schätzkosten übernimmt, da sie ja auch die Einnahmen aus der Kreditgewährung erzielt. Falls Sie die Schätzkosten übernehmen müssen: Die Kosten für ein Wertgutachten bewegen sich etwa zwischen 1 und 3 Prozent des im Gutachten genannten Verkehrswerts. Sie sollten höchstens 1,5 Prozent akzeptieren.

Überdies bleibt es Ihnen unbenommen, die etwaigen Vorzüge der Immobilie(n), die als Sicherheit dienen soll, ganz gezielt herauszustreichen, wie zum Beispiel:

Günstige Lage: Wenn Ihre Immobilie, ganz gleich, ob es sich um ein Wohn- oder Geschäftshaus handelt, an einem günstigen Standort steht, wird sie von Ihrer Bank als werthaltiger eingeschätzt als eine Immobilie an einem weniger guten Standort. Da es für Immobilien in günstiger Lage immer einen Markt gibt, schätzt die Bank den Wiederverkaufswert als gut ein.

Einwandfreie Mieterbonität und langfristige Mietverträge: Legen Sie Ihrer Bank Ihre Mietverträge vor und verweisen Sie auf die Bonität Ihrer Mieter. Bei guten Mietern und langfristigen Mietverträgen schätzt die Bank das Mietausfallrisiko nur gering ein. Wenn Ihre Mieten den Kapitaldienst decken, haben Sie bei der Bank besonders gute Karten.

Solide Bauqualität: Machen Sie deutlich, dass eine solide Bauqualität Sie vor größerem Instandhaltungsaufwand bewahren wird. Ihre Bank muss dann keine überraschenden Ausgaben befürchten.

Günstige Bewirtschaftungskosten: Beweisen Sie der Bank Ihre Bewirtschaftungskosten anhand entsprechender Belege. Sie können damit erreichen, dass die Bank die tatsächlichen Bewirtschaftungskosten ansetzt und nicht von pauschalierten Werten ausgeht, die zu einem niedrigeren Ertragswert führen.

Vielfältige Verwendungsmöglichkeiten: Insbesondere bei Gewerbeimmobilien sollten Sie die Bank auf eine vielfältige Verwendungsmöglichkeit hinweisen. Zeigen Sie beispielsweise auf, dass Ihre Immobilie nicht nur als Produktionsstätte, sondern auch als Supermarkt nutzbar wäre. Je vielfältiger die Nutzungsmöglichkeiten, umso größer ist auch der Markt für eine solche Immobilie. Wenn Sie Besitzer einer multifunktionalen Immobilie sind, wird die Bank deren Wert höher einschätzen.

Achtung!

Schützen Sie sich vor Überraschungen: Prüfen Sie vor der Bankverhandlung in jedem Fall die Eintragungen im Grundbuch. Wegerechte, Altenteile, Nießbrauch und Verfügungsbeschränkungen können den Wert eines Grundstücks in den Augen der Bank gewaltig mindern.

Bieten Sie ein Grundstück als Sicherheit an, haben Sie bei dem Kreditgespräch mit Ihrer Bank eine gute Verhandlungsbasis. Berücksichtigen Sie aber, dass Sie der Bank damit weitgehende Zugriffsrechte auf Ihr Eigentum einräumen. Ihr Risiko heißt Zwangsversteigerung. Vorsicht, der Haftungsumfang einer Grundschuld ist groß! Neben Ihrem Grund und Boden und dem Haus haften auch Grundstückszubehör, Erzeugnisse aus dem Grundstück, Mieten, Pachtzinsen, Erbpachtzinsen, Forderungen gegen Versicherungen, die das Grundstück betreffen.

Sie haben die Möglichkeit, die Grundschuld verbrieft oder als reine Buchgrundschuld zu bestellen und ins Grundbuch eintragen zu lassen. Der Unterschied zwischen den beiden Möglichkeiten besteht in der Art und Weise, wie die Grundschuld abgetreten werden kann. Während bei der Buchgrundschuld die Abtretung erst im Grundbuch eingetragen sein muss, um rechtlich wirksam zu werden, genügt es bei der Briefgrundschuld, dass dem neuen Gläubiger der zugehörige Brief ausgehändigt und die Abtretungserklärung vom Notar beglaubigt wird.

Praxistipp

Sie haben die Möglichkeit, eine Grundschuld zu Ihren eigenen Gunsten zu bestellen. Solche Grundschulden werden meist als Briefgrundschuld bestellt. Damit ausgestattet, haben Sie als Eigentümer der Immobilie die Möglichkeit, sehr schnell einen Kredit bewilligt zu bekommen. Die erforderliche Sicherheit können Sie in Form des Grundschuldbriefs schon zu den Verhandlungen bei der Bank mitbringen. Sie brauchen dann diese Eigentümergrundschuld nur noch an die Bank abzutreten.

Wie Sie Ihre Sicherheiten optimal einsetzen

- Die Finanzierungsdauer sollte mit der Kapitalbindungsdauer übereinstimmen. Das bedeutet: Langfristige Finanzierungen sollten durch langfristige Sicherheiten wie etwa Grundschulden gesichert werden. Für kurzfristige Finanzierungen sollten Sie dagegen kurzfristige Sicherheiten wie die Sicherungsübereignung von Warenlager oder Fahrzeugen einsetzen.
- Halten Sie Sicherheitenreserven vor, die Ihnen für den Fall von Nachsicherungen oder eines Liquiditätsengpasses zur Verfügung stehen. Bauen Sie zum Beispiel Liquiditätsreserven bei einer weiteren Bank auf, bei der Ihr Unternehmen keine Kredite unterhält.
- Sprechen Sie mit Ihrer Hausbank auch über die Freigabe von gestellten Sicherheiten. Sie haben einen Anspruch auf die Freigabe von Sicherheiten, wenn deren Wert den der gesicherten Forderungen deutlich übersteigt. Dies gilt insbesondere bei der Abtretung von Forderungen und Warenlager.
- Wenn Ihr Unternehmen als Sicherheiten Grundschulden gestellt hat, überprüfen Sie regelmäßig, welcher Anteil der eingetragenen Grundschuld durch Ihre Tilgungsleistungen wieder frei geworden ist. Bei einer Neuaufnahme oder Aufstockung von Krediten nutzen Sie diese Freiräume zur Besicherung.
- Handeln Sie mit der Bank aus, dass Sicherheiten nur für jeweils einen bestimmten Kredit gelten und nicht für alle Verbindlichkeiten Ihres Unternehmens gegenüber der Bank genutzt werden dürfen. Mit Tilgung des betreffenden Kredits werden die Sicherheiten dann automatisch wieder frei.

4.5 Ein Thema für sich: Bürgschaften

Ob ein (Mit-)Gesellschafter nun als (Mit-)Geschäftsführer im Unternehmen aktiv ist oder nicht: Wenn im Unternehmen größere Investitionen anstehen, dafür Bankkredite und Sicherheiten benötigt werden, bestehen Kreditinstitute zunehmend darauf, dass der Gesellschafter persönlich »in die Haftung geht«, wenn sein Unternehmen den vertraglichen Pflichten (insbesondere Zahlungspflichten) nicht nachkommt. Und das bedeutet konkret: Der Gesellschafter soll als Bürge einspringen. Mit einer derartigen Forderung der Banken müssen Sie als übergebender Unternehmer auch bei der Finanzierung der Unternehmensnachfolge rechnen, speziell dann, wenn es sich um eine familieninterne Lösung handelt.

> **Achtung!**
> Als Bürge übernehmen Sie die Schuldnerfunktion und haften in der Regel dafür mit Ihrem gesamten Vermögen.

Bevor Sie eine Bürgschaft eingehen: Klären Sie erst einmal, warum etwaige bisher gestellte Sicherheiten nicht ausreichen. Prüfen Sie, wie das Kreditinstitut die Sicherheiten bewertet. Während ein Sparguthaben beispielsweise in voller Höhe als Sicherheit dient, wird etwa der Wert eines Mehrfamilienhauses mit einem Risikoabschlag von bis zu 40 Prozent berücksichtigt. Lassen Sie sich die von der Bank zugrunde gelegten Werte vorrechnen und plausibel erklären. Üblicherweise verbleibt dann ein Blankoteil des Kredits, der allein Grundlage für die Verhandlung über eine persönliche Bürgschaft sein kann.

Beispiel: Beantragt ist ein Kredit über 1.500.000 Euro. Für 1.200.000 Euro liegen bereits Sicherheiten vor. Verlangt die Bank von Ihnen eine Bürgschaft, kann es nur noch um eine Bürgschaft für die restlichen 300.000 Euro gehen.

Im Allgemeinen fordern Banken bei Unternehmenskrediten eine selbstschuldnerische Bürgschaft. Danach haftet der Bürge genauso wie der Schuldner direkt und unmittelbar und hat auf erste Anforderung der Bank hin die Zahlung der Bürgschaftssumme zu leisten, Einwände kann er nicht geltend machen. Ist eine Bürgschaft unumgänglich, sollten Sie versuchen, die Bank für eine dieser beiden Alternativen zu gewinnen:

- Sie übernehmen eine selbstschuldnerische Bürgschaft für den zuvor in den Verhandlungen festgestellten Blankokreditanteil (*Beispiel:* Kreditengagement 900.000 Euro, Sicherheitenbewertung 800.000 Euro → Bürgschaftshöhe maximal 100.000 Euro).
- Sie schlagen der Bank eine Ausfallbürgschaft vor. (*Ihr Vorteil:* Die Bank muss im Insolvenzfall erst alle sonstigen Sicherheiten, die sie hat, verwerten und kann von Ihnen nur noch den verbleibenden Kreditausfall, maximal also die Bürgschaftssumme, fordern.)

In beiden Fällen ist Ihre Bank voll abgesichert.

Setzen Sie möglichst eine Befristung durch

Versuchen Sie außerdem, die Bürgschaft analog der Kreditlaufzeit zu befristen. Die beträgt für Betriebsmittelkredite meist ein Jahr.

Ihr Vorteil: Die Bank ist dann gezwungen, vor Fristablauf neu mit Ihnen zu verhandeln, und Sie können positive Veränderungen, die sich in Ihrem Unternehmen ergeben haben, einbringen.

Beispiel: Der Blankoteil des Kredits sinkt durch Kreditrückführungen oder Erhöhung der sonstigen Sicherheiten. Dann kann die Bürgschaftssumme neu festgesetzt, das heißt reduziert werden.

Praxistipp

Zur Absicherung Ihres »biologischen Risikos« können Sie auch die Abtretung einer Risikolebensversicherung anbieten. Unter Umständen ist es Ihnen auch möglich, die Bürgschaft auf bestimmte Kredite und konkret bestimmte Konten zu beschränken.

Ihr Vorteil: Sind diese Kredite oder Konten erledigt, zieht dann auch Ihre persönliche Bürgschaft nicht mehr. Und: Stimmt die Bonität Ihres Unternehmens und können Sie auf ein gutes Rating verweisen, können Sie erwarten, dass die Bank Ihrem Unternehmen einen Kredit teilweise blanko gewährt.

Wie Sie Ihre Interessen bei einer Bürgschaft schützen

- Begrenzen Sie die Bürgschaft auf einen festen Betrag (Höchstbetragsbürgschaft).
- Gehen Sie Bürgschaften immer nur für eine ganz bestimmte, im Bürgschaftsvertrag definierte Forderung der Bank ein. Sie vermeiden damit, dass Sie für alle Ansprüche der Bank einstehen müssen.
- Stellen Sie Ihre Kreditzusagen den von Ihnen gestellten Sicherheiten gegenüber.
- Begrenzen Sie die Bürgschaft zeitlich. Wenn dies nicht möglich ist, achten Sie darauf, dass Sie die Bürgschaft jederzeit kündigen können.
- Legen Sie den Fristablauf einer Bürgschaft auf einen Zeitpunkt, an dem die neueste Firmenbilanz vorliegt.
- Wenn die Inanspruchnahme bevorsteht, versuchen Sie, sich mit der Bank zu arrangieren, wie mit den sonstigen Sicherheiten zu verfahren ist.
- Achten Sie darauf, dass Sie bei Fälligkeit und Erledigung Ihrer Bürgschaft die Originalurkunde Ihrer Erklärung zurückbekommen.
- Wenn Sie für Dritte bürgen: Sichern Sie sich Ihre Informationsrechte. Vereinbaren Sie mit der Bank, dass Sie von Zeit zu Zeit über den Stand der Schuld informiert werden.
- Übernehmen Sie für das Unternehmen keine Bürgschaft in voller Kredithöhe, sondern höchstens in Höhe einer echten Sicherheitenlücke.

- Bieten Sie Ihrer Bank anstelle einer Bürgschaft lieber eine Risikolebensversicherung als Sicherheit an.
- Versuchen Sie, eine Ausfallbürgschaft zu vereinbaren.
- Sprechen Sie mit Ihrer Bank über die Höhe eines Blankokreditanteils, der nicht zu verbürgen ist.
- Fragen Sie die Bank nach Ihrem Rating. Wenn Sie sich in den Ratinggruppen 1 oder 2 befinden, kann die Bank auf eine Bürgschaft verzichten.
- Bei Bürgschaften mehrerer Gesellschafter: Vermeiden Sie eine Gesamtbürgschaft, bürgen Sie stets nur für Ihren Anteil getrennt.
- Reduzieren Sie die Bürgschaftssumme allmählich.

4.6 Wenn Bankkredite nicht reichen: Öffentliche Fördermittel ausschöpfen

Bund und Länder unterstützen Unternehmen durch besondere Förderprogramme. Das gilt auch bei der Finanzierung der Unternehmensnachfolge. Dabei handelt es sich meistens um öffentliche Fördermittel in Form von Darlehen. Typisch für öffentliche Förderprogramme sind in den meisten Fällen besonders günstige Zinsen (unter dem Marktniveau für Bankkredite), besonders lange Laufzeiten und häufig eine rückzahlungsfreie Zeit, bis mit der Tilgung begonnen werden muss.

Öffentliche Fördermittel in Form von Darlehen werden zwar von der KfW-Mittelstandsbank vergeben. Aber ohne die Hausbank geht hier in der Regel nichts. Diese muss die Fördermittel für das Unternehmen beantragen und dafür die Details der Unternehmensnachfolge und etwaiger damit verbundener Investitionsvorhaben prüfen.

> **Achtung!**
> Der Förderantrag muss grundsätzlich »vor Beginn des Vorhabens«, also vor Regelung der Unternehmensnachfolge, über die Hausbank gestellt werden. Eine spätere Antragstellung ist nicht möglich.

Banken haben allerdings nicht immer übermäßiges Interesse daran, öffentliche Fördermittel zu vermitteln. Sie wollen lieber einen eigenen Bankkredit »verkaufen«. Für Sie als übergebendes Unternehmen lohnt es sich daher, die bei einer Unternehmensnachfolge verfügbaren Fördermittel zu kennen, damit Sie Ihren Nachfolger entsprechend beraten und die finanzielle Abwicklung der Unternehmensübergabe ein Stück sicherer machen können.

Achtung!

Die folgenden Hinweise und Praxistipps konzentrieren sich auf Fördermittel, die gerade auch für die Finanzierung der Unternehmensnachfolge in kleinen und mittleren Unternehmen genutzt werden können:

- Kleine Unternehmen sind solche, die weniger als 50 Mitarbeiter haben. Der Jahresumsatz beziehungsweise die Jahresbilanzsumme beträgt höchstens 10 Millionen Euro.
- Mittlere Unternehmen sind solche, die weniger als 250 Mitarbeiter haben. Der Jahresumsatz beträgt höchstens 50 Millionen Euro beziehungsweise die Jahresbilanzsumme beläuft sich auf höchstens 43 Millionen Euro.

Zehn Tipps zum Thema Förderprogramme

1. Die Förderung soll dem Antragsteller helfen, eine tragfähige Vollexistenz aufzubauen. Die Tätigkeit soll hauptberuflich und auf Dauer angelegt sein.
2. Der Antragsteller muss ein durchführbares Unternehmenskonzept und entsprechende berufliche und fachliche Qualifikationen vorweisen.
3. Das Vorhaben, hier also die Regelung der Unternehmensnachfolge, darf in der Regel nicht vor der Antragstellung begonnen haben.
4. Die Gesamtfinanzierung muss gesichert sein.
5. Es besteht kein Rechtsanspruch auf Fördermittel.
6. Der Antragsteller muss sich in angemessener Weise an der Finanzierung beteiligen.
7. Die Darlehensanträge werden in der Regel über die Hausbank gestellt.
8. Die Förderkredite sind banküblich abzusichern.
9. Bei mangelnder Sicherheit kann die Übernahme einer Bürgschaft beantragt werden.
10. Die Fördermittel dürfen grundsätzlich nur für den festgelegten Zweck verwendet werden und die zweckentsprechende Verwendung muss nachgewiesen werden.

Ermittlung der Zinssätze bei Förderkrediten

Die Förderkredite der KfW-Kreditbank weisen die Besonderheit auf, dass anstelle pauschaler Zinssätze sogenannte risikogerechte Zinssätze gelten. Mit anderen Worten: Jedes Unternehmen zahlt einen individuellen Zinssatz. Und der wird ausschließlich nach diesen beiden Kriterien festgelegt: Bonität des Unternehmens (Ausfallrisiko) sowie Art und Umfang der gebotenen Sicherheiten. Dabei gilt der Grundsatz: Je besser die wirtschaftlichen Verhältnisse des Unternehmens und je werthaltiger die gestellten Sicherheiten sind, desto niedriger ist der Zinssatz.

Die Hausbank, über welche die Fördermittel beantragt werden müssen, prüft zunächst die wirtschaftlichen Verhältnisse des Unternehmens (Bonität). Dazu benötigt sie Unterlagen zur Vermögens- und Ertragslage. Das sind in der Regel die aktuellen Jahresabschlüsse und betriebswirtschaftlichen Auswertungen. Auf dieser Basis schätzt die Hausbank ein, welches Risiko mit der Kreditvergabe verbunden ist. Dabei berücksichtigt sie zusätzlich solche Faktoren, welche die »Zukunftsaussichten des Unternehmens beeinflussen«, und das ist hier ganz konkret die Unternehmensnachfolge. Ergebnis: Ihr Unternehmen wird in eine der folgenden Bonitätsklassen eingeordnet:

Unterscheiden Sie diese Bonitätsklassen		
Bonitäts-klasse	Einschätzung durch Hausbank	1-Jahres-Ausfallwahr-scheinlichkeit
1	ausgezeichnet	≤ 0,10 %
2	sehr gut	> 0,10 % bis 0,40 %
3	gut	> 0,40 % bis 1,20 %
4	befriedigend	> 1,20 % bis 1,80 %
5	noch befriedigend	> 1,80 % bis 2,80 %
6	ausreichend	> 2,80 % bis 5,50 %
7	noch ausreichend	> 5,50 % bis 10,00 %

So lesen Sie die Tabelle: Angenommen, Ihre Hausbank schätzt die wirtschaftlichen Verhältnisse Ihrer Firma als »befriedigend« ein, da sie im Ratingverfahren eine 1-Jahres-Ausfallwahrscheinlichkeit von 1,6 % ermittelt hat. Dann ergibt sich daraus die Bonitätsklasse 4.

Des Weiteren spielt die Hausbank den sogenannten Worst Case durch. Dieser besteht darin, dass Ihr Nachfolger den Kredit nicht zurückzahlen kann und die Sicherheiten verwertet werden müssen. Dabei schätzt sie ein, welcher Anteil des Kredits durch erwartete Erlöse aus den Sicherheiten abgedeckt werden kann (Werthaltigkeit der Sicherheiten). Ergebnis: Die Hausbank ordnet das Unternehmen einer von vier Besicherungsklassen zu:

Kalkulieren Sie mit diesen Besicherungsklassen	
Besicherungsklasse	Werthaltigkeit der Sicherheiten
1	70 % und mehr
2	> 40 % und < 70 %
3	bis 40 %

Indem Ihre Hausbank die Bonitätsklasse und die Besicherungsklasse kombiniert, ermittelt sie die Preisklasse des Förderkredits. Jede Preisklasse deckt eine Bandbreite ab, innerhalb deren der individuelle Zinssatz liegt. Aus dieser Zuordnung ergibt sich zugleich der Höchstzins, den die Bank für einen Förderkredit verlangen darf.

Wie die Preisklasse für Ihren Förderkredit ermittelt wird

Bonitätsklasse	1	1	1	2	2	3	4	2	3	5	4	6	5	3	4	6	5
Besicherungsklasse	1	2	3	1	2	1	1	3	2	1	2	1	2	3	3	2	3
Preisklasse	A		B		C		D	E			F		G	H		I	

So lesen Sie die Tabelle: Angenommen, Ihre Firma wird in die Bonitätsklasse 3 und Besicherungsklasse 2 eingestuft. Dann ergibt sich daraus die Preisklasse E.

Beispiel: Beim Unternehmerkredit für kleine und mittlere Unternehmen mit zehn Jahren Laufzeit und zwei tilgungsfreien Jahren beträgt der Höchstzins (Effektivzins) für die Preisklasse A 3,38 %, für die Preisklasse E 4,91 % und für die Preisklasse I 8,03 % (Stand: 23.03.2010).

Unternehmerkredit Inland

Gefördert werden alle Investitionen, die einer mittel- und langfristigen Mittelbereitstellung bedürfen und einen nachhaltigen wirtschaftlichen Erfolg erwarten lassen. Die Förderrichtlinien sehen ausdrücklich vor, dass die Übernahme eines bestehenden Unternehmens förderfähig ist. Gleiches gilt für den Erwerb einer tätigen Beteiligung durch eine natürliche Person (grundsätzlich mindestens 10 Prozent Gesellschaftsanteil und Geschäftsführerbefugnis).

Achtung!

Voraussetzung ist generell, dass das Unternehmen beziehungsweise der Unternehmensteil von einem unabhängigen Investor erworben wird. Für den Fall, dass es sich bei dem Nachfolger um einen Mitgesellschafter handelt, gilt er nur als »unabhängig«, wenn er vor dem Erwerb weniger als 25 Prozent der Unternehmensanteile hielt.

Umfang der Finanzierung

Mitfinanziert werden:

- Erwerb von Grundstücken und Gebäuden

- Gewerbliche Baukosten
- Kauf von Maschinen, Anlagen, Fahrzeugen und Einrichtungen
- Betriebs- und Geschäftsausstattung
- Immaterielle Investitionen in Verbindung mit Technologietransfer, die vom Antragsteller zu Marktbedingungen erworben, durch ihn genutzt und mindestens drei Jahre in der Bilanz aktiviert werden
- Die Übernahme eines bestehenden Unternehmens oder der Erwerb einer tätigen Beteiligung durch eine natürliche Person (grundsätzlich mindestens 10 Prozent Gesellschaftsanteil und Geschäftsführerbefugnis). Voraussetzung ist grundsätzlich, dass das Unternehmen beziehungsweise der Unternehmensteil von einem unabhängigen Investor (weniger als 25 Prozent der Unternehmensanteile vor dem Erwerb) erworben wird.
- Extern erworbene Beratungsdienstleistungen, die einmalige Informationserfordernisse bei Erschließung neuer Märkte oder Einführung neuer Produktmethoden sicherstellen
- Kosten für erste Messeteilnahmen

Alle förderfähigen Investitionskosten können bis zu 100 Prozent über dieses Programm finanziert werden. Der Kreditbetrag liegt maximal bei 10 Millionen Euro pro Vorhaben.

Kreditlaufzeit

Die Kreditlaufzeiten betragen bis zu fünf Jahre bei höchstens einem tilgungsfreien Anlaufjahr und bis zu zehn Jahre bei höchstens zwei tilgungsfreien Anlaufjahren. Auf Wunsch kann auch ein endfälliges Darlehen mit maximal zwölf Jahren Laufzeit eingeräumt werden.

Besonders interessant: Entfallen zwei Drittel der förderfähigen Investitionskosten zum Beispiel auf den Erwerb eines Unternehmens oder einer Beteiligung, kann die Laufzeit des Förderkredits auf bis zu 20 Jahre ausgedehnt werden bei höchstens drei tilgungsfreien Anlaufjahren.

Konditionen

Bei Krediten mit bis zu zehn Jahren Laufzeit und bei endfälligen Krediten ist der Zinssatz fest für die gesamte Kreditlaufzeit. Bei mehr als zehn Jahren Laufzeit kann der Zinssatz wahlweise für zehn Jahre oder für die gesamte Laufzeit festgeschrieben werden. Die jeweils geltenden Maximalzinssätze ergeben sich aus der Konditionenübersicht unter www.kfw-mittelstandsbank.de.

Die Auszahlung beträgt 96 Prozent. Die KfW berechnet eine Bereitstellungsprovision von 0,25 Prozent pro Monat, beginnend zwei Bankarbeitstage und einen Monat nach Zusagedatum für noch nicht ausgezahlte Darlehensbeträge.

Tilgung

Nach Ablauf der tilgungsfreien Anlaufjahre erfolgt die Tilgung in gleich hohen vierteljährlichen Raten. Eine vorzeitige Rückzahlung ist während der ersten Zinsbindungsphase zulässig.

ERP-Kapital für Gründung

Dieses Förderprogramm richtet sich unter anderem an alle, die ein Unternehmen oder eine freiberufliche Existenz gründen. Die Förderrichtlinien stellen ausdrücklich klar, dass die Existenzgründung durch die Übernahme eines bestehenden Unternehmens oder durch eine Beteiligung an einem Unternehmen erfolgen kann. Ist Letzteres der Fall, muss der Antragsteller zur Geschäftsführung und Vertretung befugt, entsprechend im Handelsregister eingetragen und aktiv in der Unternehmensleitung tätig sein. Sein unternehmerischer Einfluss muss insbesondere aufgrund eines Gesellschaftsanteils von mindestens 10 Prozent sichergestellt sein.

Umfang der Finanzierung

Mitfinanziert werden:

- Grundstücke, Gebäude und Baunebenkosten
- Sachanlageninvestitionen (Kauf von Maschinen, Anlagen und Einrichtungsgegenständen)
- Betriebs- und Geschäftsausstattung
- Immaterielle Investitionen in Verbindung mit Technologietransfer, die vom Antragsteller zu Marktbedingungen erworben, durch ihn genutzt und mindestens drei Jahre in der Bilanz aktiviert werden
- Material-, Waren- und Ersatzteillager (sofern es sich um eine Erstausstattung oder betriebsnotwendige langfristige Aufstockung handelt)
- Extern erworbene Beratungsdienstleistungen, die einmalige Informationserfordernisse bei Erschließung neuer Märkte oder Einführung neuer Produktmethoden sicherstellen
- Kosten für erste Messeteilnahmen

In den Regionalfördergebieten der alten Bundesländer können bis zu 50 Prozent der förderfähigen Investitionskosten über dieses Programm finanziert werden, in den neuen Bundesländern und Berlin sind es bis zu 85 Prozent der förderfähigen Investitionskosten. Der Kreditbetrag liegt maximal bei 3 Millionen Euro pro Vorhaben.

Kreditlaufzeit

Die Kreditlaufzeiten betragen

- bis zu fünf Jahre bei höchstens einem tilgungsfreien Anlaufjahr,
- bis zu 15 Jahre (für Kredite zur Finanzierung von Bauvorhaben bis zu 20 Jahre) bei höchstens fünf tilgungsfreien Anlaufjahren.

Konditionen

Bei Krediten mit einer Laufzeit von bis zu zehn Jahren ist der Zinssatz fest für die gesamte Kreditlaufzeit. Beträgt die Kreditlaufzeit mehr als zehn Jahre, ist der Zinssatz zunächst für die ersten zehn Jahre festgeschrieben. Danach gilt für die Restlaufzeit der ERP-Zinssatz für Neuzusagen, der bei Ablauf der Zinsbindungsfrist maßgeblich ist. Die jeweils geltenden Maximalzinssätze ergeben sich aus der Konditionenübersicht unter www.kfw-mittelstandsbank.de.

Tilgung

Nach sieben tilgungsfreien Jahren wird der Kreditbetrag in 31 gleich hohen vierteljährlichen Raten und einer gegebenenfalls abweichenden Schlussrate getilgt. Während der tilgungsfreien Jahre sind lediglich die Zinsen und das Garantieentgelt auf den ausgezahlten Kreditbetrag zu leisten. Gegen Zahlung einer Vorfälligkeitsentschädigung ist auch eine vorzeitige Rückzahlung des Kredits möglich.

ERP-Regionalförderprogramm für kleine und mittlere Unternehmen

Es handelt sich um Mittel aus dem European Recovery Programm (ERP). Dieses Förderprogramm richtet sich an kleine und mittlere Unternehmen und dient zur mittel- und langfristigen Finanzierung von Investitionen in deutschen Regionalfördergebieten. Dazu zählen alle Standorte in den neuen Bundesländern und Berlin sowie die Regionalfördergebiete in den alten Bundesländern.

Die Förderrichtlinien sehen ausdrücklich vor, dass die Übernahme eines bestehenden Unternehmens förderfähig ist. Gleiches gilt für den Erwerb einer tätigen Beteiligung durch eine natürliche Person (grundsätzlich mindestens 10 Prozent Gesellschaftsanteil und Geschäftsführerbefugnis).

> **Achtung!**
>
> Voraussetzung ist generell, dass das Unternehmen beziehungsweise der Unternehmensteil von einem unabhängigen Investor erworben wird. Für den Fall, dass es sich bei dem Nachfolger um einen Mitgesellschafter handelt, gilt er nur als »unabhängig«, wenn er vor dem Erwerb weniger als 25 Prozent der Unternehmensanteile hielt.

Umfang der Finanzierung

Mitfinanziert werden:

- Erwerb von Grundstücken und Gebäuden
- Gewerbliche Baukosten
- Kauf von Maschinen, Anlagen und Einrichtungsgegenständen
- Betriebs- und Geschäftsausstattung
- Immaterielle Investitionen in Verbindung mit Technologietransfer, die vom Antragsteller zu Marktbedingungen erworben, durch ihn genutzt und mindestens drei Jahre in der Bilanz aktiviert werden
- Extern erworbene Beratungsdienstleistungen, die einmalige Informationserfordernisse bei Erschließung neuer Märkte oder Einführung neuer Produktmethoden sicherstellen
- Kosten für erste Messeteilnahmen

Um in den Genuss dieses Förderprogramms zu kommen, muss der Antragsteller Eigenmittel aufbringen. Die Eigenmittel sollen 15 Prozent (alte Bundesländer) beziehungsweise 10 Prozent (neue Bundesländer und Berlin) der förderfähigen Kosten nicht unterschreiten und können mithilfe des Förderkredits bis auf 45 Prozent (alte Bundesländer) beziehungsweise 50 Prozent (neue Bundesländer und Berlin) der förderfähigen Kosten aufgestockt werden. Der Kreditbetrag beläuft sich maximal auf 500.000 Euro.

Kreditlaufzeit

Die Laufzeit beträgt 15 Jahre.

Konditionen

Der Zinssatz ist zunächst fest für zehn Jahre. Am Ende des zehnten Jahres wird der Zinssatz für die Restlaufzeit neu vereinbart. Die jeweils geltenden Maximalzinssätze ergeben sich aus der Konditionenübersicht unter www.kfw-mittelstandsbank.de.

Die Auszahlung beträgt 100 Prozent. Die KfW berechnet eine Bereitstellungsprovision von 0,25 Prozent pro Monat, beginnend zwei Bankarbeitstage und einen Monat nach Zusagedatum für noch nicht ausgezahlte Darlehensbeträge.

Tilgung

Nach Ablauf der tilgungsfreien Ablaufjahre wird der Kreditbetrag in gleich hohen vierteljährlichen Raten getilgt. Während der tilgungsfreien Jahre sind lediglich die Zinsen auf den ausgezahlten Kreditbetrag zu leisten. Gegen Zahlung einer Vorfälligkeitsentschädigung ist auch eine vorzeitige Rückzahlung des Kredits möglich.

KfW-StartGeld für kleine Unternehmen

Dieses Programm zielt unter anderem auf kleine Unternehmen bis zu drei Jahren nach Aufnahme der Geschäftstätigkeit, sofern eher geringer Kapitalbedarf besteht. Es soll die Finanzierung von Investitionen und Betriebsmitteln ermöglichen. Gefördert werden alle Formen der Existenzgründung, insbesondere auch die Übernahme eines Unternehmens und der Erwerb einer tätigen Beteiligung. Das stellen die Förderrichtlinien ausdrücklich klar.

Umfang der Finanzierung

Mitfinanziert werden:

- Grundstücke, Gebäude und Baunebenkosten
- Kauf von Maschinen, Anlagen und Einrichtungsgegenständen
- Betriebs- und Geschäftsausstattung
- Erstausstattung und betriebsnotwendige langfristige Aufstockung des Material-, Waren- oder Ersatzteillagers
- Betriebsmittel (inklusive Wiederauffüllung des Warenlagers) bis maximal insgesamt 20.000 Euro

Bis zu 100 Prozent des Fremdfinanzierungsbedarfs (Investitionen/Betriebsmittel) können über dieses Programm finanziert werden. Der Kreditbetrag liegt maximal bei 50.000 Euro. Der Investitionsbetrag kann über 50.000 Euro liegen, wenn der übersteigende Betrag mit eigenen Mitteln finanziert wird. Ein bereits gewährtes Darlehen aus dem Programm Mikro-Darlehen wird auf den Kreditbetrag von maximal 50.000 Euro angerechnet.

Kreditlaufzeit

Die Kreditlaufzeit beträgt bis zu zehn Jahre bei höchstens zwei tilgungsfreien Anlaufjahren oder bis zu fünf Jahre bei höchstens einem tilgungsfreiem Anlaufjahr.

Konditionen

Der Zinssatz ist fest für die gesamte Kreditlaufzeit. Die jeweils geltenden Zinssätze ergeben sich aus der Konditionenübersicht unter www.kfw-mittelstandsbank.de.

Die Auszahlung beträgt 100 Prozent. Kredite können in einer Summe oder in Teilbeträgen abgerufen werden. Die KfW berechnet eine Bereitstellungsprovision von 0,25 Prozent pro Monat, beginnend zwei Bankarbeitstage und einen Monat nach Zusagedatum für noch nicht ausgezahlte Darlehensbeträge.

Tilgung

Nach Ablauf der tilgungsfreien Jahre wird der Kreditbetrag in gleich hohen vierteljährlichen Raten getilgt. Während der tilgungsfreien Jahre sind lediglich die Zinsen auf den ausgezahlten Kreditbetrag zu leisten. Eine vorzeitige Rückzahlung des Kredits ist möglich, Kosten für eine Vorfälligkeitsentschädigung entstehen dadurch nicht.

Praxistipp

Aus Platzgründen konnten auf den vorstehenden Seiten nur die wichtigsten Fördermittel ausführlich dargestellt werden. Welche Fördermittel und Förderarten im Rahmen einer Unternehmensnachfolge – gerade auch auf Landesebene – zusätzlich noch in Betracht kommen können, ergeben sich aus dem Informationsangebot im Internet zur Unternehmensnachfolge (siehe Anhang).

4.7 Vorteile von Programmen der Bürgschaftsbanken

Bankkredite und Kredite aus öffentlichen Förderprogrammen müssen in der Regel abgesichert werden. Wenn die banküblichen Sicherheiten fehlen oder nicht ausreichend sind, hat der Kreditnehmer die folgende Möglichkeit: Er kann bei einer Bürgschaftsbank eine Bürgschaft beantragen, die durch Bund und Land teilweise abgesichert ist. Die gewährten Bürgschaften stellen vollwertige Sicherheiten dar.

Ganz ohne klassische Sicherheiten geht es allerdings auch bei einer öffentlichen Bürgschaft nicht. Mit dieser können Sie in der Regel immer nur einen Teil eines Kredits besichern. Für den dann noch verbleibenden Teil muss die abwickelnde Bank, also meist die Hausbank, ins Obligo gehen. Der Anteil der Bankhaftung muss mindestens 10 Prozent betragen, meist zwischen 20 und 40 Prozent bei Sachinvestitionen und zwischen 40 und 50 Prozent bei Umlaufmitteln beziehungsweise Kontokorrentlinien. Die Bürgschaftsbanken (in manchen Bundesländern noch die Bürgen- oder auch Kreditgarantiegemeinschaften) unterscheiden anhand der Art der Investitionen über die Art und Höhe der Förderung.

Öffentliche Bürgschaft rechtzeitig beantragen

Eine öffentliche Bürgschaft müssen Sie immer vor dem Abschluss eines Kreditvertrags beantragen. In der Regel stellen Sie den Antrag über die Hausbank beziehungsweise die Beteiligungsgesellschaft, mit der Sie die geplante Finanzierung vereinbaren. Die informiert Sie, welche Unterlagen Sie einreichen müssen, und regelt dann den weiteren Ablauf mit der Bürgschaftsbank.

Öffentliche Bürgschaften werden in jedem Bundesland vergeben. Welche Stelle genau dafür zuständig ist, richtet sich nach der Höhe der benötigten Bürgschaft:

- Bürgschaften bis zu 1 Million Euro werden von Bürgschaftsbanken und Kreditgarantiegemeinschaften vergeben.
- Bürgschaften über 1 Million Euro bis 10 Millionen Euro werden vom Land verbürgt und nennen sich Landesbürgschaften.
- Darüber hinaus gibt es die Bundesbürgschaften oberhalb von 5 bis 10 Millionen Euro ohne weitere Begrenzung.

Die Bürgschaftsbank beziehungsweise die Leitstelle des Landes oder des Bundes prüft die geplante Investition selbst sowie die bestehenden Kreditlinien und die Vermögensverhältnisse des Unternehmens.

Achtung!
Diese Prüfung erfolgt zusätzlich zur Prüfung der Hausbank. Selbst wenn diese zuvor bereits zu einem positiven Ergebnis gekommen ist, kann die Bürgschaftsstelle den Antrag immer noch ablehnen.

Für Ihren Nachfolger empfiehlt sich folgende Vorgehensweise:

1. Zusammen mit dem Kredit bei der Hausbank beantragt er Regelung der Nachfolge, für fehlende Sicherheiten eine öffentliche Bürgschaft der Bürgschaftsbank.
2. Die Bürgschaftsbank prüft das Vorhaben und erstellt ein Rating des Unternehmens. Sie sagt der Hausbank die Übernahme einer Ausfallbürgschaft für bis zu 80 Prozent der Finanzierung, aber maximal 1 Million Euro zu.
3. Die Hausbank gibt Ihrem Nachfolger eine Kreditzusage.

Die zusätzliche Prüfung durch die Bürgschaftsbank verlängert den Zeitraum zwischen Kreditantrag und -zusage durch die Hausbank. Bedenken Sie das bei Ihrer Planung der Unternehmensnachfolge, wenn ein Kredit zu einem festen Zeitpunkt benötigt wird.

Bürgschaft ausnahmsweise ohne Bank – so geht es

Kleine und mittlere Unternehmen können eine öffentliche Bürgschaft ausnahmsweise auch direkt bei einer Bürgschaftsbank beantragen. Die meisten Bürgschaftsbanken eröffnen diese Möglichkeit mit dem Programm »Bürgschaft ohne Bank – BoB«. Allerdings ist das nur für kleine Kreditsummen möglich (in der Regel 50.000 bis 300.000 Euro). Bei Nachfolgeregelungen oder Unternehmenskäufen erhöht sich der Kreditrahmen allerdings auf 500.000 Euro.

Weisen Sie Ihren Nachfolger auf die Möglichkeit der Bürgschaft ohne Bank (BoB) hin. Mit einer Bürgschaftsbestätigung durch eine Bürgschaftsbank liegt bereits eine feste Besicherung und darüber hinaus eine positive Beurteilung Ihres Unternehmens vor.

Bearbeitungskosten und Risiko lassen sich die Bürgschaftsbanken vergüten. Für eine Bürgschaft werden je nach zuständiger Bürgschaftsbank folgende Zahlungen fällig:

- eine einmalige Bearbeitungsgebühr zwischen 0,8 Prozent und 1 Prozent der Bürgschaftssumme und
- jährlich etwa 1 Prozent des verbürgten Darlehensbetrags.

4.8 Mezzanine-Finanzierungen bei der Unternehmensnachfolge

Eine Finanzierungsalternative zu den klassischen Bankdarlehen ist die Mezzanine-Finanzierung. Damit verbessern Sie die Eigenkapitalquote Ihres Unternehmens und schaffen so zusätzlich die Voraussetzung, entweder überhaupt an zusätzliches Fremdkapital zu kommen oder aber die Kreditkonditionen spürbar zu verbessern.

Mezzanine (italienisch: mezzanino) bezeichnete im eigentlichen Wortsinn das Zwischengeschoss zwischen dem Erdgeschoss und dem ersten Obergeschoss. Der Begriff stammt also aus der Architektur. Finanzierungstechnisch versteht man unter Mezzanine-Kapital eine Finanzierungsart, die zwischen Fremd- und Eigenkapital angesiedelt ist.

Mezzanine-Kapital können Sie für fast jeden Finanzierungsanlass einsetzen. Denn es ist in der Regel nicht zweckgebunden – abgesehen zum Beispiel von Fördermitteln. Sie können es also für alle vom Gegenstand Ihres Unternehmens gedeckten Maßnahmen verwenden. Die Bandbreite reicht von 50.000 Euro bis 50 Millionen Euro und mehr. Ein typischer Anlass, für den Mezzanine-Kapital eingesetzt wird, ist die Finanzierung der Unternehmensnachfolge.

Mezzanine-Kapital vereinigt Elemente von Eigenkapital- und Fremdkapitalfinanzierung. Die Vorteile im Einzelnen:

- Mit mezzaninem Kapital können Sie die Eigenkapitalquote Ihres Unternehmens und damit dessen Bonität verbessern. Dies führt regelmäßig zu einer besseren Ratingnote bei der Beurteilung der Kreditwürdigkeit Ihres Unternehmens durch die Hausbank. Sie verbessern also die Kreditkonditionen für Ihr Unternehmen.
- Sicherheiten zugunsten der Kapitalgeber für Zinszahlungen und die Rückzahlung des Kapitals sind nur selten erforderlich.
- Die Kapitalgeber erhalten in der Regel keine Mitsprache- und Mitbestimmungsrechte.
- Mezzanine-Kapital können Sie in den verschiedensten Formen aufnehmen, da es keine gesetzlichen Vorgaben für die Ausgestaltung gibt.

In Bezug auf das klassische Fremdkapital werden die Gläubiger nachrangig behandelt. Der Unterschied besteht darin, dass sie nicht besichert sind, bei einer eventuellen Insolvenz die ordentlichen Kreditgeber also bei der Befriedigung ihrer Forderungen bevorzugt behandelt werden. Ein Gläubiger, der einem Unternehmen ein nachrangiges Darlehen gewährt, trägt also ein größeres Risiko als bei einem Kredit.

- Aufgrund des höheren Risikos wird eine höhere Vergütung verlangt. Diese setzt sich in der Regel aus einer Zinskomponente und einem sogenannten Equity-Kicker zusammen.
- Bis auf die atypische Beteiligung sind die Entgelte für die Kapitalüberlassung steuer- und handelsrechtlich als Betriebsaufwand zu behandeln.
- Die Kapitalhingabe ist normalerweise auf fünf bis zehn Jahre befristet.

In Deutschland reichen die denkbaren Spielarten mezzaniner Finanzierungsformen von Nachrangdarlehen und stiller Beteiligung über Genussscheine bis hin zu kapitalmarktfähigen Wandel- oder Optionsanleihen. Von den möglichen mezzaninen Finanzierungen kommen bei der Unternehmensnachfolge nur Nachrangdarlehen und stille Beteiligungen für kleine und mittlere Unternehmen infrage.

4.9 Diese Vorteile bietet eine Beteiligungsfinanzierung

Bei der Finanzierung spielt das Rating eine überaus bedeutsame Rolle (siehe Kapitel 4.2 »Wie Sie die Ratingnote und damit die Kreditkonditionen spürbar verbessern«). Je höher die Eigenkapitalquote, desto günstiger ist die Beurteilung der Bank. Zwar ist die Eigenkapitalquote nur einer von vielen Beurteilungsfaktoren, jedoch ist sie ein besonders wichtiges Kriterium. Die Unternehmensnachfolge ist eine typische Maßnahme, bei der die Beteiligungsfinanzierung in Betracht kommen kann. Mit einer Beteiligungsfinanzierung wird Ihr Nachfolger unabhängiger von den Banken, da er weniger Bankkredite benötigt. Gleichzeitig optimiert er die Finanzstruktur des Unternehmens.

Vorteil einer Beteiligungsfinanzierung

Wie eine Beteiligungsfinanzierung die Eigenkapitalquote positiv beeinflusst, zeigt vereinfacht Folgendes:

Beispiel: Bei einer Bilanzsumme von 2 Millionen Euro werden 400.000 Euro Eigenkapital ausgewiesen. Der Eigenkapitalanteil beträgt also 20 Prozent:

$$400.000 \times 100 \div 2.000.000 = 20 \text{ Prozent Eigenkapitalanteil}$$

Bei einer Investition von 1 Million Euro, die über einen Bankkredit finanziert wird, erhöht sich die Bilanzsumme auf 3 Millionen Euro. Gleichzeitig sinkt die Eigenkapitalquote auf 13,3 Prozent:

$$400.000 \times 100 \div 3.000.000 = 13,3 \text{ Prozent Eigenkapitalanteil}$$

Wird die Hälfte der Investition von 1 Million Euro stattdessen über eine Kapitalbeteiligung finanziert, erhöht sich der Eigenkapitalanteil auf 30 Prozent. Der Grund: Das Eigenkapital von 400.000 Euro erhöht sich um die Kapitalbeteiligung von 500.000 auf 900.000 Euro:

$$900.000 \times 100 \div 3.000.000 = 30 \text{ Prozent Eigenkapitalanteil}$$

Fazit: Mit 30 Prozent Eigenkapitalanteil beurteilt die Bank die Eigenkapitalausstattung des Unternehmens als günstig und wird deshalb bereit sein, noch zusätzliche Bankkredite zur Verfügung zu stellen.

Bankkredit und Beteiligungsfinanzierung im Direktvergleich	
Bankkredit	**Beteiligungsfinanzierung**
Verschlechtert die Eigenkapitalquote	Verbessert die Eigenkapitalquote
Muss im Regelfall laufend getilgt werden	Steht für unbestimmte Zeit oder für eine bestimmte Laufzeit in voller Höhe zur Verfügung
Ist im Regelfall zinsgünstiger	Verursacht ein festes und ein ertragsabhängiges Beteiligungsentgelt und kann teurer sein als ein Bankdarlehen
Ist abzusichern	Braucht nicht abgesichert werden
Begründet keine Beteiligung am Unternehmen	Stellt einen Anteil am Firmenkapital dar
Ermöglicht den Banken kein Mitspracherecht	Ermöglicht dem Beteiligungsgeber bei bestimmten Entscheidungen ein Mitspracherecht
Gibt den Banken ein Kündigungsrecht bei Verschlechterung der wirtschaftlichen Situation	Ermöglicht es, das Kündigungsrecht des Beteiligungsgebers bei Verschlechterung der wirtschaftlichen Situation vertraglich auszuschließen

Verschiedene Formen der Beteiligungsfinanzierung

Sie können die Beteiligungsfinanzierung in unterschiedlichen Formen nutzen. Unterscheiden Sie zwischen einer offenen Beteiligung und einer stillen Beteiligung. Unterscheiden Sie ferner zwischen einer privaten Kapitalbeteiligung und einer öffentlichen Kapitalbeteiligung.

Je nachdem, aus welchem Beteiligungsprogramm Sie Ihre Mittel erhalten, sind die Konditionen unterschiedlich. In vielen Fällen heißt es in den Programmrichtlinien »*... erfolgsabhängig; werden im Einzelfall festgelegt*«.

Praxistipp

Bevor Sie sich für eine bestimmte Art der Beteiligungsfinanzierung entscheiden, sollten Sie den Rat Ihres Steuerberaters einholen, der Ihre Steuersituation genau kennt und Sie deshalb optimal beraten kann.

Wichtiger als die Höhe der Beteiligungskosten ist für Sie aber allemal, dass Sie mit einer Beteiligungsfinanzierung das Eigenkapital Ihres Unternehmens erhöhen. Durch die verbesserte Eigenkapitalquote schaffen Sie gleichzeitig die Voraussetzungen für weitere Bankfinanzierungen, da sich zugleich die Bonität Ihres Unternehmens durch den höheren Eigenkapitalanteil verbessert.

Öffentliche oder private Kapitalbeteiligung

Wenn es darum geht, zusätzliches Eigenkapital in Ihr Unternehmen zu holen, können Sie unter mehreren Möglichkeiten wählen. Mögliche Beteiligungsgeber sind:

* Bereits beteiligte Gesellschafter
* Neue Gesellschafter
* Mitarbeiter
* Familienmitglieder
* Andere Unternehmen
* Private Kapitalbeteiligungsgesellschaften
* Öffentliche Kapitalbeteiligungsgesellschaften

Öffentliche Beteiligungsgesellschaften haben im Wesentlichen die Aufgabe, kleinen und mittleren Unternehmen den Zugang zur Beteiligungsfinanzierung zu eröffnen.

Die Grundstruktur der staatlich geförderten Beteiligungsfinanzierung	
Beteiligungsnehmer	Kleine und mittlere Unternehmen, teilweise auch nur bestimmte Branchen
Verwendungszweck	Investitionen im weitesten Sinn, teilweise auch Konsolidierungen, jedoch keine Sanierungen
Beteiligungshöhe	Teilweise sind Mindest- und Höchstbeträge festgelegt, meist nicht höher als das vorhandene wirtschaftliche Eigenkapital.

Dauer der Beteiligung	Meist 10 bis 15 Jahre oder unbefristet
Beteiligungsentgelt	Wird meist individuell festgelegt – im Regelfall eine feste und eine erfolgsabhängige Komponente.
Sicherheiten	Es sind im Regelfall keine Sicherheiten zu stellen.

Besonders interessant: KfW-Genussrechtsprogramm

Eine interessante Möglichkeit, die Investitionspläne auch bei nicht ausreichenden Sicherheiten für die Kredite zu verwirklichen, bietet das sogenannte KfW-Genussrechtsprogramm. Genussrechtskapital ist ein Kredit, der mit einer Gewinnbeteiligung vergütet wird. Dieser Kredit wird in der Handelsbilanz Ihres Unternehmens als Eigenkapital ausgewiesen. Dadurch verbessern Sie nicht nur die Liquidität Ihres Unternehmens, sondern auch die Eigenkapitalquote Ihres Unternehmens. Steuerlich machen Sie die Vergütung wie bei Fremdkapital als Betriebsausgaben geltend.

Die Vergütung für die Kredite setzt sich aus zwei Komponenten zusammen:

- Ihr Unternehmen zahlt eine Basisausschüttung. Diese betrug bei Redaktionsschluss dieser Ausgabe zwischen 6,7 und knapp unter 12,1 Prozent der Kreditsumme p. a. Sie ist abhängig von der Bonitätseinstufung, welche die KfW für Ihr Unternehmen vornimmt.
- Daneben gibt es eine gewinnabhängige Ausschüttung. Die wird individuell für Ihr Unternehmen festgelegt und beträgt maximal 5 Prozent des nominalen Kreditbetrags. Vorteil: Erwirtschaften Sie in einem Jahr keinen Überschuss, entfällt die Ausschüttung.

Begünstige Unternehmen

Das Förderprogramm richtet sich an Unternehmen aus der gewerblichen Wirtschaft in der Rechtsform einer GmbH, einer GmbH & Co. KG oder einer AG, die bei nachhaltigen Umsätzen ein positives Ergebnis und Wachstumspotenzial aufweisen (mindestens Bonitätsklasse 4).

Jahresumsatz

Mindestens 5 Millionen Euro, maximal 150 Millionen Euro. Diese Umsatzgrenzen schließen verbundene Unternehmen mit ein. Als verbundene Unternehmen gelten Unternehmen,

- an denen das zu finanzierende Unternehmen direkt oder indirekt mit mehr als 50 Prozent beteiligt ist,
- die am zu finanzierenden Unternehmen direkt oder indirekt mit mehr als 50 Prozent beteiligt sind,
- alle Unternehmen, die einen Vertragskonzern oder einen faktischen Konzern bilden.

Geförderte Vorhaben

Erweiterung der Eigenkapitalbasis:

- In erster Linie Finanzierung von Wachstumsinvestitionen und sonstigen Maßnahmen, welche die wirtschaftliche Situation des Unternehmens nachhaltig stärken
- Nachfolgeregelungen, in Ausnahmefällen auch Bereitstellung von Kapital beim Ausscheiden von Gesellschaftern
- In Einzelfällen Umstrukturierungen der Passivseite, sofern dies nicht der alleinige Finanzierungszweck ist

Höchstbetrag

5 Millionen Euro pro Unternehmen (erneute Förderung ist möglich).

Auszahlung

100 Prozent

Bearbeitungsgebühr

Einmalige Bearbeitungsgebühr der Beteiligungsgesellschaft: 1 Prozent des Genussrechtsbetrags, maximal 25.000 Euro.

Genussrechtsvergütung

Die Vergütung setzt sich aus diesen beiden Komponenten zusammen:

- Ausschüttung: laufende Basisvergütung
- Zusatzausschüttung: jährliche gewinnabhängige Zahlung

Ausschüttung/Ausschüttungssatz

Die Höhe der laufenden Ausschüttung orientiert sich an der Entwicklung des Kapitalmarkts und der Bonität des Unternehmens nach seiner Einordnung in vorgegebene Bonitätsklassen.

Abschlagszahlungen

Auf die Ausschüttungen an die Beteiligungsgesellschaften erfolgen für jedes Quartal eines Geschäftsjahres vorab (anteilige) Abschlagszahlungen entsprechend dem Ausschüttungssatz.

Gewinnabhängige Zusatzausschüttung

Festlegung nach Abstimmung zwischen der Beteiligungsgesellschaft und dem Unternehmen; maximal 5 Prozent p. a. des Nominalbetrags.

Antragstellung

Den Kreditantrag können Sie nicht selbst stellen. Die Antragstellung erfolgt über die Beteiligungsgesellschaft. Zum Zeitpunkt der Antragstellung darf der Genussrechtsvertrag noch nicht abgeschlossen sein. Eine nachträgliche Finanzierung bereits bestehender Verträge ist nicht möglich.

Zu den vom Unternehmen vorzulegenden Angaben/Unterlagen gehören unter anderem beglaubigter Handelsregisterauszug, Beteiligungsverhältnisse, Art der Geschäftstätigkeit, Produktpalette, testierte Einzel- und (sofern einschlägig) Konzernabschlüsse der letzten zwei Jahre, aktuelle BWA, Vermögens-, Ertrags- und Liquiditätsplanung für die nächsten drei Jahre, Investitions- und Finanzierungsplan.

Zusätzlich muss die Beteiligungsgesellschaft eine eigene Beschlussvorlage für das Genussrecht einreichen. Diese soll neben der Bonitätsanalyse unter anderem auch Angaben zur beabsichtigten Zusatzausschüttung enthalten.

Schritt 5: So schöpfen Sie alle Steuervorteile optimal aus

5.1 Acht Fragen, die sich steuerlich bei einer Unternehmensnachfolge stellen

1. Welche Chancen eröffnet das neue Erbschaft- und Schenkungsteuerrecht, das seit dem 1. Januar 2009 gilt, bei Übertragungen an Dritte?
   Das Erbschaft- und Schenkungsteuerrecht begünstigt nach der Steuerklasse I vor allen Dingen die unmittelbaren Familienangehörigen. Bei einer geschickten Übergabe mit Betriebsfortführung kann aber auch das neue Recht vorteilhaft für Sie sein. Hier kommt es auf den Einzelfall an.

2. Welche Verbesserungen ergeben sich durch das zum 1. Januar 2010 in Kraft getretene Wachstumsbeschleunigungsgesetz?
   Mit den zum 1. Januar 2010 in Kraft getretenen Nachbesserungen der Erbschaftsteuerreform wird der Steuertarif für Geschwister, Nichten und Neffen in der Steuerklasse II gesenkt und werden vor allem die Konditionen für die Begünstigung von Betriebsübergaben deutlich verbessert. So wird der Betriebsfortführungszeitraum von 7 auf 5 Jahre verkürzt sowie das »Lohnsummenkriterium« mit ebenfalls kürzeren Fristen, einer geringeren zu erhaltenden Lohnsumme sowie der Verdoppelung der Zahl der Beschäftigten auf 20 Mitarbeiter, ab denen das Lohnsummenkriterium überhaupt für die Betriebe gilt, deutlich verbessert.

3. Welche Chancen eröffnet das neue Erbschaft- und Schenkungsteuerrecht bei Übertragungen innerhalb der Familie?
   Die persönlichen Freibeträge in der Steuerklasse I, das heißt für Ehegatten, Kinder und Enkel, wurden deutlich erhöht. Kombiniert mit dem neuen Bewertungsabschlag für Betriebsvermögen kann Betriebsvermögen in deutlich höheren Größenordnungen als nach altem Recht erbschaftsteuerfrei übergeben werden.

4. Wann ist das alte Erbschaft- und Schenkungsteuerrecht günstiger als das neue und wie und bis wann können Sie das alte Recht noch anwenden?

Seit dem 1. Juli 2009 ist das Wahlrecht des alten Erbschaft- und Schenkungsteuerrechts – und auch dies nur für Todesfälle anzuwenden – abgelaufen. Insofern stellt sich die Frage für Sie nicht mehr.

5. Was gilt, wenn Sie Ihr Betriebs- und Privatvermögen getrennt übergeben?

    Hierzu lesen Sie nachstehend mehr. Grundsätzlich gilt die Faustregel: Übergeben Sie nur Betriebsvermögen, können Sie weitaus höhere Beträge steuerfrei übergeben, wenn Sie Privatvermögen getrennt übergeben. Dies gilt es im Einzelfall zu überlegen.

6. Wann sollten Sie Ihr Betriebsvermögen in mehreren Stufen übergeben?

    Ab Betriebsvermögen mit mindestens mehr als 3 Millionen Euro Umfang sollten Sie über eine Übergabe in Stufen nachdenken, denn Sie können sowohl den Bewertungsabschlag für Betriebsvermögen als auch die persönlichen Freibeträge alle 10 Jahre neu nutzen.

7. Wie nutzen Sie die neuen erhöhten persönlichen Erbschaftsteuerfreibeträge optimal aus?

    Durch eine möglichst weitgehende Trennung von Betriebs- und Privatvermögen und die zeitliche Streckung der Übergabe von beidem.

8. Wie umgehen Sie die Fallstricke bei der Anwendung des neuen 85%-igen Abschlags (Dauer der Betriebsfortführung, steuerschädliches Verwaltungsvermögen, Fortführen des Lohnsummenquorums, Privatentnahmen et cetera)?

    Hierzu erhalten Sie nachstehend Beispiele. Entscheidend ist auch hier, wie immer im Steuerrecht, das Kleingedruckte. Es fängt schon einmal damit an, dass nicht sämtliches Vermögen zum Betriebsvermögen gerechnet werden kann, und auch die Dauer der Fortführung ist entscheidend sowie die Frage, wie viele Mitarbeiter Sie beschäftigen.

5.2 »Reform der Reform«: Änderungen des Erbschaftsteuerrechts durch das Wachstumsbeschleunigungsgesetz

Am Freitag, dem 18. Dezember 2009, hat der Bundesrat dem »Entwurf eines Gesetzes zur Beschleunigung des Wirtschaftswachstums (Wachstumsbeschleunigungsgesetz)« (BT-Drucksache 17/15) zugestimmt.

Für den Bereich des Erbschaftsteuerrechts enthält das Gesetz eine »Reform der Reform« in folgenden Punkten:

- Im Rahmen der Erbschaftsteuerreform zum 1. Januar 2009 wurde der Eingangssteuersatz in Steuerklasse II (hierunter fallen zum Beispiel Geschwister, Nichten, Neffen et cetera) auf mindestens 30 Prozent erhöht, was zu teils drastischen Mehrbelastungen führt und faktisch zu einer Gleichstellung mit Nichtverwandten führt. Mit dem Wachstumsbeschleunigungsgesetz wurden nunmehr die Steuersätze in Steuerklasse II gesenkt, beginnend bei 15 bis maximal 43 Prozent.

Im Unternehmensbereich sind folgende Änderungen beschlossen worden:

- Die sogenannte Lohnsummenregelung wurde entschärft. Diese Regelung sieht vor, dass ein Unternehmen nach dem Erbfall 7 Jahre fortgeführt werden muss und die in dieser Zeit gezahlte Lohnsumme nicht geringer als 650 Prozent der Ausgangslohnsumme (= durchschnittliche Lohnsumme der letzten 5 Jahre vor Übertragung oder Erbfall) sein darf. Bei Unterschreitung der Mindestlohnsumme entfallen erbschaftsteuerliche Vergünstigungen.
- Die Änderung reduziert den maßgeblichen Zeitraum auf 5 Jahre und die Mindestlohnsumme auf 400 Prozent der Ausgangslohnsumme. Betriebe mit bis zu 20 Beschäftigten (bisher: 10 Beschäftigte) sollen der Lohnsummenregelung gar nicht unterliegen.
- Der »Behaltenszeitraum«, also die Zeitspanne, in der ein Betrieb weitergeführt werden muss, um von der Erbschaftsteuer verschont zu werden, wurde auf 5 Jahre (bisher: 7 Jahre) herabgesetzt.
- Eine komplette Freistellung des Unternehmens von der Erbschaftsteuer kann nunmehr in Anspruch genommen werden, wenn der Erwerber das Unternehmen 7 Jahre (bisher: 10 Jahre) fortführt, wobei die Lohnsumme dann 700 Prozent der Ausgangslohnsumme (bisher: 1000 Prozent) betragen muss.

Neuregelungen durch das Wachstumsbeschleunigungsgesetz zum 1. Januar 2010 im Einzelnen

Tarif

Die Steuerbelastung insbesondere für Geschwister und Geschwisterkinder (Zuwendungen von Bruder, Schwester, Onkel oder Tante) in der Steuerklasse II sinkt ab 2010 durch einen neuen Steuertarif zwischen 15 bis 43 Prozent.

Erstmalige Anwendung

Der neue Tarif ist gem. § 37 Abs. 1 ErbStG erstmals auf Erwerbe anzuwenden, für welche die Steuer nach 2009 entsteht.

Durch die Erbschaftsteuerreform 2009 fällt bei ihnen nach Abzug des Freibetrags von 20.000 Euro sofort eine Steuer in Höhe von 30 bis 50 Prozent an, was eine drastische Tariferhöhung im Vergleich zum Rechtsstand 2008 bedeutet.

Steuersätze in der Steuerklasse II				
Vermögen		2008	2009	2010
von	bis			
52.000 Euro	75.000 Euro	12 %	30 %	15 %
256.000 Euro	300.000 Euro	17 %	30 %	20 %
512.000 Euro	600.000 Euro	22 %	30 %	25 %
5.113.000 Euro	6.000.000 Euro	27 %	30 %	30 %
12.783.000 Euro	13.000.000 Euro	32 %	50 %	35 %
25.565.000 Euro	26.000.000 Euro	37 %	50 %	40 %
ab 26.000.000 Euro		40 %	50 %	43 %

Die verminderten Tarife liegen aber durchweg immer noch um 3 Prozentpunkte höher als 2008. Da die Freibeträge gleich bleiben, kostet eine unentgeltliche Zuwendung von 50.000 Euro künftig 4.500 Euro Erbschaft- oder Schenkungsteuer statt bisher 9.000 Euro.

Praxistipp

Angedachte Vermögensübertragungen an Personen der Steuerklasse II sollten über den Jahreswechsel hinaus verschoben werden.

Unternehmensnachfolge

Die Bedingungen für die Unternehmensnachfolge im Wege der Erbschaft oder Schenkung werden krisenfest ausgestaltet. Die Zeiträume von 7 beziehungsweise 10 Jahren, innerhalb deren das Unternehmen weitergeführt werden muss, werden rückwirkend ab 2009 verkürzt und die erforderlichen Lohnsummen abgesenkt.

Durch die Erbschaftsteuerreform 2009 wurde dem Betriebsnachfolger eine unwiderrufliche Wahl eingeräumt. Er muss mit Abgabe der Steuererklärung wählen, ob er eine Verschonung zu 85 Prozent oder zu 100 Prozent des begünstigten Vermögens in Anspruch nehmen will. Die Wahl ist bindend und kann nicht nachträglich revidiert werden. Dies gilt für nach § 13b ErbStG begünstigtes Vermögen im EU- und EWR-Raum (ausführlich: Koordinierter Ländererlass vom 25. Juni 2009 zu den geänderten Vorschriften des Erbschaftsteuer- und Schenkungsteuergesetzes, BStBl 2009 I S. 713).

Nach § 13a Abs. 4 ErbStG bleiben 85 Prozent des begünstigten Betriebsvermögens steuerfrei, wenn

- das Unternehmen 5 (statt in 2009 7 Jahre) fortgeführt wird;
- die Lohnsumme am Ende des gesamten Zeitraums nicht unter 400 Prozent statt 650 Prozent der Ausgangssumme gesunken ist, die Lohnsummenregelung gilt nur bei mehr als 20 (in 2009 mehr als 10) Beschäftigten;
- das unschädliche Verwaltungsvermögen maximal 50 Prozent beträgt, dies bleibt unverändert.

Die vollständige Steuerfreiheit muss beantragt werden. Nach § 13a Abs. 8 ErbStG bleiben 100 Prozent des begünstigten Betriebsvermögens steuerfrei, wenn

- das Unternehmen 7 (statt in 2009 10 Jahre) fortgeführt wird;
- die Lohnsumme am Ende des gesamten Zeitraums nicht unter 700 Prozent (in 2009 mehr als 1000 Prozent) der Ausgangssumme gesunken ist, die Lohnsummenregelung gilt nur bei mehr als 20 (in 2009 mehr als 10) Beschäftigten;
- das unschädliche Verwaltungsvermögen maximal 10 Prozent beträgt, dies bleibt unverändert.

Die verkürzte Frist von 5 Jahren gilt auch für die schädlichen Überentnahmen gemäß § 13a Abs. 5 Nr. 3 ErbStG sowohl bei der Option für 100 Prozent als auch bei der Option für 85 Prozent.

Der geänderte § 19a Abs. 3 ErbStG-E stellt klar, dass bei der Ermittlung des Verhältnisses zwischen dem Wert des begünstigten Vermögens und dem Wert des gesamten Vermögensanfalls auch Letzterer um die damit wirtschaftlich zusammenhängenden abzugsfähigen Schulden und Lasten gemindert wird.

Erstmalige Anwendung

Die Erleichterungen sind gem. § 37 Abs. 3 ErbStG erstmals auf Erwerbe anzuwenden, für welche die Steuer *nach dem 31. Dezember 2008* entstanden ist. Dies soll
vermeiden, dass für den Erwerb von Unternehmensvermögen im Jahr 2009 andere
Verschonungsvoraussetzungen gelten als für Erwerbe ab 2010.
Sofern für *Erbschaften aus 2007/2008* auf Antrag das neue Recht angewendet
wurde, gelten die verbesserten Verschonungsvoraussetzungen auch rückwirkend.

Wie bemisst sich die neue Erbschaft- und Schenkungsteuer?

Früher erbrachten rund 220.000 Steuerpflichtige (etwa 6 Prozent) ein
Erbschaftsteueraufkommen in Höhe von 4 Milliarden Euro (2006). Nachdem die Reform am 1. Januar 2009 in Kraft getreten ist, sollen es nur noch
140.000 Steuerpflichtige sein. Dies spricht dafür, dass weit mehr Betriebsinhaber als früher die Möglichkeit haben und diese auch nutzen sollten,
ihren Betrieb weitgehend erbschaftsteuerfrei zu übergeben.

Familien beziehungsweise Familienbetriebe werden entlastet

Der Personenkreis der Steuerklasse I wird spürbar entlastet. So wurden
die persönlichen Freibeträge für Ehegatten von früher 307.000 auf
500.000 Euro, für Kinder von 205.000 auf 400.000 Euro und Enkel von
51.000 auf 200.000 Euro deutlich angehoben. Die Steuerklasse II und III,
das heißt Geschwister, Nichten, Neffen, Dritte, wurden hingegen sowohl
beim Freibetrag – jeweils nur 20.000 Euro – als auch bei der Ausgestaltung
des Tarifs deutlich belastet.

Progressiver Tarif in der Steuerklasse I

Neben der deutlichen Anhebung der Freibeträge wurde der Tarif in der
Steuerklasse I nicht gesenkt – zum Vergleich: in der Steuerklasse II und III
wurde er erhöht (!) – und bleibt progressiv gestaltet, das heißt, er wächst
gleichmäßig über einen Verlauf von 7 bis 30 Prozent an.

Der neue Erbschaftsteuertarif

Die Grenzen der Tarifstufen werden zugunsten der Steuerpflichtigen nach
oben geglättet. In Steuerklasse I ist es bei den geltenden Tarifsätzen
geblieben, für Steuerklassen II und III wurden neue Tarife eingeführt:

Wie der neue Erbschaftsteuertarif im Einzelnen aussieht

Wert des steuerpflichtigen Erwerbs bis einschließlich ...	Prozentsatz in der Steuerklasse (bisher)		
	I	II	III
75.000 Euro	7	15 (12)	30 (17)
300.000 Euro	11	20 (17)	30 (23)
600.000 Euro	15	25 (22)	30 (29)
6.000.000 Euro	19	30 (27)	30 (35)
13.000.000 Euro	23	35 (32)	50 (41)
26.000.000 Euro	27	40 (37)	50 (47)
über 26.000.000 Euro	30	43 (40)	50 (50)

Achtung

Für eingetragene Lebenspartnerschaften gelten die Steuerklasse III und ein persönlicher Freibetrag in Höhe von 500.000 Euro. Die Tarifvergünstigung für nicht verwandte Betriebsübernehmer mit einem Freibetrag von 100.000 Euro wurde beibehalten.

Praxistipp

Klären Sie, welche Steuerklasse für Sie maßgeblich ist beziehungsweise sein wird. Planen Sie die Übergabe an Ihren Ehepartner, an eines oder mehrere Ihrer Kinder oder Ihrer Enkel, ist das neue Recht in aller Regel für Sie günstiger als das bisherige. Anders sieht es bei Geschwistern, Nichten/Neffen oder Dritten aus.

Die persönlichen Freibeträge gelten jeweils im Verhältnis zwischen Erblasser/Schenker und Erwerber und nicht für das übertragene Vermögen insgesamt. Erfolgt die vorweggenommene Erbfolge beispielsweise an die Ehefrau und an zwei Kinder, addieren sich deren persönliche Freibeträge auf einen Gesamtbetrag von 1,3 Millionen Euro (500.000 Euro und 2 x 400.000 Euro).

Vor allem die Freibeträge der Personen der Steuerklasse I wurden erheblich erhöht. Für Kinder verdoppelte sich der Freibetrag, während sich der Freibetrag für Enkel sogar vervierfachte. Partner einer eingetragenen Lebenspartnerschaft werden weiterhin der Steuerklasse III zugeordnet, aber können einen Freibetrag in Höhe von 500.000 Euro in Anspruch nehmen.

Die persönlichen Freibeträge in der Schnellübersicht

		Freibetrag neu (Euro)	Freibetrag alt (Euro)	Differenz (Euro)
Steuerklasse I	Ehegatte	500.000	307.000	193.000
	Kinder und Stiefkinder	400.000	205.000	195.000
	Enkel, Urenkel	200.000	51.200	148.800
	Sonst. Personen der Steuerklasse I, zum Beispiel Eltern u. Großeltern (Erbfall)	100.000	51.200	48.800
Steuerklasse II	Eltern u. Großeltern (Schenkung)	20.000	10.300	9.700
	Geschwister			
	Nichten u. Neffen			
	Stiefeltern			
	Schwiegersohn, Schwiegertochter			
	Schwiegereltern			
	Geschiedener Ehepartner			
Steuerklasse III	Sonstige	20.000	5.200	14.800
	Eingetragene Lebenspartner	500.000	5.200	494.800

So sehen die sachlichen Freibeträge aus

Steuerfrei bleiben	Sachlicher Freibetrag neu	Sachlicher Freibetrag alt
Hausrat, Steuerklasse I	41.000 Euro	41.000 Euro
Andere bewegliche körperl. Gegenstände, Steuerklasse I	12.000 Euro	10.300 Euro
Steuerklassen II und III	12.000 Euro	10.300 Euro

Beispielrechnung für die Übertragung von Bargeld in Höhe von 2 Millionen Euro

Sofern Bargeld in Höhe von 2 Millionen Euro auf die folgenden Personen der Steuerklasse I übertragen werden soll, stellt sich die Steuerbelastung derzeit und nach künftigem Recht wie folgt dar:

Beispielrechnung für die Übertragung von Bargeld in Höhe von 2 Millionen Euro: Die Auswirkungen der alten und neuen Regelung im Vergleich

Angenommen, es soll Bargeld in Höhe von 2 Millionen Euro übertragen werden. Je nachdem, ob das Bargeld auf Personen der Steuerklassen I, II oder III übertragen wird, ergeben sich unterschiedliche steuerliche Auswirkungen. Wie sich die Steuerbelastung jeweils darstellt, zeigt die folgende Übersicht. Um die Veränderungen durch die Neuregelung deutlich zu machen, wird zwischen altem und neuem Recht unterschieden.

Steuerliche Auswirkungen in der Steuerklasse I

	Steuerklasse I			
	Ehegatte	Kind	Enkel	Sonstige
Neues Recht				
Bargeld abzgl. persönl. Freibetrag	2.000.000 Euro 500.000 Euro	2.000.000 Euro 400.000 Euro	2.000.000 Euro 200.000 Euro	2.000.000 Euro 100.000 Euro
steuerpflichtiger Erwerb abgerundet	1.500.000 Euro 1.500.000 Euro	1.600.000 Euro 1.600.000 Euro	1.800.000 Euro 1.800.000 Euro	1.900.000 Euro 1.900.000 Euro
ErbSt-Satz	19 %	19 %	19 %	19 %
ErbSt neu	**285.000 Euro**	**304.000 Euro**	**342.000 Euro**	**361.000 Euro**
Altes Recht				
Bargeld abzgl. persönl. Freibetrag	2.000.000 Euro 307.000 Euro	2.000.000 Euro 205.000 Euro	2.000.000 Euro 51.200 Euro	2.000.000 Euro 51.200 Euro
Steuerpflichtiger Erwerb abgerundet	1.693.000 Euro 1.693.000 Euro	1.795.000 Euro 1.795.000 Euro	1.948.800 Euro 1.948.800 Euro	1.948.800 Euro 1.948.800 Euro
ErbSt-Satz	19 %	19 %	19 %	19 %
ErbSt alt	321.670 Euro	341.050 Euro	370.272 Euro	370.272 Euro
Steuerersparnis	36.670 Euro	37.050 Euro	28.272 Euro	9.272 Euro

Steuerliche Auswirkungen in den Steuerklassen II und III			
	Steuerklasse II	Steuerklasse III	
	Neffe/Nichte		eingetragener Lebenspartner
Neues Recht			
Bargeld abzgl. persönl. Freibetrag	2.000.000 Euro 20.000 Euro	2.000.000 Euro 20.000 Euro	2.000.000 Euro 500.000 Euro
steuerpflichtiger Erwerb abgerundet	1.980.000 Euro 1.980.000 Euro	1.980.000 Euro 1.980.000 Euro	1.500.000 Euro 1.500.000 Euro
ErbSt-Satz	30 %	30 % 30 %	
ErbSt neu	594.000 Euro	594.000 Euro	450.000 Euro
Altes Recht			
Bargeld abzgl. persönl. Freibetrag	2.000.000 Euro 10.300 Euro	2.000.000 Euro 5.200 Euro	2.000.000 Euro 5.200 Euro
steuerpflichtiger Erwerb abgerundet	1.989.700 Euro 1.989.700 Euro	1.994.800 Euro 1.994.800 Euro	1.994.800 Euro 1.994.800 Euro
ErbSt-Satz	27 %	5 %	35 %
ErbSt alt	**537.219 Euro**	**698.180 Euro**	**698.180 Euro**
Steuerersparnis		**104.180 Euro**	**248.180 Euro**
Steuermehrbelastung	**56.781 Euro**		

Sonderregeln für selbst genutztes Wohnungseigentum von Ehegatten und Kindern

Bereits nach altem Recht blieb das zu eigenen Wohnzwecken genutzte Familienwohnheim unabhängig vom Wert steuerfrei, sofern es an den Ehepartner geht. Das gilt allerdings nur zu Lebzeiten, im Todesfall fällt das Eigenheim unter den steuerpflichtigen Nachlass. Als begünstigtes Familienwohnheim gelten dabei inländische Ein- und Zweifamilienhäuser sowie Eigentumswohnungen, die den Mittelpunkt des familiären Lebens darstellen. Seit 1. Januar 2009 wurde dies bei Zuwendungen unter Lebenden um den eingetragenen Lebenspartner sowie um Grundvermögen im EU- und EWR-Raum erweitert.

Steuervorteile für Ehe- und eingetragene Lebenspartner

Nach der Neuregelung kommt es zu einer Steuerfreistellung im Erbfall. Mit der Erbschaftsteuerreform kann dem Ehegatten sowie dem eingetragenen Lebenspartner das selbst genutzte Wohneigentum steuerfrei zugewendet werden.

Achtung!
Zudem muss der Erblasser darin bis zum Tod gewohnt haben. Auf den Wert und die Größe der Immobilie kommt es dabei aber nicht an, sodass der Fiskus selbst Villen in Top-Lagen unangetastet lassen muss.

Die Regelung zur Steuerfreistellung von Wohneigentum entspricht der für die lebzeitige Zuwendung nach § 13 Abs. 1 Nr. 4a ErbStG. Allerdings muss der überlebende Ehegatte oder Lebenspartner das Familienheim auch tatsächlich selbst zu eigenen Wohnzwecken nutzten.

Gibt er diese Nutzung innerhalb von zehn Jahren auf (Verkauf, Vermietung oder Verwendung als Zweitwohnsitz), entfällt die Steuerbefreiung rückwirkend. Dies tritt jedoch dann nicht ein, wenn zwingende Gründe vorliegen. Falls Witwe oder Witwer in der Zehnjahresfrist versterben oder in ein Pflegeheim wechseln, gilt das als unschädlich.

Steuervorteile für Kinder bei Übergabe von selbst genutztem Wohnungseigentum

Nach der Neuregelung kommt es zu einer Steuerfreistellung im Erbfall für Kinder und Enkel, wenn deren Eltern bereits verstorben sind. Diesen kann ebenfalls unter den gleichen Voraussetzungen wie bei Ehegatten das selbst genutzte Wohneigentum steuerfrei zugewendet werden.

Achtung!
Die Wohnfläche wird auf 200 m² begrenzt. Darüber liegende Flächen müssen anteilig versteuert werden.

Wenn weitere Kinder statt dem Eigenheim Kapitalvermögen erben oder nicht selbst im erhaltenen Haus wohnen, müssen sie ihren Erwerb oberhalb ihres persönlichen Freibetrags versteuern. Diese Differenzierung könnte allerdings Anlass für neue Verfassungsbeschwerden sein. Denn das Bundesverfassungsgericht hatte dem Gesetzgeber auferlegt, Grund- und Kapitalvermögen gleich zu behandeln. Allerdings bezog sich diese Vorgabe darauf, alle Vermögensarten auf Marktniveau zu bewerten und erst in einem zweiten Schritt gezielt Privilegien zu gewähren. Insoweit könnte die Vergünstigung für selbst genutzte Immobilien gerechtfertigt sein.

Wie sich die neue Verschonung von Betriebsvermögen auswirkt

Zwar sollen Firmenerben möglichst von der Erbschaftsteuer befreit werden, wenn sie den Betrieb fortführen. So soll verhindert werden, dass Firmenerben Mitarbeiter entlassen oder Teile des Betriebes schließen müssen, um die Erbschaftsteuer bezahlen zu können. Tatsächlich aber schwebt bis zu 10 Jahre nach Übernahme eines Unternehmens das Damoklesschwert über den Erben, ob und in welcher Höhe sie doch noch Erbschaftsteuer zahlen müssen. Generell müssen sich die Erben künftig für unwiderruflich eine dieser beiden Varianten entscheiden:

Alternative 1

- Verschonungsabschlag 85 Prozent (= Sofortbesteuerungsanteil 15 Prozent)
- Verhaftungs-/Lohnsummenfrist jeweils 5 Jahre
- Lohnsumme von 400 Prozent, keine Indexierung
- Nachversteuerung:
  Vermögensverhaftung: zeitanteilig (Pro-rata-temporis-Regelung)
  Lohnsummenbindung: anteilig (nur »so weit« die Grenze unterschritten wird)
- Verwaltungsvermögensgrenze 50 Prozent

Alternative 2

- Verschonungsabschlag 100 Prozent
- Verhaftungs-/Lohnsummenfrist jeweils 7 Jahre
- Lohnsumme von 750 Prozent, keine Indexierung
- Nachversteuerung:
  Vermögensverhaftung: zeitanteilig (Pro-rata-temporis-Regelung)
  Lohnsummenbindung: anteilig (nur »so weit« die Grenze unterschritten wird)
- Verwaltungsvermögensgrenze 10 Prozent

Mit dem neuen »Abschlag« vom Betriebsvermögen können Betriebe – bei guter Planung – mit bis zu 3,7 Millionen Euro Betriebsvermögen für Ehegatten und bis zu 2,8 Millionen Euro für Kinder weitgehend von betrieblicher Erbschaftsteuer verschont werden. Für Betriebe kann ein

Abschlag von der Bemessungsgrundlage – das heißt nicht von der Steuer-
schuld (!) – von bis zu 85 Prozent gewährt werden.

Dieser Abschlag wird in gleichen Jahresbeträgen über einen 3-jährigen
Betriebsfortführungszeitraum gewährt, das heißt, die Erbschaftsteuer
wird über einen Zeitraum von 5 Jahren jährlich abgeschmolzen.

> **Achtung!**
> Dem Abschlag von 85 Prozent unterliegt nur Betriebsvermögen, nicht »Verwal-
> tungsvermögen«.

Zusätzlich zum persönlichen Freibetrag wird ein betrieblicher Abzugsbetrag von 150.000 Euro gewährt. Der Abzugsbetrag wird zwischen 1 Million
und 3 Millionen Euro Betriebsvermögen abgeschmolzen (bei 1 Million
Euro Betriebsvermögen sind es 150.000 Euro, bei 2 Millionen Euro
Betriebsvermögen sind es 75.000 Euro, bei 3 Millionen Euro Betriebsvermögen entfällt der Abzugsbetrag).

> **Achtung!**
> Unter die Begünstigung fällt auch das betriebliche Auslandsvermögen!

Das Zusammenwirken der Verschonungsregelung für das Betriebsvermögen und den persönlichen Freibeträgen verdeutlichen folgende Beispiels-
fälle:

Gewinner und Verlierer der neuen Erbschaftsteuer: Acht Beispiele aus der Praxis

Die folgenden Beispielen liegen den beiden folgenden Annahmen zugrunde: Die Behaltensfrist beträgt 5 Jahre und es gilt die Pro-rata-temporis-
Regelung.

Beispiel 1: Übertragung auf Sohn, Verkauf nach 1 Jahr

Betriebsinhaber B überträgt sein Unternehmen auf seinen 30-jährigen
Sohn S. Das Unternehmen hat nach geltendem Recht einen erbschaftsteuerlichen Wert von 1 Million Euro und einen Verkehrswert von ebenfalls 1
Million Euro. S führt den Betrieb wie übernommen 1 Jahr fort, danach
veräußert er den Betrieb.

Bisher galt folgende Berechnung

§ 13a Abs. 5 Satz 1 ErbStG: Der Freibetrag und der verminderte Wertansatz fallen mit Wirkung für die Vergangenheit weg.

Betriebsvermögen	1.000.000 Euro
./. Freibetrag § 13a Abs. 1	0 Euro
./. Bewertungsabschlag § 13a Abs. 2	0 Euro
Erwerb	1.000.000 Euro
./. Freibetrag § 16 Abs. 1	205.000 Euro
Steuerpflichtiger Erwerb	795.000 Euro
Steuersatz	19 %
Steuer	**151.050 Euro**

Berechnung nach neuem Recht

Begünstigtes Vermögen	1.000.000 Euro
./. Verschonungsabschlag § 13a Abs. 1	200.000 Euro
verbleiben	800.000 Euro
./. Abzugsbetrag § 13a Abs. 2	
150.000, davon 1/5 = 30.000	
$-\,^1/_2$ von (800.000 - 30.000) =	0 Euro
Erwerb	800.000 Euro
./. Freibetrag § 16 Abs. 1	400.000 Euro
Steuerpflichtiger Erwerb 400.000, Abrundung	400.000 Euro
Steuersatz	15 %
Steuer	**60.000 Euro**

Ergebnis: Das neue Recht ist günstiger; die Steuerersparnis beträgt 91.050 Euro.

Beispiel 2: Übertragung auf Sohn, Verkauf nach 4 Jahren

Betriebsinhaber B überträgt sein Unternehmen auf seinen 30-jährigen Sohn S. Das Unternehmen hat nach geltendem Recht einen erbschaftsteuerlichen Wert von 1 Million Euro und einen Verkehrswert von ebenfalls 1 Million Euro. S führt den Betrieb wie übernommen 4 Jahre fort, danach veräußert er den Betrieb.

Bisher galt folgende Berechnung

§ 13a Abs. 5 Satz 1 ErbStG: Der Freibetrag und der verminderte Wertansatz fallen mit Wirkung für die Vergangenheit weg.

Betriebsvermögen	1.000.000 Euro
./. Freibetrag § 13a Abs. 1	0 Euro
./. Bewertungsabschlag § 13a Abs. 2	0 Euro
Erwerb	1.000.000 Euro
./. Freibetrag § 16 Abs. 1	205.000 Euro
Steuerpflichtiger Erwerb	795.000 Euro
Steuersatz	19 %
Steuer	**151.050 Euro**

Berechnung nach neuem Recht

Begünstigtes Vermögen	1.000.000 Euro
./. Verschonungsabschlag § 13a Abs. 1	
850.000, davon 4/5 =	680.000 Euro
verbleiben	320.000 Euro
./. Abzugsbetrag § 13a Abs. 2	
150.000, davon 4/5 = 120.000	
$-\frac{1}{2}$ von (320.000 – 120.000) =	0 Euro
Erwerb	320.000 Euro
./. Freibetrag § 16 Abs. 1	400.000 Euro
Steuerpflichtiger Erwerb	0 Euro
Steuer	**0 Euro**

Ergebnis: Das neue Recht ist günstiger; die Steuerersparnis beträgt 151.050 Euro.

Beispiel 3: Übertragung auf Sohn, Verkauf nach 6 Jahren

Betriebsinhaber B überträgt sein Unternehmen auf seinen 30-jährigen Sohn S. Das Unternehmen hat nach geltendem Recht einen erbschaftsteuerlichen Wert von 2 Millionen Euro und einen Verkehrswert von ebenfalls 2 Millionen Euro. S führt den Betrieb wie übernommen 6 Jahre fort, danach veräußert er den Betrieb.

Bisher galt folgende Berechnung

Der Freibetrag und der verminderte Wertansatz bleiben erhalten.

Betriebsvermögen	2.000.000 Euro
./. Freibetrag § 13a Abs. 1	225.000 Euro
./. Bewertungsabschlag § 13a Abs. 2	621.250 Euro
Erwerb	1.153.750 Euro
./. Freibetrag § 16 Abs. 1	205.000 Euro
Steuerpflichtiger Erwerb	948.750 Euro
Steuersatz	19 %
Steuer	**180.262 Euro**

Berechnung nach neuem Recht

Begünstigtes Vermögen	2.000.000 Euro
./. Verschonungsabschlag § 13a Abs. 1	1.700.000 Euro
verbleiben	300.000 Euro
./. Abzugsbetrag § 13a Abs. 2 150.000, $-\frac{1}{2}$ von (300.000 – 150.000) =	0 Euro
Erwerb	300.000 Euro
./. Freibetrag § 16 Abs. 1	400.000 Euro
Steuerpflichtiger Erwerb	0 Euro
Steuer	**0 Euro**

Ergebnis: Das neue Recht ist günstiger; die Steuerersparnis beträgt 180.262 Euro.

Beispiel 4: Übertragung auf Ehefrau, die den Betrieb 7 Jahre fortführt

Betriebsinhaber B überträgt sein Unternehmen zu Lebzeiten auf seine Ehefrau. Das Unternehmen hat nach geltendem Recht einen erbschaftsteuerlichen Wert von 3 Millionen Euro und einen Verkehrswert von ebenfalls 3 Millionen Euro. Die Ehefrau führt den Betrieb wie übernommen 7 Jahre fort. (Hinweis: Der Zugewinnausgleichsanspruch wird im folgenden Beispiel nicht berücksichtigt.)

Bisher galt folgende Berechnung

Betriebsvermögen		3.000.000 Euro
./. Freibetrag § 13a Abs. 1		225.000 Euro
./. Bewertungsabschlag § 13a Abs. 2		971.250 Euro
Erwerb		1.803.750 Euro
./. Freibetrag § 16 Abs. 1		307.000 Euro
Steuerpflichtiger Erwerb 1.496.750, Abrundung		1.496.700 Euro
Steuersatz		19 %
Steuer		**284.373 Euro**

Berechnung nach neuem Recht

Begünstigtes Vermögen		3.000.000 Euro
./. Verschonungsabschlag § 13a Abs. 1		2.550.000 Euro
Verbleiben		450.000 Euro
./. Abzugsbetrag § 13a Abs. 2, 150.000		
$-\frac{1}{2}$ von (450.000 - 150.000) =		0 Euro
Erwerb		450.000 Euro
./. Freibetrag § 16 Abs. 1, 500.000, max.		450.000 Euro
Steuerpflichtiger Erwerb		0 Euro
Steuer		**0 Euro**

Beispiel 5: Übertragung auf Sohn, der den Betrieb 7 Jahre fortführt

Betriebsinhaber B überträgt sein Unternehmen zu Lebzeiten auf seinen 30-jährigen Sohn. Das Unternehmen hat nach geltendem Recht einen erbschaftsteuerlichen Wert von 3 Millionen Euro und einen Verkehrswert von ebenfalls 3 Millionen Euro. Der Sohn führt den Betrieb wie übernommen 7 Jahre fort.

Bisher galt folgende Berechnung

Betriebsvermögen		3.000.000 Euro
./. Freibetrag § 13a Abs. 1		225.000 Euro
./. Bewertungsabschlag § 13a Abs. 2		971.250 Euro
Erwerb		1.803.750 Euro
./. Freibetrag § 16 Abs. 1		205.000 Euro
Steuerpflichtiger Erwerb 1.496.750, Aufrundung		1.598.750 Euro
Steuersatz		19 %
Steuer		**303.753 Euro**

Berechnung nach neuem Recht

Begünstigtes Vermögen	3.000.000 Euro
./. Verschonungsabschlag § 13a Abs. 1	2.550.000 Euro
Verbleiben	450.000 Euro
./. Abzugsbetrag § 13a Abs. 2,150.000	
$-\,{}^{1}/_{2}$ von (450.000 - 150.000) =	0 Euro
Erwerb	450.000 Euro
./. Freibetrag § 16 Abs. 1	400.000 Euro
Steuerpflichtiger Erwerb	50.000 Euro
Steuersatz	7 %
Steuer	**3.500 Euro**

Ergebnis: Das neue Recht ist günstiger, die Steuerersparnis beträgt 300.253 Euro.

Beispiel 6: Übertragung auf Sohn mit Variante

Betriebsinhaber B überträgt sein Unternehmen zu Lebzeiten auf seinen 30-jährigen Sohn. Der durchschnittliche Jahresgewinn beträgt 85.000 Euro. Hiervon ist der pauschalierte Unternehmerlohn von 50.000 Euro abzuziehen. Vom verbleibenden Betrag (30.000 Euro) ist eine Ertragsteuerbelastung von 30 Prozent abzuziehen. Es bleibt ein Betrag von 20.000 Euro, der durch 7,28 Prozent zu teilen ist. Das Unternehmen hat einen Ertragswert von 255.754 Euro. Der Sohn führt den Betrieb wie übernommen mehr als 5 Jahre fort.

Bisher galt folgende Berechnung

Betriebsvermögen	255.754 Euro
./. Freibetrag § 13a Abs. 1	225.000 Euro
	30.754 Euro
./. Bewertungsabschlag § 13a Abs. 2	10.764 Euro
Erwerb	19.990 Euro
./. Freibetrag § 16 Abs. 1	205.000 Euro
Steuerpflichtiger Erwerb 1.496.750, Abrundung	0 Euro
Steuersatz	19 %
Steuer	**0 Euro**

Berechnung nach neuem Recht

Begünstigtes Vermögen	255.754 Euro
./. Verschonungsabschlag § 13a Abs. 1	<u>217.391 Euro</u>
verbleiben	38.363 Euro
./. Abzugsbetrag § 13a Abs. 2:	
150.000 Euro,	
max.	<u>38.363 Euro</u>
Steuerpflichtiger Erwerb	<u>0 Euro</u>
Steuer	**0 Euro**

Hinweis: Jedem Steuerpflichtigen stehen innerhalb von 10 Jahren persönliche Freibeträge zu, bis zu denen Schenkungen oder Erbfälle steuerfrei sind.

Beispiel 7: Übertragung auf Bruder, Verkauf nach 6 Jahren

Betriebsinhaber U überträgt sein Unternehmen auf seinen Bruder B. Das Unternehmen hat nach geltendem Recht einen erbschaftsteuerlichen Wert von 2 Millionen Euro und einen Verkehrswert von ebenfalls 2 Millionen Euro. B führt den Betrieb wie übernommen 6 Jahre fort, danach veräußert er den Betrieb.

Bisher galt folgende Berechnung

Der Freibetrag und der verminderte Wertansatz bleiben erhalten.

Betriebsvermögen	2.000.000 Euro
./. Freibetrag § 13a Abs. 1	225.000 Euro
./. Bewertungsabschlag § 13a Abs. 2	<u>621.250 Euro</u>
Erwerb	1.153.750 Euro
./. Freibetrag § 16 Abs. 1	<u>10.300 Euro</u>
Steuerpflichtiger Erwerb 1.143.450, Abrundung	<u>1.143.400 Euro</u>
Steuersatz	27 %
Steuer	**308.718 Euro**

Berechnung nach neuem Recht

Begünstigtes Vermögen	2.000.000 Euro
./. Verschonungsabschlag § 13a Abs. 1	
1.700.000, davon ändern =	1.700.000 Euro
Verbleiben	300.000 Euro
./. Abzugsbetrag § 13a Abs. 2	150.000 Euro
– $^1/_2$ von (300.000 – 150.000) =	0 Euro
Erwerb	300.000 Euro
./. Freibetrag § 16 Abs. 1	20.000 Euro
Steuerpflichtiger Erwerb 300.000, Abrundung	280.000 Euro
Steuersatz	19 %
Steuer	**53.200 Euro**

Ergebnis: Das neue Recht ist günstiger; die Steuerersparnis beträgt 255.518 Euro.

Beispiel 8: Übertragung auf Bruder, der den Betrieb 7 Jahre fortführt

Betriebsinhaber U überträgt sein Unternehmen zu Lebzeiten auf seinen Bruder B. Das Unternehmen hat nach geltendem Recht einen erbschaftsteuerlichen Wert von 3 Millionen Euro und einen Verkehrswert von ebenfalls 3 Millionen Euro. B führt den Betrieb wie übernommen 7 Jahre fort.

Bisher galt folgende Berechnung

Betriebsvermögen	3.000.000 Euro
./. Freibetrag § 13a Abs. 1	225.000 Euro
./. Bewertungsabschlag § 13a Abs. 2	971.250 Euro
Erwerb	1.803.750 Euro
./. Freibetrag § 16 Abs. 1	10.300 Euro
Steuerpflichtiger Erwerb 1.793.450, Abrundung	1.793.400 Euro
Steuersatz	27 %
Steuer	**484.218 Euro**

Berechnung nach neuem Recht

Begünstigtes Vermögen	3.000.000 Euro
./. Verschonungsabschlag § 13a Abs. 1	2.550.000 Euro
V erbleiben	450.000 Euro
./. Abzugsbetrag § 13a Abs. 2,	150.000 Euro
$-\frac{1}{2}$ von (450.000 – 150.000) =	0 Euro
Erwerb	450.000 Euro
./. Freibetrag § 16 Abs. 1, 500.000, max.	20.000 Euro
Steuerpflichtiger Erwerb	430.000 Euro
Steuersatz	19 %
Steuer	**81.700 Euro**

Ergebnis: Das neue Recht ist günstiger; die Steuerersparnis beträgt 402.518 Euro.

Kombination des Bewertungsabschlags mit dem betrieblichem Abzugsbetrag

Die nach Abzug des 85%-igen Bewertungsabschlags verbleibenden 15 Prozent des Betriebsvermögens unterliegen nicht der Besteuerung, sofern der Wert dieses Vermögens 150.000 Euro nicht übersteigt (Abzugsbetrag).

Achtung!

Bei Unternehmen mit einem Wert bis zu 150.000 Euro wird die Fortführung des Betriebs nicht kontrolliert, das heißt, sie wird automatisch unterstellt!

Beispiel: Der Betrieb wird auf den 30-jährigen Sohn übertragen. Es liegt kein Verwaltungsvermögen vor. Privatvermögen wird nicht übertragen.

Gemeiner Wert des Betriebs	1.200.000 Euro
./. Verschonungsabschlag 85 %	1.020.000 Euro
Verbleiben	180.000 Euro
./. Abzugsbetrag (150.000 – $\frac{1}{2}$ von 30.000) =	135.000 Euro
Verbleiben	45.000 Euro
./. persönlicher Freibetrag 400.000 Euro, maximal aber	45.000 Euro
Steuer	**0 Euro**

Übergabe von Betriebsvermögen und Privatvermögen

Überprüfen Sie jetzt, ob Sie neben betrieblichem Vermögen auch über signifikantes Privatvermögen – insbesondere Grundvermögen (Ein- oder Mehrfamilienhaus, Eigentumswohnung et cetera) – verfügen. Je geringer das zugleich übertragene Privatvermögen (zum Beispiel Grundvermögen wie Ein- oder Mehrfamilienhäuser, Eigentumswohnung), umso größer ist der Spielraum zur Ausschöpfung des persönlichen Freibetrags für das Betriebsvermögen.

Wird im Rahmen der vorweggenommenen Erbfolge ausschließlich der Betrieb übergeben, kann die Erbschaftsteuerbelastung bei Betrieben bis zu einem Betriebsvermögen bis 3,7 Millionen Euro an Ehegatten und bis zu 2,8 Millionen Euro an Kinder vollständig erbschaftsteuerfrei übergeben werden, wenn der Nachfolger den Betrieb entsprechend den Vorrausetzungen fortführt.

Wie Sie die persönlichen Freibeträge bestmöglich umsetzen

Schöpfen Sie im Abstand von 10 Jahren die Freibeträge aus. Auch weiterhin werden nur Erwerbe, die innerhalb von 10 Jahren zwischen denselben Personen erfolgt sind, zusammengerechnet. Das bedeutet: Die Freibeträge werden nach Ablauf dieser 10 Jahre gleichsam wieder auf null gestellt.

Wenn Sie im Wege der vorweggenommenen Erbfolge lediglich den Betrieb – nicht aber Privatvermögen (dieses vielmehr erst nach weiteren 10 Jahren) – übertragen, können Sie den persönlichen Freibetrag voll nutzen.

Beispiel: Unternehmer A will an seinen Sohn B den Betrieb mit einem Wert von 2,6 Millionen Euro am 1. Januar 2010 übertragen, sein Privatvermögen in Höhe von 400.000 Euro an die Tochter C aber erst 10 Jahre später, das heißt am 1. Januar 2020.

Es ergibt sich folgende Erbschaftsteuerbelastung:

- Im Zeitpunkt der vorweggenommenen Erbfolge am 1. Januar 2010 an Sohn B: 2,6 Millionen Euro Betriebsvermögen abzüglich Abschlag in Höhe von 85 Prozent (2,21 Millionen Euro) = steuerpflichtiges Betriebsvermögen 390.000 Euro. Dieser Betrag liegt unterhalb des persönlichen Freibetrags für Kinder in Höhe von 400.000 Euro. Damit fällt im Zeitpunkt der Übergabe des Betriebs keine Erbschaftsteuer an.
- Im Zeitpunkt der vorweggenommenen Erbfolge am 1. Januar 2020 an Tochter C: 400.000 Euro Privatvermögen. Hier erfolgt kein Abschlag, aber dieser Wert wird vollständig vom persönlichen Freibetrag für

Kinder (400.000 Euro) abgedeckt. Damit fällt auch im Zeitpunkt der Übergabe des Privatvermögens keine Erbschaftsteuer an.

Steueroptimale Übergabe des Betriebs in Raten

Wenn Sie den Betrieb in Raten im Wege der vorweggenommenen Erbfolge übergeben, können Sie die Vorteile des 85%-igen Abschlags vom Betriebsvermögen mehrfach nutzen.

Beispiel: Unternehmer A will an seinen Sohn den Betrieb im Wert von 5 Millionen Euro im Wege der vorweggenommen Erbfolge übertragen. Die ersten 50 Prozent des Betriebs sollen am 1. Januar 2010 übergeben werden, die zweiten 50 Prozent am 1. Januar 2020.

Es ergibt sich folgende Erbschaftsteuerbelastung:

- Im Zeitpunkt der vorweggenommenen Erbfolge der ersten 50 Prozent des Betriebs am 1. Januar 2010: 2,5 Millionen Euro Betriebsvermögen abzüglich Abschlag 85 % (2,125 Millionen Euro) = steuerpflichtiges Betriebsvermögen 375.000 Euro. Dieser Betrag liegt unterhalb des persönlichen Freibetrags für Kinder (400.000 Euro). Es fällt keine Erbschaftsteuer an.
- Im Zeitpunkt der vorweggenommenen Erbfolge der zweiten 50 Prozent des Betriebs am 1. Januar 2020: 2,5 Millionen Euro Betriebsvermögen abzüglich Abschlag 85 % (2,125 Millionen Euro) = steuerpflichtiges Betriebsvermögen 375.000 Euro. Dieser Betrag liegt unterhalb des persönlichen Freibetrags für Kinder (400.000 Euro). Es fällt keine Erbschaftsteuer an.

Fazit: Per Saldo wird der gesamte Betrieb mit einem Betriebsvermögen in Höhe von 5 Millionen Euro ohne jegliche Erbschaftsteuerbelastung übergeben.

Voraussetzung für das Greifen des Bewertungsabschlags

Eine weitgehende Begünstigung des Betriebsvermögens ist infolge des Beschlusses des Bundesverfassungsgerichts nicht mehr ohne Rechtfertigungsgrund möglich. Zwei Bedingungen gelten für den Abschlag von bis zu 85 Prozent von der Bemessungsgrundlage:

- Der Betrieb »erhält« 5 Jahre lang eine Lohnsumme von mindestens 400 Prozent (maßgeblich ist der Durchschnitt der letzten fünf Jahre vor dem Erbanfall/der vorweggenommenen Erbfolge).

- Der betriebliche Anteil wird 5 Jahre im Betrieb gehalten (Haltefrist). Wird der betriebliche Anteil während dieser 5 Jahre entnommen oder veräußert, erfolgt eine anteilsmäßige Nachversteuerung.

Beachten Sie die Kleinbetriebsklausel, die an den Arbeitnehmer-Kündigungsschutz im Arbeitsrecht anknüpft: Danach wird bei Betrieben bis zu 20 Mitarbeitern nicht an die Lohnsumme angeknüpft. Dies gilt auch für Einzelunternehmen, die ausschließlich vom Unternehmer selbst, ohne Arbeitnehmer, betrieben werden.

Wie berechnen Sie den Verschonungsparameter Lohnsumme?

Die Lohnsumme darf in den 5 Jahren nach der Übertragung insgesamt 400 Prozent der durchschnittlichen Lohnsumme der letzten fünf Jahre vor der Übertragung nicht unterschreiten. Ein Unterschreiten der Mindestlohnsumme führt zum Wegfall der Verschonung.

Für jedes Jahr, in dem die Mindestlohnsumme nicht erreicht wird, entfällt ein Teil des gewährten Abschlags. Die Steuer wird nach der sich danach ergebenden höheren Bemessungsgrundlage rückwirkend neu festgesetzt. Die Verschonung bleibt für die Jahre, in denen die Mindestlohnsumme eingehalten wurde, erhalten.

Achtung!

Auf die ursprünglich vorgesehene »Indexierung«, das heißt regelmäßige Anpassung der Lohnsumme, wurde in den Schlussberatungen verzichtet!

Praxistipp

Für die Beantwortung der Frage, ob das künftige Erbschaftsteuerrecht für Sie »günstiger« ist, kommt es auf die Beantwortung der folgenden drei Fragen an:

1. Verfügt Ihr Betrieb heute über mehr als 20 Mitarbeiter? Werden es auch künftig nicht mehr als 20 Mitarbeiter sein?
   Falls dies nicht der Fall ist, würde das Erfordernis des Erhalts von 400 Prozent der Lohnsumme für Sie nicht gelten. Dann spräche viel dafür, dass das künftige Recht mit einem Abschlag vom Betriebsvermögen von bis zu 85 Prozent für Sie günstiger ist.
2. Für den Fall, dass Ihr Betrieb mehr als 20 Mitarbeiter beschäftigt: Inwieweit halten Sie und Ihr Nachfolger es für wahrscheinlich, dass über einen 5-jährigen Zeitraum 400 Prozent der Lohnsumme in Ihrem Betrieb »erhalten« werden können?
   Falls Sie bereits heute absehen können, dass Sie künftig eher weniger als mehr Mitarbeiter beschäftigen werden, spricht viel dafür, dass das künftige Recht für Sie nachteiliger ist, denn im Falle des Unterschreitens des Lohnsummenquorums von 400 Prozent kommt es zu einer – zumindest anteiligen – Nachversteuerung.

Zum Vergleich: Der heute geltende § 13 a ErbStG verlangt als Fortführungskriterium lediglich, dass der Betrieb 5 Jahre fortgeführt und insbesondere nicht veräußert wird. Ein Anknüpfen an den Erhalt der Lohnsumme ist nicht vorgesehen.

3. Für den Fall, dass Sie beabsichtigen, Betriebsteile zu veräußern oder Teile des Betriebsvermögens zu entnehmen: Inwieweit halten Sie und Ihr Nachfolger es für wahrscheinlich, dass dies innerhalb der nächsten 5 Jahre geschieht (gerechnet ab dem Zeitpunkt der vorweggenommenen Erbfolge)?

Falls Sie bereits heute absehen können, dass Sie innerhalb der nächsten 5 Jahre nach vorweggenommener Erbfolge den Betrieb im Ganzen oder Betriebsteile veräußern oder Teile des Betriebsvermögens entnehmen, spricht viel dafür, dass das neue Recht für Sie nachteiliger ist, denn im Falle der vorzeitigen Veräußerung des Betriebs oder von Betriebsteilen oder der Entnahme von Betriebsvermögen kommt es – zumindest zu einer anteiligen – Nachversteuerung.

Wie funktioniert die »Nachversteuerung« bei mangelhafter Betriebsfortführung?

Die Betriebsveräußerung-/aufgabe oder Teilveräußerung sowie Veräußerung/Entnahme von wesentlichen Betriebsgrundlagen innerhalb dieser Jahre führen in dem entsprechenden Umfang zum Wegfall der Verschonung, es sei denn, es erfolgt in zeitlichem Zusammenhang eine Reinvestition in diesem Umfang im Betrieb (Reinvestitionsklausel).

Überentnahmen führen in ihrem Umfang zum Wegfall der Verschonung. Die Steuer wird nach der sich danach ergebenden höheren Bemessungsgrundlage rückwirkend neu festgesetzt. Konkret gilt Folgendes:

- Zweijährige Vorverhaftungsregelung des Verwaltungsvermögens; Nachversteuerung innerhalb von 10 Jahren bei Betriebsveräußerung/-aufgabe oder Veräußerung/Entnahme wesentlicher Betriebsgrundlagen mit Reinvestitionsklausel
- Zur Missbrauchsvermeidung und zur korrekten Wertfindung bei kurzfristigen Einlagen innerhalb von zwei Jahren vor dem Besteuerungszeitpunkt sind die aus der Vergangenheit abgeleiteten Erträge um fiktive Erträge zu erhöhen, die diesen Einlagen für den Referenzzeitraum beizumessen sind.

Wie Sie in Abfindungsfällen vorgehen

Verkauft der Erbe unmittelbar nach dem Erbfall aufgrund einer gesellschaftsvertraglichen Regelung an die Mitgesellschafter zu einem Preis unterhalb des Verkehrswertes (Abfindungsfall), versteuert der Erbe nur den Abfindungsbetrag; die Differenz zum Verkehrswert ist von den Mitgesellschaftern als Schenkung zu versteuern.

Beispiel: Malermeister Müller mit 8 Mitarbeitern will seinen Betrieb an seinen Sohn im Wege der vorweggenommenen Erbfolge übergeben: Das Betriebsvermögen nach altem Bewertungsrecht beträgt 1 Million Euro.

Bisher galt folgende Berechnung

• Der betriebliche Freibetrag von 225.000 Euro und der persönliche Freibetrag für den Sohn von 205.000 Euro werden abgezogen. Es verbleibt ein Vermögen von 570.000 Euro. Dieses wird mit 65 Prozent angesetzt (35%-iger Abschlag) = 370.500 Euro steuerpflichtiges Betriebsvermögen. Dieser Betrag wird mit 15 Prozent gemäß Steuerklasse I versteuert. Die Erbschaftsteuerschuld beträgt danach 55.575 Euro.

Berechnung nach neuem Recht

• Unter Berücksichtigung des neuen Bewertungsrechts (durchschnittliche Verdoppelung beziehungsweise Verdreifachung des BV-Werts) ergibt sich ein Betriebsvermögen von 2,5 Millionen Euro. Hiervon wird ein Bewertungsabschlag in Höhe von 85 Prozent gewährt. Es verbleibt ein steuerpflichtiges Vermögen von 375.000 Euro. Dieses wird vollständig vom neuen persönlichen Freibetrag für Kinder in Höhe von 400.000 Euro abgedeckt. Es fällt mithin bei Fortführung (neue Voraussetzungen!) keine Erbschaftsteuer an!

Fazit: Die Steuerersparnis beläuft sich demnach auf 55.575 Euro.

Härteausgleich nach § 19 Abs. 3 ErbStG – maßgebende Grenzwerte für Erwerbe mit Steuerentstehung nach dem 31. Dezember 2008 und nach dem 31. Dezember 2009

Durch das Gesetz zur Reform des Erbschaftsteuer- und Bewertungsrechts vom 28. Dezember 2008 (ErbStG, BStBl. I 2009, S. 140) wurden die für die Steuerklassen II und III maßgebenden Steuersätze für Erwerbe, bei denen die Steuer nach dem 31. Dezember 2008 entsteht, geändert (§ 19 Abs. 1 ErbStG in der Fassung bis Ende 2008). Hieraus ergeben sich Änderungen bei den maßgebenden Grenzwerten für die Anwendung des Härtefallausgleichs nach § 19 Abs. 3 ErbStG.

Für Erwerbe, bei denen die Steuer nach dem 31. Dezember 2008 und vor dem 1. Januar 2010 entstanden ist für die Fälle des Artikels 3 ErbStG, gilt die folgende Grenzwerttabelle (siehe H 38 des gleichlautenden Ländererlasses vom 25. Juni 2009, BSBl. I, S. 713).

Wertgrenze gemäß § 19 Abs. 1 ErbStG	Härteausgleich gemäß § 19 Abs. 3 ErbStG bei Überschreiten der letztvorhergehenden Wertgrenze bis einschließlich ... Euro in Steuerklasse		
Euro	I	II	III
75 000			
300 000	82 600		
600 000	334 200		
6 000 000	677 400		
13 000 000	6 888 800	10 799 900	10 799 900
26 000 000	15 260 800		
Über 26 000 000	29 899 900		

Durch das Gesetz zur Beschleunigung des Wirtschaftswachstums vom 22. Dezember 2009 (BGBl. I, S. 3950) wurden die für die Steuerklasse II maßgebenden Steuersätze für Erwerbe, bei denen die Steuer nach dem 31. Dezember 2009 entsteht, erneut geändert (§ 19 Abs 1 ErbStG n. F.). Hieraus ergeben sich Änderungen bei den maßgebenden Grenzwerten für die Anwendung des Härtefallausgleichs nach § 19 Abs. 3 ErbStG.

Für Erwerbe, bei denen die Steuer nach dem 31. Dezember 2009 entsteht oder entstanden ist, gilt die folgende Grenzwerttabelle:

Wertgrenze gemäß § 19 Abs. 1 ErbStG	Härteausgleich gemäß § 19 Abs. 3 ErbStG bei Überschreiten der letztvorhergenden Wertgrenze bis einschließlich ... Euro in Steuerklasse		
Euro	I	II	III
75 000			
300 000	82 600	87 400	
600 000	334 200	359 900	
6 000 000	677 400	749 900	
13 000 000	6 888 800	6 749 900	10 799 900
26 000 000	15 260 800	14 857 100	
Über 26 000 000	29 899 900	28 437 400	

Beispiel zur Ermittlung der Steuer unter Anwendung der Härteausgleichsregelung

Die Ehefrau erbt von ihrem verstorbenen Ehemann 927.000 Euro.

1. Schritt:

Ermittlung des Steuerbetrags nach den üblichen Grundsätzen

Bereicherung der Ehefrau:	927.000 Euro
Abzüglich persönlicher Freibetrag	- 307.000 Euro
Verbleibender steuerpflichtiger Erwerb	620.000 Euro
Steuersatz (Klasse I) 15% Steuer	93.000 Euro

2. Schritt:

Ermittlung des Vergleichsbetrags

Steuer, die sich bei der letztvorhergehenden Wertgrenze – hier: 600.000 Euro – nach dem dabei geltenden Steuersatz – hier: 11 % – ergeben hätte	**66.000 Euro**

3. Schritt:

Ansatz der Differenz aus Steuer und Vergleichsbetrag, wenn diese kleiner ist als 50 Prozent des Mehrerwerbs gegenüber dem Höchsterwerb der nächstkleineren Wertstufe, anderenfalls Begrenzung auf 50 % des Mehrerwerbs.

Ansatz der Steuerbetragsdifferenz i. H. v. 27.000 Euro aber maximal 50 % des Mehrerwerbs (620.000 Euro abzgl. 600.000 Euro)	**10.000 Euro**

4. Schritt:

Addition der Beträge aus Schritt 2 und 3.

Summe aus dem Vergleichsbetrag und 50 % des Mehrerwerbs	**76.000 Euro**

Ergebnis:

Die Ehefrau hat Erbschaftsteuer in Höhe von 76.000 Euro zu zahlen. Das heißt, der Härteausgleich führt hier zu einer Steuermilderung von 17.000 Euro.

Was die neue Erbschaftsteuer für Ihre Einkommensteuer bedeutet

Der bis 1998 geltende § 35 Einkommensteuergesetz wird als neuer § 35b Einkommensteuergesetz »reaktiviert«. Die Belastung für Betriebsvermögen, das heißt die Erbschaftsteuer, wird auf die Zahlungen von Einkommensteuer angerechnet.

Achtung!

Berücksichtigt werden nur Verkäufe innerhalb von maximal 5 Jahren seit Schenkung/Erbfall. Spätere Verkäufe werden jeweils vollständig mit Erbschaft- und Ertragsteuern belastet.

Checkliste für die Vorschonungsregelung bei der neuen Erbschaftsteuer

1. Zusammenstellung der Vermögensgegenstände nach Vermögensgruppen	
	Geklärt
Betriebsvermögen (Unternehmensvermögen)	
• Immobilienvermögen	❏
• Lage	❏
• Grundbuchdaten	❏
Wohnungswirtschaftliche Daten	
• Sonstige Vermögensgegenstände	❏
• Bankguthaben	❏
• Wertpapiere	❏

- Sonstige Darlehensforderungen   ❑
- Versicherungsansprüche   ❑
- Kunstgegenstände   ❑
- Hausrat   ❑

Bewertung der einzelnen Vermögensgruppen

- Betriebsvermögen (Unternehmensvermögen)   ❑
- Immobilienvermögen   ❑
- Sonstige Vermögensgegenstände   ❑

2. Vorbereitende Maßnahmen

Lohnsummenoptimierung im Vorfeld

Bereits im Vorfeld von Nachfolgeüberlegungen sind Maßnahmen zur Reduzierung der Lohnsumme in Erwägung zu ziehen, damit die Ausgangslohnsumme innerhalb des Frühjahreszeitraums vor dem Vermögensübergang reduziert wird.

- Auslagerung von Arbeitnehmern im Vorfeld der Nachfolgeplanung   ❑
- Reduzierung der Gehälter von Geschäftsführern und leitenden Angestellten   ❑
- Reduzierung variabler Gehaltskomponenten   ❑
- Vermeidung von Abfindungen   ❑
- Aufschub von Gehaltserhöhung bis zum Zeitpunkt nach der Vermögensübertragung   ❑
- Auflösung von Mitarbeiterverhältnissen mit Familienangehörigen   ❑

Optimierung des Verwaltungsvermögens

- Prüfung beziehungsweise Wahl, welches Verschonungsmodell in Betracht kommt

  - 85 % Verschonung bis zu 50 % Verwaltungsvermögen oder   ❑
  - 100 % Verschonung und bis zu 10 % Verwaltungsvermögen   ❑

- Durchführung des Verwaltungsvermögens   ❑
- Einlage von Verwaltungsvermögen, falls Verwaltungsvermögensgrenzen deutlich unterschritten   ❑
- Ausreichenden Vermögenspuffer beachten!   ❑
- Einlagesperre von zwei Jahren (§ 13b Abs. 2 Satz 3 ErbStG) beachten!   ❑
- Entnahme oder Ausgliederung von Verwaltungsvermögen zur Reduzierung des Verwaltungsvermögensanteils   ❑

Ergreifen von Maßnahmen, um in den Anwendungsbereich der Verschonungsregelungen zu kommen

- Überschreiten der Mindestbeteiligungsquote von mehr als 25 % bei   ❏
  Kapitalgesellschaften (Poolvereinbarungen, Zukäufe, disquotale
  Kapitalerhöhungen et cetera)

- Ausgliederung von Verwaltungsvermögen   ❏

- Separierung von Gesellschafterstämmen   ❏

- Vollständige Restrukturierung der Unternehmensgruppe   ❏

3. Umsetzung der Maßnahmen

Dokumentation der Ausgangslohnsumme

- Dokumente der Ausgangslohnsumme der letzten fünf Jahre

    Lohnsteueranmeldungen   ❏

    Lohnsummen laut Gewerbesteuererklärungen   ❏

    Besondere Lohnsummenaufzeichnungen nach § 13a Abs. 4   ❏
    ErbStG

- Übersicht über die Ausgangslohnsumme getrennt nach Jahren   ❏

- Fortentwicklung der Dokumentation der Ausgangslohnsumme für   ❏
  künftige Erb- und Schenkungsfälle

- Fortentwicklung der Übersicht der Ausgangslohnsumme   ❏

Beobachtung des Verwaltungsvermögens

- Zusammenstellung des Verwaltungsvermögens   ❏

- Bewertung des Verwaltungsvermögens auf Basis des Verwaltungs-   ❏
  vermögenstests

4. Erbschaftsteuer-Monitoring

Im Rahmen eines Monitorings (Erfassung, Beobachtung und Überwachung der
Vorgänge) sind die Voraussetzungen für die erbschaftsteuerlichen Verschonungsregelungen während der Behaltensfristen – je nach Verschonungsoption – von
sieben beziehungsweise zehn Jahren zu beachten

- Beobachtung der Entwicklung der Lohnsumme innerhalb der Behal-   ❏
  tefristen

- Beobachtung der – je nach Behaltensfristen – unterschiedlichen   ❏
  Verwaltungsvermögensgrenzen von 50 % beziehungsweise 10 %

- Erstellen einer fortlaufenden Dokumentation hinsichtlich der Lohn-   ❏
  summenentwicklung und der Verwaltungsvermögensgrenzen

5. Anzeigepflichten	
• Anzeige des Unterschreitens der Lohnsummengrenze bis spätestens sechs Monate nach Ablauf der Lohnsummenfrist (§ 13a Abs. 6 Satz 1 ErbStG)	❏
• Anzeige der Verwirklichung eines Nachversteuerungstatbestandes innerhalb eines Monats nach Verwirklichung (§ 13a Abs. 5 Nr. 1 – 5 ErbStG)	❏
6. Reinvestition	
• Durchführung einer Reinvestition bei Vornahme einer nach § 13a Abs. 5 Nr. 1, Nr. 2 und Nr. 4 ErbStG schädlichen Veräußerung von Betriebsvermögen	❏
• Beachtung der Reinvestitionsfrist von sechs Monaten nach schädlicher Tatbestandsverwirklichung (§ 13a Abs. 5 Satz 4 ErbStG)	❏
• Prüfung der Reinvestition, damit nicht in Verwaltungsvermögen reinvestiert wird	❏

Checkliste für das Gespräch mit Ihrem Steuerberater

	Geklärt
Wurden Gegenstände aus dem Betriebsvermögen auf einen Erben übertragen, der nicht Unternehmensnachfolger wird? Dies könnte als Entnahme betrachtet werden. Es müssten stille Reserven aufgedeckt und versteuert werden.	❏
Falls ja: Welchen Wert haben diese Gegenstände?	❏
In welcher Höhe sollen Ausgleichszahlungen erfolgen?	❏
Wie hoch ist Ihr steuerliches Kapitalkonto?	❏
Welche einkommensteuerlichen Folgen haben die Ausgleichszahlungen?	❏
Welche Erbschaftsteuer ist durch den Unternehmensnachfolger zu zahlen?	❏
Wie hoch ist die Erbschaftsteuer des Ausgleichsberechtigten?	❏
Ist der geplante Ausgleich auch dann noch fair und für alle Parteien zu akzeptieren, wenn die Steuerbelastungen berücksichtigt worden sind?	❏
Ist die Finanzierung der Steuerzahlungen sichergestellt?	❏

Checkliste: Sieben gefährliche Fallstricke bei der Erbschaftsteuer und wie Sie Ihre Interessen schützen

		Geklärt
1. Bewertung der Vermögensgruppen	• Maßnahmen der Bewertungsoptimierung sind zu ergreifen	❏
	• Ggf. Zweitgutachten unter Zugrundelegung eines anderen Bewertungsregimes	❏
2. Ausgangslohnsumme	• Abfindungen während des fünfjährigen Vorbetrachtungszeitraums	❏
	• Einstellungspolitik mit Blick auf Lohnsummenentwicklung	❏
	• Vorsicht, falls ältere (hoch bezahlte) Arbeitnehmer durch jüngere Arbeitnehmer bzw. Auszubildende ersetzt werden	❏
	• Rechtzeitige Erhöhung variabler Vergütungskomponenten innerhalb der Lohnsummenfrist	❏
3. Lohnsumme	• Nachteile Entwicklung der Lohnsumme, falls Auslagerung von Arbeitnehmern erfolgen sollte	❏
	• Nachteile Lohnsummenentwicklung in Krisenzeiten durch Kurzarbeit etc. beachten	❏
	• Vorwegnahme von Lohn- und Gehaltserhöhungen gegen Ende der Lohnsummenfrist	❏
	• Erhöhung der Gesellschaftergeschäftsführergehälter während der Lohnsummenfrist	❏
4. Verwaltungsvermögenstest	Unterschiedliche Wertermittlung von Unternehmenswert und Wert der Vermögensgegenstände des Verwaltungsvermögens	❏

5. Nachversteuerung	• Zufällige Verwirklichung eines Nachversteuerungstatbestandes (Veräußerung wesentlicher Betriebsgrundlagen)	❑
	• Schädlicher Nachversteuerungstatbestand durch verdeckte Einlage oder Kapitalherabsetzung (§ 13a Abs. 5 Nr. 4 ErbStG)	❑
	• Schädliche Umstrukturierungsmaßnahme durch Umwandlung deutlich entschärft gegenüber der früheren Rechtslage (vgl. § 13a Abs. 5 Nr. 1 ErbStG)	❑
6. Versäumnis von Anzeigenpflichten	• Anzeigefrist bei Unterschreiten der Lohnsummengrenzen beachten	❑
	• Anzeigefristen bei Verwirklichung von Nachversteuerungstatbeständen einhalten	❑
7. Fehlendes Erbschaftsteuermonitoring	• Fehlende Dokumentation der erforderlichen Daten	❑
	• Fehlende Nachweise wegen langer Behaltensfristen	❑
	• Monitoring der Fristen (Behaltensfristen, Reinvestitionsfristen, Anzeigenfristen)	❑

Checkliste: Wie Sie beim Auslandsvermögen alle Steuervorteile ausschöpfen

	Geklärt
1. Prüfung, ob Auslandsvermögen vorliegt	
• Welche Vermögensarten liegen vor?	❑
• In welchem Staat liegt das Vermögen?	❑
2. Bewertung des Auslandsvermögens	
• Welche Bewertungsregelungen gelten für Auslandsvermögen?	❑
• Verkehrswertmethoden oder spezielle Steuerwertmethoden?	❑
3. Verschonung des Auslandsvermögens	
• EU- oder EWR-Raum	❑

- Nicht unmittelbar gehaltenes Betriebsvermögen außerhalb des EU-/EWR-Raumes ❑

4. Persönliche Steuerpflicht des Vermögensübernehmers

- Unbeschränkte Steuerpflicht ❑
- Erweitert unbeschränkte Steuerpflicht ❑
- Beschränkte Steuerpflicht ❑
- Erweitert beschränkte Steuerpflicht ❑
- Gibt es ein ErbSt-DBA? ❑

5. Besteuerung im Ausland

- Gibt es eine Erbschaft- und/oder Schenkungsteuer? ❑
- Wenn ja: Ist diese der deutschen Erbschaft- oder Schenkungsteuer vergleichbar? ❑
- Wie wird das ermittelt? ❑
- Kommt es zur Doppelbesteuerung? ❑
- Kann diese zum Beispiel durch BDA, Freistellungs- oder Anrechnungsmethoden vermieden oder gemildert werden? ❑

6. Zivil-, erb- und gesellschaftsrechtliche Fragestellungen

- Wie wirken sich unterschiedliche Rechtssysteme aus? ❑
- Ist dies gesellschaftsrechtlich berücksichtigt? ❑
- Wie wirken sich gegebenenfalls unterschiedliche erbrechtliche Regelungen aus? ❑
- Welches Recht hat Vorrang? ❑
- Werden Regelungen in einem Staat durch den anderen Staat anerkannt, zum Beispiel Testamente und Erbverträge? ❑

Rücknahme der Begünstigung des Verwaltungsvermögens

Auch wenn der Verwaltungsvermögenstest bestanden wurde, ist das im Betriebsvermögen befindliche Verwaltungsvermögen nur begünstigt, sofern es am Bewertungsstichtag seit mindestens zwei Jahren dem Betrieb zuzurechnen ist (§ 13b Abs. 2 Satz 2 ErbStG). Diese Regelung soll verhindern, dass Verwaltungsvermögen unmittelbar vor einer Schenkung beziehungsweise vor einem Erbfall ziel- und betragsgenau in ein Betriebsvermögen eingelegt wird, um die Begünstigung zu erlangen.

Die Frist von zwei Jahren birgt insofern ein Risiko für Gestaltungen, als das Bestehen des Verwaltungsvermögenstests von der Wertentwicklung des Betriebsvermögens auf der einen und der des Verwaltungsvermögens auf der anderen Seite abhängt. Daher ist bei Einlage von Veraltungsvermögen zur erbschaftsteuerlichen Optimierung zu empfehlen, einen Sicherheitsabstand zur Grenze von 50 Prozent (Bewertungspuffer) einzuhalten.

Beispiel: Wenn im vierten Jahr eine schädliche Veräußerung stattfindet, entfällt der Verschonungsabschlag von 85 Prozent in Höhe von 1/5 (20 Prozent) und verringert sich somit auf 68 Prozent.

Der Begriff der Lohnsumme ist weit auszulegen und umfasst alle Vergütungen, also Löhne, Gehälter und andere Bezüge und Vorteile, die im maßgebenden Wirtschaftsjahr an die auf den Lohn- und Gehaltslisten erfassten Beschäftigten gezahlt werden. Leiharbeits- und Saisonarbeitsverhältnisse werden hingegen nicht einbezogen.

Achtung!

Zu den Vergütungen zählen alle Geld- oder Sachleistungen für die von den Beschäftigten erbrachte Arbeit, unabhängig davon, ob es sich um regelmäßige oder unregelmäßige Zahlungen handelt. Zu den Löhnen und Gehältern gehören auch alle zu entrichtenden Sozialbeiträge, Einkommensteuern und Zuschlagsteuern sowie alle vom Beschäftigten empfangenen Sondervergütungen, Prämien, Gratifikationen, Abfindungen, Zuschüsse und Zulagen, Teilnehmergebühren und vergleichbare Vergütungen.

Wichtig: Wird die sogenannte Mindestlohnsumme in Höhe von 400 Prozent der »Ausgangslohnsumme« nach 5 Jahren nicht erreicht, so kürzt sich der 85%-ige Bewertungsabschlag entsprechend. Anders ausgedrückt: Nicht mehr nur 15 Prozent der Bemessungsrundlage sind steuerpflichtig, sondern ein entsprechend höherer Anteil.

Ist nach Ablauf von 7 Jahren (Regelverschonung; hier müssen nach Ablauf von 7 Jahren Betriebsfortführung 650 Prozent der Ausgangslohnsumme erhalten worden sein) beziehungsweise nach Ablauf von 10 Jahren (Verschonungsoption; hier müssen nach Ablauf von 10 Jahren 1000 Prozent der Ausgangslohnsumme erhalten worden sein) die Lohnsumme geringer als dieses Quorum, so kürzt sich der Bewertungsabschlag in Höhe von 85 Prozent anteilig beziehungsweise wird die steuerpflichtige Bemessungsgrundlage anteilig erhöht. Werden im Fall der Regelverschonung nach Ablauf von 7 Jahren beispielsweise nur 90 von 650 Prozent Lohnsumme erhalten, wird die »Mindestlohnsumme« nicht erreicht und erhöht sich die steuerpflichtige Bemessungsgrundlage entsprechend von 15 auf 17,62 Prozent. Wird keinerlei Lohnsumme mehr fortgeführt, ist das gesamte Betriebsvermögen zu 100 Prozent steuerpflichtig.

Anrechnung der Erbschaftsteuer auf Einkommensteuer

Wenn ererbtes Vermögen unter Aufdeckung der stillen Reserven veräußert wird, kann es sein, dass das Erbe sowohl mit Erbschaftsteuer als auch mit Einkommensteuer belastet wird.

Beispiel: Der Erbe erbt in 01 einen 50 %-igen Anteil an einer GmbH mit einem Wert von 1.000.000 Euro. Die Anschaffungskosten des Erblassers betrugen 100.000 Euro. Der Erbe veräußert den Anteil drei Jahre nach dem Erbfall (04) für 1.100.000 Euro. Der Veräußerungsgewinn von 1.000.000 Euro unterliegt der Einkommensteuer (angenommene Belastung: 400.000 Euro), erbschaftsteuerlich kommt es zu einer (rückwirkenden) Nachversteuerung des Erbfalls.

Nach § 35b EStG ist auf Antrag die tarifliche Einkommensteuer anteilig um den Betrag derjenigen Einkünfte zu ermäßigen, die im gleichen Veranlagungszeitraum oder in den vier vorangegangenen Veranlagungszeiträumen als Vermögen oder Vermögensbestandteil aufgrund eines Erwerbs von Todes wegen der Erbschaftsteuer unterlegen haben.

Bei Zuwendungen unter Lebenden ist die Regelung des § 35b EStG nicht anwendbar. Bei Veräußerung von steuerverstricktem Vermögen nach einer Schenkung muss deshalb auch weiterhin mit einer Doppelbelastung mit Erbschaft- und Ertragsteuer gerechnet werden.

Die Ermäßigung bemisst sich nach einem Prozentsatz, der sich aus dem Verhältnis der festgesetzten Erbschaftsteuer zu dem gesamten erbschaftsteuerlichen Erwerb (ohne Freibeträge gem. §§ 16, 17 ErbStG oder steuerfreie Beträge gem. § 5 ErbStG) ergibt:

> **Achtung!**
> Die Anrechnung ist zeitlich beschränkt auf Erwerbe von Todes wegen, die im gleichen Veranlagungszeitraum oder in den vier vorangegangenen Veranlagungszeiträumen angefallen sind. Diese Frist stimmt nicht mit den sieben- oder zehnjährigen Behaltensfristen für begünstigtes Betriebsvermögen überein.

Die Beschränkung auf eine Anrechnungsfrist von vier Veranlagungszeiträumen beruht auf der typisierenden Einschätzung des Gesetzgebers, dass nach einem gewissen Zeitraum nicht mehr zweifelsfrei festgestellt werden kann, ob stille Reserven, die durch eine Veräußerung aufgedeckt werden, zuvor Gegenstand des erbschaftsteuerlichen Erwerbs waren. Durch eine (rückwirkende) erbschaftsteuerliche Nachversteuerung im sechsten oder neunten Jahr kann es daher zu einer Doppelbelastung von Erbschaft- und Einkommensteuer kommen.

Die Möglichkeit der Ermäßigung der Einkommensteuer besteht ab dem Veranlagungszeitraum 2009 für alle Erbfälle, die nach dem 31. Dezember 2008 eingetreten sind. Eine Ermäßigung der Einkommensteuer für Erwerbe, die zuvor als Zuwendung unter Lebenden der Schenkungsteuer unterlegen haben, sieht das Gesetz nicht vor.

Was bei einer Ratenzahlung gilt

Bei der Ratenzahlung stundet der Übergeber dem Käufer den Kaufpreis. Die Ratenzahlungen erstrecken sich über einen vorher festgelegten Zeitraum, wenn möglich über mehr als zehn Jahre. Bei Verkauf gegen Ratenzahlung hat der Verkäufer dann die Wahl, den nach dem Barwert ermittelten Veräußerungsgewinn sofort (mit Zahlung der ersten Rate) oder als normale nachträgliche Einkünfte zu versteuern. Der Käufer hat entsprechende steuerlich absetzbare Anschaffungskosten.

Wenn der Kaufpreis unter dem Marktwert liegt

Gerade innerhalb der Familiennachfolge kann es sein, dass die Eltern ihrem Sohn oder ihrer Tochter das Unternehmen weit unter dem tatsächlichen Wert »verkaufen«. Das Finanzamt kann hierin eine gemischte Schenkung sehen. Für die Differenz zwischen dem (niedrigen) Kaufpreis und dem (höheren) Buchwert muss der Nachfolger Schenkungsteuer zahlen.

Welche Steuern der Käufer zahlt

Der Kaufpreis setzt sich in der Regel zusammen aus dem Anlagevermögen (zum Beispiel Maschinen, Fahrzeuge) und dem Umlaufvermögen (zum Beispiel Forderungen, Bankguthaben, Betriebsstoffe). In steuerlicher Hinsicht ist das gekaufte Anlagevermögen entscheidend, und zwar der Buchwert der einzelnen Wirtschaftsgüter, die zum Anlagevermögen gehören. Der Buchwert ergibt sich, wenn zum Beispiel Wirtschaftsgüter wie Fahrzeuge, Maschinen et cetera über mehrere Jahre abgeschrieben wurden. Sie haben steuerlich gesehen dann nur noch einen geringen Wert, obwohl der Marktwert durchaus höher sein kann.

Daraus ergeben sich verschiedene Möglichkeiten:

- Der Kaufpreis ist genauso hoch wie die Buchwerte der Wirtschaftsgüter. Hier schreibt der Käufer die Wirtschaftsgüter einfach weiter ab.

- Der Kaufpreis ist nicht höher als die Buchwerte plus der darin enthaltenen stillen Reserven (zum Beispiel Grundstücke). Hier können die Buchwerte der stillen Reserven über die Dauer der Restnutzung der damit verbundenen Wirtschaftsgüter abgeschrieben werden. Voraussetzung ist: Es handelt sich bei den stillen Reserven um »abnutzbare Wirtschaftsgüter« (zum Beispiel Immobilien).
- Der Kaufpreis ist höher als die Buchwerte und die stillen Reserven. Hier kann die Differenz als Firmen- oder Geschäftswert von der Einkommensteuer über einen Zeitraum von 15 Jahren abgeschrieben werden.

Keine umsatzsteuerlichen Auswirkungen

Entgeltliche oder unentgeltliche Geschäftsveräußerungen im Ganzen unterliegen nicht der Umsatzsteuer (§ 1 Abs. 1a UStG).

Was an Grunderwerbsteuer zu zahlen ist

Die Bundesländer legen jeweils selbst die Höhe der Grunderwerbsteuer fest. Sie beträgt im Allgemeinen 3,5 Prozent des Kaufpreises. In Berlin und Hamburg werden hiervon abweichend 4,5 Prozent erhoben.

Wenn ein Einzelunternehmen verkauft wird

Beispiel: Der 60-jährige Einzelhändler H will seine Holzhandlung, die er als Einzelunternehmen führt, verkaufen. Der zu erzielende Veräußerungspreis beläuft sich auf 750.000 Euro und lässt sich wie folgt auf die einzelnen Wirtschaftsgüter des Betriebs aufteilen:

- 300.000 Euro für das Betriebsgrundstück, wobei 200.000 Euro auf das Gebäude entfallen
- 100.000 Euro für die Betriebs- und Geschäftsausstattung
- 250.000 Euro für Waren und Vorräte
- 100.000 Euro für den Firmenwert

Der Buchwert der veräußerten Wirtschaftsgüter beträgt im Veräußerungszeitpunkt 550.000 Euro, die im Zusammenhang mit der Veräußerung entstandenen Kosten (Notar, Rechtsanwalt sowie sonstige Kosten) belaufen sich auf 30.000 Euro.

Im Beispiel hat der Einzelhändler H den gesamten Betrieb zu einem Kaufpreis von 750.000 Euro verkauft. Um den Veräußerungsgewinn zu ermitteln, sind vom Erlös zunächst die Veräußerungskosten von 30.000 Euro und der Buchwert der veräußerten Wirtschaftsgüter in Höhe von 550.000 Euro abzuziehen. Der Veräußerungsgewinn beträgt somit 170.000 Euro und unterliegt beim Veräußerer der Einkommensteuer.

Da der Einzelhändler das 55. Lebensjahr vollendet hat, kann er beantragen, dass ihm der Freibetrag gewährt wird (§ 16 Abs. 4 EStG). Der Freibetrag von 45.000 Euro ermäßigt sich aber um den Betrag, um den der Veräußerungsgewinn 136.000 Euro übersteigt. Gewährt wird in diesem Beispiel also ein Freibetrag von 45.000 Euro - (170.000 Euro minus 136.000 Euro =) 11.000 Euro.

Zu versteuern bleiben danach noch 170.000 Euro minus 11.000 Euro = 159.000 Euro. Auf diesen verbleibenden Gewinn kann, sofern der Gewinn 5 Millionen Euro nicht übersteigt, auf Antrag bei Steuerpflichtigen, die das 55. Lebensjahr vollendet haben, der ermäßigte Steuersatz angewendet werden (§ 34 Abs. 3 EStG). Dieser Steuersatz beträgt 56 Prozent des durchschnittlichen Steuersatzes auf das gesamte zu versteuernde Einkommen, mindestens aber 15 Prozent.

Wie sich der Abzugsbetrag auswirkt

Begünstigtes Vermögen von bis zu 1.000.000 Euro wird im Fall der Regelverschonung durch den Verschonungsabschlag von 85 Prozent und den Abzugsbetrag vollständig befreit. Der Abzugsbetrag verringert sich gleitend bei einem Wert des begünstigten Vermögens zwischen 1.000.001 Euro und 2.999.999 Euro.

Beispiel: Erblasser E hinterlässt seinem Sohn S einen Gewerbebetrieb mit einem gemeinen Wert von 2.000.000 Euro (Anteil Verwaltungsvermögen < 50 %).

Für S ergibt sich zunächst folgende Berechnung:

Betriebsvermögen (begünstigt)	2.000.000 Euro
Verschonungsabschlag (85 %)	– 1.700.000 Euro
Verbleiben	300.000 Euro
Abzugsbetrag	– 75.000 Euro
Steuerpflichtiges Betriebsvermögen	225.000 Euro
Abzugsbetrag	150.000 Euro
Verbleibender Wert (15 %)	300.000 Euro
Abzugsbetrag	– 150.000 Euro
Unterschiedsbetrag	150.000 Euro

davon 50 %	– 75.000 Euro
Verbleibender Abzugsbetrag	75.000 Euro

Wie Sie mit der Lohnsummenregelung bei abweichenden Wirtschaftsjahren kalkulieren

Beispiel: A erwirbt Anteile an der A-GmbH (Wirtschaftsjahr 0 Kalenderjahr) am 1. Februar 2010. Zur A-GmbH gehört eine Beteiligung von 100 Prozent an der B-GmbH, deren Wirtschaftsjahr jeweils am 30. Juni endet. Zur B-GmbH gehört eine Beteiligung von 50 Prozent an der C-GmbH, deren Wirtschaftsjahr jeweils am 30. November endet.

Zur Ermittlung der Ausgangslohnsumme ist auf folgende Zeiträume abzustellen:

A-GmbH	1. Januar 2005 – 31. Dezember 2009
B-GmbH	1. Juli 2004 – 30. Juni 2009
C-GmbH	1. Dezember 2004 – 30. November 2009

Was bei mehreren wirtschaftlichen Einheiten gilt

Beispiel: A erwirbt sämtliche Anteile an der A-GmbH und ein Einzelunternehmen. Die A-GmbH beschäftigt 13 und das Einzelunternehmen 17 Arbeitnehmer. Im Besteuerungszeitpunkt beträgt die Ausgangslohnsumme der A-GmbH 1.000.000 Euro und im Einzelunternehmen 2.000.000 Euro. Nach fünf Jahren beträgt die Lohnsumme der A-GmbH 5.200.000 Euro, das entspricht 520 Prozent der Ausgangslohnsumme, und im Einzelunternehmen 14.790.000 Euro, das entspricht 740 Prozent der Ausgangslohnsumme.

Die Ausgangslohnsumme des gesamten begünstigt erworbenen Vermögens beträgt 3.000.000 Euro. Nach fünf Jahren beläuft sich die kumulierte Lohnsumme auf 19.990.000 Euro, das entspricht 666 Prozent der Ausgangslohnsumme. Auch für die Anteile an der A-GmbH erfolgt damit keine Nachversteuerung.

Wie Sie bei Übernahmen rechnen

Beispiel: Unternehmer U überträgt begünstigtes Betriebsvermögen mit einem gemeinen Wert von 4.000.00 Euro an seinen Sohn S. Innerhalb der Behaltensfrist tätigt S Überentnahmen von 200.000 Euro.

Für S ergibt sich zunächst folgende Steuer:

Betriebsvermögen (begünstigt)		4.000.000 Euro	
Verschonungsabschlag (85 %)		- 3.400.000 Euro	
Verbleiben		600.000 Euro	
Abzugsbetrag		- 0 Euro	
Steuerpflichtiges Betriebsvermögen			600.000 Euro
Abzugsbetrag		150.000 Euro	
Verbleibender Wert (15 %)	600.000 Euro		
Abzugsbetrag	- 150.000 Euro		
Unterschiedsbetrag	450.000 Euro		
davon 50 %		- 225.000 Euro	
Verbleibender Abzugsbetrag		0 Euro	
Persönlicher Freibetrag			- 400.000 Euro
Steuerpflichtiger Erwerb			200.000 Euro
Steuer nach Steuerklasse I (11 %)			22.000 Euro

Für S ergibt die Nachversteuerung folgende Steuer:

Betriebsvermögen		4.000.000 Euro	
Überentnahmen		- 200.000 Euro	200.000 Euro
Betriebsvermögen (begünstigt)		3.800.000 Euro	
Verschonungsabschlag		- 3.230.000 Euro	
Verbleiben		570.000 Euro	
Abzugsbetrag		- 0 Euro	
Steuerpflichtiges Betriebsvermögen			570.000 Euro
Abzugsbetrag		150.000 Euro	

Verbleibender Wert (15 %)	570.000 Euro	
Abzugsbetrag	- 150.000 Euro	
Unterschiedsbetrag	420.000 Euro	
davon 50 %		210.000 Euro
Verbleibender Abzugsbetrag		0 Euro
Persönlicher Freibetrag		400.000 Euro
Steuerpflichtiger Erwerb		370.000 Euro
Steuer nach Stkl. I (15 %)		55.500 Euro
Bisher festgesetzt		- 22.000 Euro
Nachsteuer		33.500 Euro

Wenn eine Nachversteuerung droht

Beispiel: Auf A als Alleinerbin ist ein Gewerbetrieb (Steuerwert 800.000 Euro) und ein KG-Anteil (Steuerwert 400.000 Euro) übergegangen. Die Betriebe verfügen über Verwaltungsvermögen von weniger als 50 Prozent des gemeinen Werts. Ein Antrag nach § 13a Abs. 8 ErbStG wurde nicht gestellt. Beide Betriebe haben jeweils nicht mehr als zehn Beschäftigte.

Betriebsvermögen (begünstigt)		1.200.000 Euro
Verschonungsabschlag (85%)		- 1.020.000 Euro
Verbleiben		180.000 Euro
Abzugsbetrag		- 135.000 Euro
Steuerpflichtiges Betriebsvermögen		45.000 Euro
Abzugsbetrag		150.000 Euro
Verbleibender Wert (15 %)	180.000 Euro	
Abzugsbetrag	- 150.000 Euro	
Unterschiedsbetrag	30.000 Euro	
Davon 50 %		- 15.000 Euro
Verbleibender Abzugsbetrag		135.000 Euro

Im vierten Jahr veräußert sie den KG-Anteil für 450.000 Euro. Für die Nachversteuerung ergibt sich der Wert des steuerpflichtigen Betriebsvermögens wie folgt:

Betriebsvermögen (begünstigt)		800.000 Euro	
Verschonungsabschlag (85 %)		- 680.000 Euro	
Verbleiben		120.000 Euro	120.000 Euro
		400.000 Euro	
Betriebsvermögen (nicht begünstigt)			
Verschonungsabschlag (85 %) 340.000 Euro			
Zeitanteilig zu gewähren 4 / 5 =		- 320.000 Euro	
Verbleiben		80.000 Euro	0
Summe			
Abzugsbetrag			
Steuerpflichtiges Betriebsvermögen			
Abzugsbetrag 150.000 Euro, höchstens Wert des begünstigt verbleibenden Vermögens		80.000 Euro	
Verbleibender Wert (15 %)	80.000 Euro		
Abzugsbetrag	- 80.000 Euro		
Unterschiedsbetrag	0 Euro		
davon 50 %		- 0 Euro	
Verbleibender Abzugsbetrag		80.000 Euro	

Bei der Berechnung des Abzugsbetrags ist von 80.000 Euro auszugehen, weil nur insoweit nach Abzug des Verschonungsabschlags begünstigtes Betriebsvermögen verbleibt. Der veräußerte KG-Anteil gehört mit Rückwirkung in vollem Umfang nicht mehr zum begünstigten Vermögen (§ 13a Abs. 5 Satz 2 ErbStG).

Wenn sich Anteile an Kapitalgesellschaften im Sonderbetriebsvermögen befinden

Beispiel:

Bilanz der AB OHG

30 % Anteile an A-GmbH	300.000 Euro	Kapital A	500.000 Euro
Waren	700.000 Euro	Kapital B	500.000 Euro
	1.000.000 Euro		1.000.000 Euro

Sonderbetriebsvermögen A

11 % Anteile an A-GmbH	110.000 Euro	Kapital A	110.000 Euro
	110.000 Euro		110.000 Euro

Die A-GmbH hat kein Verwaltungsvermögen.

		A	B
Gemeiner Wert Gesamthandsvermögen	1.200.000 Euro		
Aufteilung		A	B
Kapital	- 1.000.000 Euro	500.000 Euro	500.000 Euro
Unterschiedsbetrag	200.000 Euro		
Verteilung 50:50		+ 100.000 Euro	100.000 Euro
Sonderbetriebsvermögen A		+ 110.000 Euro	
Anteil am Betriebsvermögen		710.000 Euro	

Zum Verwaltungsvermögen gehören die Anteile an der A-GmbH, die sich im Sonderbetriebsvermögen von A befinden (110.000 Euro), weil insoweit die Mindestbeteiligungsquote von mehr als 25 Prozent nicht erfüllt ist.

Die Anteile an der A-GmbH, die zum Gesamthandsvermögen gehören, rechnen hingegen nicht zum Verwaltungsvermögen.

Der Anteil des Verwaltungsvermögens berechnet sich wie folgt:

$$110.000 \text{ Euro} \div 710.000 \text{ Euro} = 15{,}49\ \% < 50\ \%$$

Fazit: Die Beteiligung von A an der Personengesellschaft stellt begünstigtes Vermögen im Sinne des § 13a ErbStG dar.

Beispiel:

Bilanz der AB OHG

24 % Anteile an A-GmbH	240.000 Euro	Kapital A	500.000 Euro
Waren	760.000 Euro	Kapital B	500.000 Euro
	1.000.000 Euro		1.000.000 Euro

Sonderbetriebsvermögen A

11 % Anteile an A-GmbH	110.000 Euro	Kapital A	110.000 Euro
	110.000 Euro		110.000 Euro

Die A-GmbH hat kein Verwaltungsvermögen.

		A	B
Gemeiner Wert Gesamt- handsvermögen	1.200.000 Euro		
Aufteilung		A	B
Kapital	- 1.000.000 Euro	500.000 Euro	500.000 Euro
Unterschiedsbetrag	200.000 Euro		
Verteilung 50:50		+ 100.000 Euro	100.000 Euro
Sonderbetriebsvermögen A		+ 110.000 Euro	
Anteil am Betriebsvermögen		710.000 Euro	

Zum Verwaltungsvermögen gehören die Anteile an der A-GmbH, die sich im Sonderbetriebsvermögen von A befinden (110.000 Euro), weil insoweit die Mindestbeteiligungsquote von mehr als 25 Prozent nicht erfüllt ist.

Zum Verwaltungsvermögen gehören die Anteile an der A-GmbH, die sich im Gesamthandsvermögen befinden, weil insoweit die Mindestbeteiligungsquote von mehr als 25 Prozent nicht erfüllt ist.

Der Umfang des Verwaltungsvermögens berechnet sich wie folgt:

(110.000 Euro + 240.000 Euro x 0,5) ÷ 710.000 Euro = 32,39 % < 50 %

Fazit: Die Beteiligung des A an der Personengesellschaft stellt begünstigtes Vermögen dar.

Die wichtigsten Änderungen der Reform des Erbschaft- und Schenkungsteuerrechts (unter Berücksichtigung der Änderungen durch das »Wachtstumsbeschleunigungsgesetz« zum 1. Januar 2010)

Die wichtigsten Änderungen

- Bewertung aller Vermögensarten einheitlich mit dem Verkehrswert
- Entschärfung der »Lohnsummenregelung« und Herabsetzung des »Behaltenszeitraums« bei der Begünstigung von inländischem Betriebsvermögen
- Abmilderung der Voraussetzungen für eine komplette Freistellung des Unternehmens von der Erbschaftsteuer (Verschonungsoption)
- Erhöhung der persönlichen Freibeträge
- Steuerbefreiung der Vererbung von selbst genutztem Wohneigentum an Ehegatten und Kinder
- Änderung der Tarife in den Steuerklassen II und III

Wahlrecht

Für Erbfälle, die zwischen dem 1. Januar 2007 und dem 31. Dezember 2008 eintraten, wurde ein Wahlrecht zwischen altem und neuem Recht gewährt; es gelten jedoch die *Freibeträge* nach altem Recht. Für Schenkungen galt das neue Recht erst ab dem 1. Januar 2009.

Die neuen Bewertungsvorschriften

Betriebsvermögen

Alle nicht börsennotierten Unternehmen werden unabhängig von der Rechtsform mit dem sogenannten gemeinen Wert (Verkehrswert) bewertet. Dieser Wert orientiert sich an den Ertragsaussichten des Unternehmens. Es ist jedoch mindestens der Substanzwert anzusetzen.

Der gemeine Wert kann im sogenannten vereinfachten Ertragswertverfahren ermittelt werden (Einzelheiten hierzu siehe Seite 170), sofern dieses nicht zu offensichtlich unzutreffenden Ergebnissen führt. Daneben können andere Bewertungsverfahren angewendet werden, die für außersteuerliche Zwecke anerkannt sind, zum Beispiel IDW S1 für große Unternehmen, die Multiplikatormethode für kleine Unternehmen, der als branchenspezifisches Bewertungsverfahren vollumfänglich anerkannte AWH-Standard der Handwerkskammern für größere und mittlere Handwerksunternehmen. Der AWH-Standard ist für die Handwerksunternehmen in der Regel die vorteilhafteste Methode, weil sich durch spezifische Bewertungsabschläge (aber auch durch die starke Inhaberbezogenheit von Handwerksbetrieben) ein niedrigerer Kapitalisierungsfaktor und in der Folge ein niedrigerer Wertansatz des Betriebsvermögens ergibt. Weitere Hinweise hierzu enthält der Flyer *Das AWH-Verfahren für Handwerksbetriebe*, den der Zentralverband des Deutschen Handwerks (ZDH) herausgegeben hat.

Achtung!

Ergibt sich jedoch aufgrund von zeitnahen Ereignissen (zum Beispiel Erbauseinandersetzungen, Verkäufe) vor oder nach dem Erbfall ein anderer Wert, so ist dieser anzusetzen.

Vereinfachtes Ertragswertverfahren:

Der Ertragswert ermittelt sich im vereinfachten Verfahren nach der Formel:

$$\text{Jahresertrag} \times \text{Kapitalisierungsfaktor}$$

Nicht betriebsnotwendiges Vermögen und Schulden sowie Beteiligungen und Wirtschaftsgüter, die innerhalb von zwei Jahren vor der Übertragung des Betriebs eingelegt wurden, werden *neben* dem Ertragswert mit einem *eigenständig zu ermittelnden Wert* angesetzt.

Jahresertrag: Grundlage ist der voraussichtliche Jahresertrag, der künftig nachhaltig erzielbar ist. Der Jahresertrag kann anhand des in der Vergangenheit erzielten Durchschnittertrags, abgeleitet aus dem Betriebsergebnis der letzten drei Wirtschaftsjahre, geschätzt werden.

Hierbei ist grundsätzlich vom Gewinn im Sinne des Einkommensteuergesetzes auszugehen, der um bestimmte Beträge zu korrigieren ist (§ 202 Bewertungsgesetz – BewG). Positive Betriebsergebnisse werden zur Abgeltung des Ertragsteueraufwands pauschal um 30 Prozent gekürzt.

Kapitalisierungsfaktor: Der Kapitalisierungsfaktor entspricht dem Kehrwert ($1/x$) des Kapitalisierungszinssatzes. Der Kapitalisierungszinssatz setzt sich zusammen aus dem Basiszinssatz und einem Zuschlag von 4,5 Prozent. Der Basiszinssatz wird von der Deutschen Bundesbank zu Beginn eines jeden Jahres ermittelt und vom Bundesfinanzministerium im Bundessteuerblatt veröffentlicht. Für das Jahr 2010 wurde ein Basiszinssatz in Höhe von 3,98 Prozent bekannt gegeben.

Grundvermögen/ Betriebsgrundstücke

Sogenannte Grundbesitzwerte werden ermittelt für

1. Unbebaute Grundstücke
   mit der Formel: Fläche × Bodenrichtwert

2. Bebaute Grundstücke

- Wohnungseigentum, Teileigentum sowie Ein- und Zweifamilienhäuser
- Im *Vergleichswertverfahren*: Bewertung anhand der Kaufpreise von Vergleichsgrundstücken
- Mietwohngrundstücke sowie Geschäftsgrundstücke und gemischt genutzte Grundstücke, für die sich eine ortsübliche Miete ermitteln lässt
- Im *Ertragswertverfahren:* Gebäudeertragswert zuzüglich Bodenwert
- Die vorgenannten Grundstücke mit Ausnahme der Mietwohngrundstücke, sofern sich kein Vergleichswert oder eine ortsübliche Miete ermitteln lässt
- Im *Sachwertverfahren:* Gebäudesachwert zuzüglich Bodenwert

Separate Vorschriften gelten für die Bewertung von Erbbaurechten und von Gebäuden auf fremdem Grund und Boden.

Übriges Vermögen

- Land- und forstwirtschaftliches Vermögen: Es gelten besondere Vorschriften, die hier nicht behandelt werden.
- Wertpapiere und Anteile an börsennotierten Kapitalgesellschaften: Kurswert
- Noch nicht fällige Ansprüche aus Lebens-, Kapital- oder Rentenversicherungen: Rückkaufswert

Begünstigung von Betriebsvermögen

Begünstigtes Vermögen

Begünstigt sind:

- Inländische Gewerbebetriebe
- Anteile an Kapitalgesellschaften mit Sitz in der EU/dem EWR, wenn der Erblasser/Schenker am Nennkapital zu mehr als 25 Prozent beteiligt war
- Inländische Betriebe der Land- und Forstwirtschaft

Ausnahmen:

- Die Begünstigung ist für den gesamten Betrieb/Anteil ausgeschlossen, wenn das Betriebsvermögen zu mehr als 50 Prozent (siehe Variante 1, Seite 172f.) beziehungsweise 10 Prozent (siehe Variante 2, Seite 174f.) aus Verwaltungsvermögen besteht.
- Beträgt der Anteil des Verwaltungsvermögens am Betriebsvermögen weniger als 50 Prozent (siehe Variante 1) beziehungsweise 10 Prozent (siehe Variante 2), so gehört solches Verwaltungsvermögen nicht zum begünstigten Vermögen, das dem Betrieb im Besteuerungszeitpunkt weniger als zwei Jahre zuzurechnen war.

Zum Verwaltungsvermögen gehören zum Beispiel vermietete oder verpachtete Grundstücke, Anteile an Kapitalgesellschaften mit unmittelbarer Beteiligung von bis zu 25 Prozent, Anteile an Personen- und Kapitalgesellschaften mit Verwaltungsvermögen von mehr als 50 Prozent, Wertpapiere und vergleichbare Forderungen, Kunstgegenstände und Sammlungen.

Achtung!

Vermietete oder verpachtete Grundstücke gehören ausnahmsweise zum begünstigten Vermögen, wenn

- die Vermietung oder Verpachtung im Rahmen einer sogenannten Betriebsaufspaltung erfolgt (das heißt, der Erblasser oder Schenker kann seinen geschäftlichen Betätigungswillen sowohl im überlassenden als auch im nutzenden Betrieb durchsetzen);
- der Gesellschafter einer mitunternehmerischen Personengesellschaft im Sinne des Einkommensteuergesetzes das Grundstück der Gesellschaft zur Nutzung überlassen hat und diese Rechtsstellung auf den Erwerber oder Beschenkten übergeht;
- es sich um eine Betriebsverpachtung im Ganzen handelt. (Bitte beachten: Hier gelten besondere Anforderungen und Einschränkungen!)

Daneben gelten Sonderregelungen für Konzerne, Wohnungsgesellschaften und die Land- und Forstwirtschaft.

Begünstigung

Die Übertragung von Betriebsvermögen wird künftig begünstigt, wenn bestimmte Voraussetzungen erfüllt werden. Die Begünstigung erfolgt in zwei Varianten, zwischen denen der Steuerpflichtige wählen kann:

1. Variante:

- Von dem geerbten/geschenkten Betriebsvermögen bleiben 85 Prozent steuerfrei (Verschonungsabschlag).
- Die verbleibenden 15 Prozent des Betriebsvermögens unterliegen nicht der Besteuerung, sofern der Wert dieses Vermögens 150.000 Euro nicht übersteigt (Abzugsbetrag). Übersteigt dieser Teil des Betriebsvermögens den Abzugsbetrag von 150.000 Euro, so wird der Abzugsbetrag um 50 Prozent des übersteigenden Teils gekürzt (siehe Beispiel 1).
- Natürliche Personen der Steuerklassen II und III erhalten einen Entlastungsbetrag für die nach Anwendung des Verschonungsabschlags verbleibenden 15 Prozent des Betriebsvermögens. Der Entlastungsbetrag entspricht dem Unterschiedsbetrag zwischen der anteiligen Steuer nach der tatsächlichen Steuerklasse des Erwerbers und der anteiligen Steuer nach Steuerklasse I.

Für das Greifen dieser ersten Variante müssen drei Voraussetzungen erfüllt sein:

- *Voraussetzung 1: Lohnsummenklausel.* Die Summe der maßgeblichen jährlichen Lohnsummen darf innerhalb von 5 Jahren nach dem Erwerb (Lohnsummenfrist) insgesamt 400 Prozent der Ausgangslohnsumme nicht unterschreiten (Mindestlohnsumme). Ausgangslohnsumme ist die durchschnittliche Lohnsumme der letzten 5 Wirtschaftsjahre vor dem Besteuerungszeitpunkt. Bei Unterschreiten der Mindestlohnsumme vermindert sich der Verschonungsabschlag rückwirkend in demselben prozentualen Umfang, in dem die Mindestlohnsumme unterschritten wird (Abzugsbetrag bleibt erhalten!). Eine Ausnahme gibt es auch hier: Die Regelung gilt nicht bei Betrieben mit bis zu 20 Beschäftigten!
- *Voraussetzung 2: Behaltensfrist.* Verschonungsabschlag und Entlastungsbetrag entfallen anteilig mit Wirkung für die Vergangenheit bei Veräußerung des Betriebs/Teilbetriebs (Ausnahme: Reinvestition); Veräußerung oder Entnahme wesentlicher Betriebsgrundlagen (Ausnahme: Reinvestition); Entnahmen, welche die Summe der Einlagen und der zuzurechnenden Gewinne/Gewinnanteile seit dem Erwerb um mehr als 150.000 Euro übersteigen. Diese Regelung gilt für Veräußerungen und Entnahmen innerhalb von 5 Jahren nach dem Besteuerungszeitpunkt.

Achtung!
Der Abzugsbetrag entfällt insoweit ganz!

- *Voraussetzung 3: Verwaltungsvermögen.* Das Betriebsvermögen darf nicht zu mehr als 50 Prozent aus Verwaltungsvermögen bestehen.

2. Variante:

Der Erbe oder Beschenkte kann unwiderruflich erklären, dass er die unter Variante 1 dargestellte Verschonung des Betriebsvermögens von der Erbschaftsteuer unter folgender Maßgabe beantragt:

- Die Lohnsummenfrist beträgt 7 Jahre und die maßgebliche Lohnsumme beträgt 700 Prozent.
- Die Behaltensfrist beträgt 7 Jahre.
- Das Betriebsvermögen darf nicht zu mehr als 10 Prozent aus Verwaltungsvermögen bestehen.
- Der Verschonungsabschlag beträgt 100 Prozent.

Praxistipp

Die Variante 1 ist für Handwerksbetriebe in der Regel vorteilhafter!

Zur Verdeutlichung einige Beispiele zu Variante 1.

Beispiel 1: Der Betrieb wird auf den 30-jährigen Sohn übertragen. Es liegt kein Verwaltungsvermögen vor. Privatvermögen wird nicht übertragen.

Gemeiner Wert des Betriebs	1.200.000 Euro
Abzüglich:	
Verschonungsabschlag 85 %	1.020.000 Euro
Verbleiben:	180.000 Euro
Abzüglich:	
Abzugsbetrag	150.000 Euro
$-\frac{1}{2}$ von 30.000 Euro	135.000 Euro
Verbleiben	45.000 Euro
Abzüglich:	
Persönlicher Freibetrag	
400.000 Euro, aber maximal	45.000 Euro
Zu versteuern	**0 Euro**

Beispiel 2: Der Fall liegt wie in Beispiel 1, nur dass der Sohn den Betrieb nach zwei Jahren veräußert.

Gemeiner Wert des Betriebs	1.200.000 Euro	
Abzüglich:		
Verschonungsabschlag 34 %	408.000 Euro	
(2/5 von 85 %)		
Verbleiben:	792.000 Euro	617.143 Euro
Abzüglich:		
Persönlicher Freibetrag	400.000 Euro	
Zu versteuern	**0 Euro**	
Rückwirkend zu versteuern	392.000 Euro	
Steuersatz (Klasse I)	15 %	
Steuer	**58.800 Euro**	

(*Hinweis*: Nach altem Recht und einem Wert des Betriebsvermögens von 1.200.000 Euro hätte die Steuer 189.050 Euro betragen!)

Beispiel 3: Der Fall liegt wie in Beispiel 1, nur dass der Sohn nach fünf Jahren eine kumulierte Lohnsumme von 300 Prozent erreicht.

Gemeiner Wert des Betriebs	1.200.000 Euro	
Abzüglich:		
Verschonungsabschlag 63,75 %	765.000 Euro	
($^3/_4$ von 85 %)		
Verbleiben	435.000 Euro	617.143 Euro
Abzüglich:		
Abzugsbetrag 150.000 Euro	$-^1/_2$ von 285.000 Euro	7.500 Euro
Verbleiben	427.500 Euro	
Abzüglich:		
Persönlicher Freibetrag	400.000 Euro	
Rückwirkend zu versteuern	27.500 Euro	
Steuersatz (Klasse I)	7 %	
Steuer	**1.925 Euro**	

Selbst genutztes Wohneigentum

Die Vererbung von selbst genutztem Wohneigentum an den Ehepartner oder die Kinder ist künftig steuerfrei. Voraussetzung ist, dass der Erbe das Haus/die Wohnung mindestens 10 Jahre lang zu eigenen Wohnzwecken nutzt (Ausnahme: Pflegefall, Tod). Bei Kindern gilt die Steuerbefreiung nur, wenn die Wohnfläche 200 Quadratmeter nicht übersteigt.

Praxistipp

Die schenkweise Übertragung des Familienwohnheims zu Lebzeiten an den Ehepartner ist auch weiterhin steuerfrei.

Die neuen Freibeträge

Die persönlichen Freibeträge werden angehoben und können – wie bisher – alle zehn Jahre erneut in voller Höhe genutzt werden.

Steuerklasse I

- Ehegatten und (neu) Lebenspartner:
  500.000 Euro (bisher 307.000 Euro)
- Kinder und verwaiste Enkel:
  400.000 Euro (bisher 205.000 Euro)
- Enkel: 200.000 Euro (bisher 51.200 Euro)
- Eltern und Großeltern (bei Erbschaften):
  100.000 Euro (bisher 51.200 Euro)

Steuerklasse II

- Eltern und Großeltern (bei Schenkungen), Geschwister, Neffen/Nichten, Stiefeltern, Schwiegerkinder, Schwiegereltern und der geschiedene Ehegatte:
  20.000 Euro (bisher 10.300 Euro)

Steuerklasse III

- Übrige Erwerber:
  20.000 Euro (bisher 5.200 Euro)

Wie bisher erhält im Erbfall der überlebende Ehegatte und (neu) der Lebenspartner einen besonderen Versorgungsfreibetrag von bis zu 256.000 Euro, Kinder einen altersabhängigen Versorgungsfreibetrag von bis zu 52.000 Euro.

Die neuen Steuersätze

Die Tarifstufen wurden angehoben und geglättet; die Steuersätze in den Steuerklassen I und II wurden verschoben und angehoben. Die Steuersätze der Steuerklasse III wurden zusammengefasst.

Berücksichtigung steuerlicher Doppelbelastung

Die Erbschaftsteuer führt auf Antrag zu einer Ermäßigung der tariflichen Einkommensteuer, wenn die betreffenden Einkünfte in den vier vorangegangenen Veranlagungszeiträumen aufgrund eines Erwerbs von Todes wegen der Erbschaftsteuer unterlegen haben (§ 35b EStG). Die Regelung gilt erstmals für den Veranlagungszeitraum 2009, wenn der Erbfall nach dem 31. Dezember 2008 eingetreten ist.

Praxistipp

Für eine detaillierte Berechnung Ihrer Erbschaft- oder Schenkungsteuerschuld sowie für die Klärung der Frage, ob das alte oder das neue Recht für Sie günstiger ist, wenden Sie sich bitte an Ihren steuerlichen Berater.

Wert des steuerpflichtigen Erwerbs bis einschließlich	Steuerklasse		
	I	II	III
75.000 Euro	7 %	15%	30%
300.000 Euro	11%	20%	
600.000 Euro	15%	25%	
6.000.000 Euro	19%	30 %	
13.000.000 Euro	23%	35%	50%
26.000.000 Euro	27%	40%	
über 26.000.000 Euro	30%	43%	

Schritt 6: So setzen Sie Ihre Interessen rechtssicher durch

6.1 Bedeutung der Rechtsform eines Unternehmens für die Unternehmensnachfolge

Einzelunternehmen

Wenn Sie als einzelne Person ein Unternehmen führen, dessen Inhaber Sie sind, dann haben Sie ein Einzelunternehmen. Nur Sie als natürliche Person sind hier der Träger von Rechten und Pflichten, nicht jedoch das Einzelunternehmen. Es gibt hier also, anders als etwa bei der Gesellschaft mit beschränkter Haftung (GmbH), keine Verselbstständigung des Unternehmens.

Sie verkaufen Ihr Unternehmen

Als Betriebsinhaber steht es Ihnen frei, Ihr Einzelunternehmen zu jedem beliebigen Zeitpunkt zu verkaufen. Beachten Sie jedoch, dass Sie rechtlich gesehen nicht »das Unternehmen« verkaufen, sondern vielmehr alle Wirtschaftsgüter, Forderungen und Verbindlichkeiten. Ferner sind zum Beispiel auch vorhandene Patente, Warenzeichen und sonstige gewerbliche Schutzrechte Gegenstand des Verkaufs, ebenso etwa bestehende Miet-, Pacht- und Leasingverträge.

Sie vererben Ihr Unternehmen

Sie können Ihr Unternehmen auch verschenken oder vererben. Sind mehrere Erben vorhanden, wird ein zum Nachlass gehörendes Einzelunternehmen gemeinschaftliches Vermögen der Erbengemeinschaft.

Zwar kann eine Erbengemeinschaft ein Einzelunternehmen grundsätzlich fortführen, erfahrungsgemäß ist aber Streit unter den Erben programmiert. Und: Eigentliches Ziel einer Erbengemeinschaft ist deren Auseinandersetzung, also die Teilung des Nachlasses.

Kann die Erbengemeinschaft zum Beispiel mithilfe eines Auseinandersetzungsplans keine einvernehmliche Teilung des Nachlasses vornehmen, sollte ein auf Familien- und Erbschaftsrecht spezialisierter Rechtsanwalt hinzugezogen werden. Vor allem folgende Fragen sind zu klären:

- Welche erbrechtliche Konstellation liegt vor?
- Welche Gegenstände gehören im Einzelnen zum Nachlass?
- Welche Vermögenswerte, welche Schulden beinhaltet der Nachlass (inklusive Beerdigungskosten et cetera)?
- Ist der gesamt Nachlass Gegenstand der Auseinandersetzung?
- Wenn nein, was geschieht mit dem Rest?
- Welcher Erbe erhält was beziehungsweise wie viel?
- Welche Leistungen und Kosten sind mit der Inanspruchnahme eines externen Beraters verbunden?

Praxistipp

Eine Unternehmensnachfolge innerhalb der Familie wird meistens in der Weise geregelt, dass ein Angehöriger Alleinerbe wird und die übrigen gesetzlichen Erben mit einem Vermächtnis bedacht oder »ausgezahlt« werden.

Offene Handelsgesellschaft (OHG)

Die offene Handelsgesellschaft ist eine Personengesellschaft, in der sich zwei oder mehr natürliche oder juristische Personen zusammenschließen, um unter einer gemeinsamen Firma ein Handelsgewerbe zu betreiben.

Sie »verkaufen« Ihre Beteiligung

Verkaufen meint hier, dass Sie als Gesellschafter aus der OHG ausscheiden. Dazu kündigen Sie als Gesellschafter. Für diesen Fall ist im Gesellschaftsvertrag regelmäßig vorgesehen, dass die übrigen Gesellschafter beschließen können, dass die OHG unter ihnen fortbestehen soll. Kommt ein solcher Beschluss zustande, scheiden Sie als kündigender Gesellschafter mit Ablauf der Kündigungsfrist aus der OHG aus.

Ihnen steht ein Abfindungsanspruch zu, dessen Details üblicherweise ebenfalls im Gesellschaftsvertrag geregelt werden. Das gilt speziell für die Art der Berechnung der Abfindung. Meist wird auch vereinbart, dass die Abfindung nicht sofort, sondern in (Jahres-)Raten ausgezahlt wird, um die OHG nicht finanziell zu überfordern oder gar zu gefährden.

Sie vererben Ihre Beteiligung

Bei der Übertragung einer Beteiligung an einer offenen Handelsgesellschaft (OHG) werden die erbrechtlichen Regelungen durch die gesetzlichen Vorschriften über das Gesellschaftsrecht und insbesondere durch die Regelungen im Gesellschaftsvertrag überlagert.

- Der Gesellschaftsvertrag enthält keine Nachfolgeregelung: Fehlt im Gesellschaftsvertrag eine Regelung für den Todesfall eines Gesellschafters, hat dies zur Folge, dass die gesetzliche Regelung gilt. Danach führt der Tod eines Gesellschafters nicht etwa zur Auflösung der OHG. Vielmehr wird die OHG mit den übrigen Gesellschaftern fortgesetzt und den Erben des verstorbenen Gesellschafters steht ein Abfindungsanspruch gegen die verbleibenden Gesellschafter zu.

Achtung!

Die gesetzliche Regelung ist nicht geeignet, den Fortbestand der OHG sicherzustellen. Das liegt an der Bemessungsgrundlage für die Ermittlung der Abfindung. Die Höhe der Abfindung richtet sich nach dem tatsächlichen Wert des OHG-Anteils des verstorbenen Gesellschafters. Das kann zu einer ganz erheblichen finanziellen Belastung der OHG führen und sie in große Liquiditätsschwierigkeiten stürzen. Deshalb ist es üblich, die Nachfolge beim Tod eines Gesellschafters beziehungsweise den Abfindungsanspruch seiner Erben bereits im Gesellschaftsvertrag zu regeln.

- Der Gesellschaftsvertrag enthält eine Nachfolgeregelung: Im Gesellschaftsvertrag kann vorgesehen werden, dass der OHG-Anteil des verstorbenen Gesellschafters auf den oder die Erben übergehen soll. Das bedeutet: Der Eintritt der Erben in die OHG erfolgt im Erbfall unmittelbar, ohne dass er weiterer Erklärungen oder Verträge bedarf.

Weit verbreitet ist es, eine derartige Nachfolgeklausel einzuschränken:

- Ein Erbe des verstorbenen Gesellschafters kann nur dann in die OHG eintreten, wenn er testamentarisch als Erbe eingesetzt ist. Eine gesetzliche Erbfolge reicht nicht aus.
- Zusätzlich kann der Kreis der zu berücksichtigenden Erben dahingehend eingeschränkt werden, dass es sich bei ihnen um seinen Ehegatten, seine Kinder oder Ehegatten seiner Kinder handelt.

Kommanditgesellschaft (KG)

Die KG ist eine Sonderform der OHG. Der Hauptunterschied zur OHG ist, dass in der OHG alle Gesellschafter persönlich mit ihrem ganzen Vermögen haften, bei der KG hingegen einer oder mehrere Gesellschafter in ihrer Haftung beschränkt sind (Kommanditisten) und ein Gesellschafter bestimmt wird, der persönlich und unbeschränkt haftet (Komplementär). Bei den Kommanditisten ist somit die Haftung gegenüber den Gesellschaftsgläubigern auf den Betrag ihrer jeweiligen Vermögenseinlage beschränkt, während der Komplementär unbeschränkt haftet.

Sie »verkaufen« Ihre Beteiligung

Wie bei der OHG kann auch bei der KG ein Kommanditist ausscheiden. Hierfür gelten dieselben Regeln wie bei der OHG. Scheidet ein Komplementär aus, so muss die Komplementärstellung von einem Gesellschafter übernommen werden.

Sie vererben Ihre Beteiligung

Eine KG ohne Komplementär ist nicht denkbar. Stirbt der einzige persönlich haftende Gesellschafter, wird die KG in der Regel aufgelöst. Geschieht dies nicht, wird die KG automatisch in eine OHG umgewandelt mit der Folge, dass die früheren Kommanditisten der KG nunmehr als Gesellschafter der OHG mit ihrem gesamten Vermögen persönlich haften.

Praxistipp

Diese Folge lässt sich vermeiden, indem Sie bereits zu Lebzeiten eine Regelung im Gesellschaftsvertrag durchsetzen, nach der sich die Gesellschafter verpflichten, nach dem Tod des einzigen beziehungsweise letzten persönlich haftenden Gesellschafters der Aufnahme einer GmbH als Komplementärin zuzustimmen. Noch besser ist es, bereits zu Ihren Lebzeiten eine GmbH als weitere persönlich haftende Gesellschafterin aufzunehmen. Dies ist möglich, ohne dass die GmbH gleich vermögensmäßig beteiligt wird.

Anders stellt sich die Rechtslage beim Tod eines Kommanditisten dar. In diesem Fall löst sich die KG nicht auf. Der Erbe erwirbt die volle Rechtsstellung des Verstorbenen. Bei mehreren Erben erhält jeder Miterbe einen seiner Erbquote entsprechenden Bruchteil am Gesellschaftsanteil des Kommanditisten.

Praxistipp

Es kann im Gesellschaftsvertrag geregelt werden, dass bei mehreren Erben einer bestimmt werden soll, der die Kommanditistenstellung einnimmt und die übrigen Miterben durch Geld abfindet. Dadurch ist gewährleistet, dass sich die Anzahl der Kommanditisten nicht unnötig erhöht.

Achtung!

Bei einer GmbH & Co KG bestehen folgende Besonderheiten: Für den/die Erben eines Kommanditisten gelten die Regelungen für die KG entsprechend. Handelt es sich bei der Komplementärin um eine GmbH, richtet sich die Erbfolge nach den Regelungen für die GmbH.

Gesellschaft mit beschränkter Haftung (GmbH)

Die GmbH ist eine der beliebtesten und der bekanntesten Rechtsformen. Die GmbH ist nicht an ein Handelsgewerbe gebunden, wie dies bei der OHG und KG der Fall ist. Ferner ist die Ein-Personen-Gesellschaft zulässig. Bei der OHG und KG ist dies nicht möglich. Die GmbH ist im Gegensatz zu den Personengesellschaften OHG und KG eine Kapitalgesellschaft mit eigener Rechtspersönlichkeit.

Sie »verkaufen« Ihre Geschäftsanteile

Sie können Ihre Geschäftsanteile an einen anderen Gesellschafter oder an einen Dritten durch Abtretungsvertrag übertragen. In der Regel enthält der Gesellschaftsvertrag detaillierte Regelungen zu Verfügungen eines Gesellschafters über seinen Geschäftsanteil.

So wird üblicherweise insbesondere vorgesehen, dass

- die Verfügung über einen Geschäftsanteil der Zustimmung der Gesellschafterversammlung mit einer näher geregelten Stimmenmehrheit bedarf,
- die übrigen Gesellschafter ein Vorkaufsrecht haben,
- die Zustimmung zu erteilen ist und gleichzeitig das Vorkaufsrecht der übrigen Gesellschafter entfällt, wenn der Geschäftsanteil zum Beispiel an den Ehegatten, die Kinder, deren Ehegatten oder einen anderen Gesellschafter abgetreten wird.

Sie vererben Ihre Geschäftsanteile

Die Gesellschaftsanteile an einer GmbH sind frei vererblich. Mit dem Tod eines Gesellschafters geht sein GmbH-Anteil ohne Weiteres auf seine(n) gesetzlichen oder testamentarischen Erben über. Das bedeutet im Grundsatz: Wenn ein Gesellschafter stirbt, müssen die übrigen Gesellschafter seinen Erben ohne Wenn und Aber akzeptieren.

Das ist kein Problem, wenn der Verstorbene Alleingesellschafter war. Dann tritt sein Erbe in diese Position ein und wird neuer Alleingesellschafter der GmbH. Hat der Verstorbene dagegen mehrere Erben, kann es kompliziert werden. Insbesondere kann diese Folge auch unerwünscht sein, da die Gesellschafter in der Regel ein besonderes Vertrauensverhältnis verbindet und deshalb nicht bereit sind, die Gesellschaft »mit jedem x-beliebigen Dritten« fortzuführen.

Praxistipp

Um zu verhindern, dass beim Tod eines Gesellschafters unerwünschte Personen als Gesellschafter in die GmbH eintreten können, bieten sich in Gesellschaftsverträgen folgende Regelungen an:

- Beim Tod eines Gesellschafters wird die Gesellschaft mit seinen Erben fortgesetzt, wenn es sich dabei um andere Gesellschafter, seinen Ehegatten, seine Kinder oder Ehegatten seiner Kinder handelt.
- Gehören die Erben nicht dem vorgenannten Personenkreis an, können die Gesellschafter beispielsweise beschließen, dass der betreffende GmbH-Anteil gegen Zahlung einer Abfindung an die Erben eingezogen wird.

Achtung!

Gibt es mehrere Erben, steht der GmbH-Anteil der Erbengemeinschaft gemeinschaftlich zu. Der Erbanteil wird nicht etwa anteilig auf die einzelnen Erben übertragen. Nachteil: Sind Miterben zerstritten, können sie wichtige Entscheidungen der Gesellschafterversammlung blockieren und damit den Bestand der GmbH gefährden.

Mit folgender Regelung wird die Handlungsfähigkeit der Gesellschafterversammlung auch dann sichergestellt, wenn die Miterben eines Gesellschafters zerstritten sind: Steht ein GmbH-Anteil mehreren Erben gemeinschaftlich zu, sind diese verpflichtet, einen gemeinsamen Vertreter zu bestellen. Solange dies nicht geschehen ist, ruht das Stimmrecht aus dem geerbten GmbH-Anteil.

Klären Sie für die Regelung des GmbH-Anteils im Erbfall folgende Fragen:

- Wollen Sie den Kreis der Personen, auf die der GmbH-Anteil übergehen soll, beschränken?
- Was soll mit dem GmbH-Anteil geschehen, wenn die Erben diesem Personenkreis nicht angehören?
- Soll zusätzlich geregelt werden, dass Miterben einen gemeinsamen Vertreter benennen?
- Soll das Stimmrecht der Miterben ruhen, bis der gemeinsame Vertreter bestellt ist?

Handwerksbetrieb

Ob ein Betrieb zum Handwerk gehört, hängt weder von der Größe des Betriebs noch von der Zahl der Beschäftigten, sondern von den betrieblichen und tatsächlichen Gegebenheiten ab. Grundsätzlich wird zwischen zulassungspflichtigem beziehungsweise zulassungsfreiem Handwerk und handwerksähnlichem Gewerbe unterschieden. Damit ein Gewerbe zum Handwerk gehört, müssen diese beiden Voraussetzungen erfüllt sein:

- Das Gewerbe wird handwerksmäßig beziehungsweise handwerksähnlich betrieben. Das bedeutet, dass eine Dienstleistung oder ein Produkt individuell und unmittelbar für den Verbraucher hergestellt wird.
- Das Gewerbe ist in einer der Anlagen der Handwerksordnung als zulassungspflichtiges Handwerk, zulassungsfreies Handwerk oder handwerksähnliches Gewerbe aufgeführt.

Sie verkaufen Ihren Betrieb

Ob Sie nun Inhaber eines eigenen Handwerksbetriebs sind und damit ein Einzelunternehmen führen oder Gesellschafter einer GmbH sind: Es gelten die Hinweise und Praxistipps zu diesen Rechtsformen entsprechend.

Sie vererben Ihren Betrieb

Bei der Fortführung eines Handwerksbetriebs durch die Erben nach dem Tod des Betriebsinhabers gilt zusätzlich folgende Besonderheit: Eine Person aus einem von der Handwerksordnung konkret vorgegebenen Personenkreis darf den Betrieb fortführen, ohne die Voraussetzungen für die Eintragung in die Handwerksrolle zu erfüllen. Dieser Kreis ist auf folgende Personen begrenzt:

- Ehegatte
- Lebenspartner
- Erbe
- Testamentsvollstrecker
- Nachlassverwalter
- Nachlassinsolvenzverwalter
- Nachlasspfleger

Achtung!

Wer auch immer den Handwerksbetrieb im konkreten Fall fortführt, muss dafür Sorge tragen, dass unverzüglich ein Betriebsleiter bestellt wird. Unverzüglich bedeutet so schnell wie möglich. Das ist nicht immer möglich und hängt von den konkreten Umständen des Einzelfalls ab.

Generell empfiehlt es sich für den betroffenen Personenkreis, frühzeitig den Kontakt zur Handwerkskammer zu suchen und bei Vorliegen der Voraussetzungen ihr gegenüber deutlich zu machen, dass eine ordnungsgemäße Führung des Betriebs gewährleistet ist. Dann muss der Betriebsleiter in Härtefällen nicht mehr unverzüglich bestellt werden. Ein Härtefall liegt etwa beim überraschenden Tod des Betriebsinhabers vor. In einem derartigen Fall wird die Handwerkskammer eine angemessene Frist setzen. Das bedeutet, dass die Erben wertvolle Zeit gewinnen.

6.2 Familieninterne Nachfolge I: Abschluss eines Erbvertrags

Ein reiner Schenkungsvertrag, durch den das Unternehmen unentgeltlich auf den Nachfolger übertragen wird, ist die Ausnahme. Sinnvollerweise wird die Regelung der Unternehmensnachfolge dazu genutzt, auch erbrechtlich Fakten zu schaffen. Mit einem Erbvertrag können Sie bereits zu Lebzeiten rechtsverbindlich bestimmen, wer Erbe werden oder etwas aus dem Nachlass erhalten soll. Sie können also durch einen Erbvertrag einen Erben einsetzen, aber auch Vermächtnisse und Auflagen anordnen.

Die häufigste Form, in der Verfügungen von Todes wegen getroffen werden, ist nach wie vor das Testament. Wenn Betriebsinhaber bereit sind, einen Erbvertrag abzuschließen und sich damit umfassend rechtlich zu binden, hat dies meist einen besonderen Grund. Geradezu klassisch ist die Absicht, die Unternehmensnachfolge familienintern zu regeln.

Typisch ist etwa folgende Ausgangslage: Sie sind selbstständig tätig, haben zum Beispiel einen Handwerksbetrieb, ein Einzelhandelsgeschäft oder ein Dienstleistungsunternehmen. Ihr Wunsch ist, dass Ihre Kinder in

Ihrem Betrieb mitarbeiten und ihn eines Tages übernehmen. Ihre Kinder sind gern bereit, bei Ihnen einzusteigen, wollen aber sicher sein, dass sie den Betrieb auch tatsächlich erben, und drängen deshalb auf eine frühzeitige Nachfolgeregelung. Dazu bietet sich der Erbvertrag geradezu an.

Das gilt erst recht dann, wenn ein Lebenspartner selbstständig ist und der andere bei ihm mitarbeitet. Für den Fall, dass der Partner, der Inhaber des Betriebs ist, verstirbt, kann dies für den überlebenden Partner zu erheblichen sozialen Härten führen, weil kein gesetzliches Erbrecht besteht. Diese Härten sind umso größer, je weniger für diesen Fall vorgesorgt wurde und je länger die nichteheliche Lebensgemeinschaft bestanden hat.

Praxistipp

Wenn Sie beabsichtigen, bei der Regelung der Unternehmensnachfolge einen gesetzlichen Erben zu übergehen, ist ebenfalls ein Erbvertrag denkbar. Damit der Erbe seinen Pflichtteilsanspruch später nicht geltend macht, vereinbaren Sie mit ihm, dass er auf seinen Pflichtteilt verzichtet, beispielsweise gegen Zahlung eines Geldbetrags, den er sofort oder zu einem bestimmten Zeitpunkt von Ihnen erhält. Auch dieser Erbverzicht kann vertraglich geregelt werden.

Überdies ist es möglich, im Rahmen eines Erbvertrags zum Beispiel auch folgende Regelungen zu treffen:

Ihr Alleinerbe/Nachfolger verpflichtet sich,

- die Pflichtteilsansprüche etwaiger Miterben auszugleichen,
- bestimmte Verbindlichkeiten zu übernehmen,
- Ihnen gegenüber Versorgungsleistungen zu übernehmen.

Was den Erbvertrag vom Testament unterscheidet

Egal, ob Sie sich für einen Erbvertrag oder ein Testament entscheiden, beide Wege stehen Ihnen grundsätzlich offen. Im Detail gibt es jedoch wichtige Unterschiede, die Sie kennen sollten.

Das Testament ist eine einseitige letztwillige Verfügung. Sie können allein und ohne Beteiligung einer anderen Person Ihre Anordnungen treffen und auch jederzeit frei widerrufen.

Ein gemeinschaftliches Testament, wie es Ehegatten und eingetragene Lebenspartner errichten können, enthält zwei Testamente, in denen die Ehegatten zusammen mit übereinstimmendem Willen jeweils Verfügungen treffen, die in ihrem Bestand teilweise voneinander abhängig sind. Ein gemeinschaftliches Testament können die Ehepartner nur gemeinsam aufheben. Daneben ist es, solange beide Ehepartner leben, von einem der Ehepartner frei widerruflich.

Die stärkste rechtliche Bindung geht vom Erbvertrag aus. An den Erbvertrag sind Sie grundsätzlich gebunden. Ihr Recht, weiterhin über Ihr Vermögen zu Lebzeiten frei zu verfügen, wird dadurch aber grundsätzlich nicht beschränkt.

Notarielle Beurkundung und amtliche Verwahrung

Ein Erbvertrag ist nur dann wirksam, wenn er von einem Notar beurkundet wird. Vereinbaren die Vertragspartner nichts anders, wird der Erbvertrag amtlich verwahrt. Das bedeutet: Der Notar legt den Erbvertrag in einen Umschlag, den er mit seinem Amtssiegel verschließt. Diesen Umschlag mit dem Erbvertrag reicht er dann an das örtlich zuständige Amtsgericht weiter. Dort wird der Erbvertrag amtlich verwahrt.

Über die Hinterlegung des Erbvertrags beim Amtsgericht erhalten Sie einen Hinterlegungsschein. Zugleich informiert das Amtsgericht das Standesamt Ihres Geburtsorts über die Hinterlegung. Dieses Standesamt wiederum informiert im Sterbefall das Amtsgericht

> **Achtung!**
>
> Die amtliche Verwahrung kann im Erbvertrag ausgeschlossen werden. In diesem Fall wird der Erbvertrag vom Notar selbst verwahrt. Ein Ausschluss der amtlichen Verwahrung wird im Zweifelsfall angenommen, wenn der Erbvertrag mit einem anderen Vertrag, etwa einem Ehevertrag, in derselben Urkunde verbunden wird. Das ist zum Beispiel der Fall, wenn Sie mit Ihrem Ehepartner eine umfassende Vereinbarung treffen, die sich nicht nur mit Fragen der Vermögensauseinandersetzung bei einer Trennung befasst, sondern insbesondere auch erbrechtliche Regelungen enthält.

Was im Erbvertrag geregelt werden kann

In einem Erbvertrag können vertragsgemäße, das heißt bindende, und einseitige Verfügungen getroffen werden. Mindestens eine Verfügung eines der Vertragspartner muss vertragsgemäß sein. Andernfalls liegt kein Erbvertrag vor. Bindende Verfügungen bestehen ausschließlich in der Anordnung einer Erbeinsetzung, einer Vor- und Nacherbeinsetzung, einem Vermächtnis und/oder einer Auflage.

Andererseits wiederum gilt: Nicht jede Erbeinsetzung, Auflage oder jedes Vermächtnis muss eine Verfügung darstellen, die Sie als Erblasser bindet. Zu den einseitigen, nicht bindenden Verfügungen gehören zum Beispiel die Anordnung einer Testamentsvollstreckung, eine Teilungsanordnung oder eine Enterbung.

Das alles hört sich kompliziert an, ist es aber gar nicht. Die alles entscheidende Frage lautet: Wann liegt eine bindende Verfügung vor und wann handelt es sich lediglich um eine einseitige Verfügung, die Sie als Erblasser jederzeit widerrufen können? Es liegt in erster Linie an Ihnen selbst, durch eindeutige Formulierungen im Erbvertrag klare und unmissverständliche Regelungen zu treffen. Dazu gehört auch, solche Verfügungen, an die Sie gebunden sein wollen, ausdrücklich als vertragsgemäße Verfügungen zu bezeichnen.

Beispiel: Ein Kaufmann, der eine Buchhandelskette besitzt, setzt seine Tochter als Alleinerbin seines Betriebsvermögens ein. Die Erbeinsetzung regelt er in einem Erbvertrag mit seiner Tochter. Im selben Erbvertrag ordnet er an, dass der langjährige Steuerberater der Familie Testamentsvollstrecker sein soll.

Bei der Erbeinsetzung seiner Tochter handelt es sich um eine vertragsmäßige Verfügung, an die der Kaufmann gebunden ist. Demgegenüber kann er die Anordnung, dass der Steuerberater der Familie Testamentsvollstrecker sein soll, jederzeit frei widerrufen.

Wenn eine Klarstellung im Vertrag nicht erfolgt ist, dann finden die allgemeinen Regelungen über die Auslegung von Verträgen Anwendung, wenn es darum geht, zu ermitteln, ob und in wieweit die getroffenen Verfügungen bindend oder frei widerruflich sind. Die Frage, auf die es ankommt, lautet: Was war von den Vertragspartnern gewollt? Maßgeblich sind dabei die Beweggründe bei Abschluss des Erbvertrags.

Wenn Sie den Erbvertrag ändern wollen

Wenn Sie durch einen Erbvertrag rechtsverbindlich über Ihr Vermögen oder Teile desselben für den Erbfall verfügt haben, sind Sie daran gehindert, über Ihr Vermögen beziehungsweise die betroffenen Vermögensteile in einer letztwilligen Verfügung anderweitige Anordnungen zu treffen. Insbesondere können Sie später kein Testament mehr errichten. Täten Sie dies dennoch, wäre es unwirksam.

Achtung!
- Auch ein zu einem früheren Zeitpunkt errichtetes Testament beispielsweise, das bindenden Regelungen in einem Erbvertrag widerspricht, wird mit Abschluss des Erbvertrags unwirksam. Das wird häufig übersehen.
- Der Erbvertrag kann wie jeder andere Vertrag aufgehoben werden, wenn sich die Vertragspartner darüber einig sind. Es kommt dann zu einer einvernehmlichen Vertragsaufhebung. In diesem Fall wird ein Aufhebungsvertrag geschlossen, der ebenfalls notariell beurkundet werden muss.

Die Aufhebung des Erbvertrags muss von exakt den Personen vereinbart werden, die seinerzeit den Erbvertrag geschlossen haben. Das bedeutet: Ist einer der Vertragspartner gestorben, ist eine Aufhebung des Erbvertrags ausgeschlossen.

Auch das hat es schon gegeben: Die Personen, die den Erbvertrag geschlossen haben, verständigen sich darauf, einen neuen Erbvertrag zu schließen, anstatt den alten aufzuheben. Wenn die Regelungen im neuen Erbvertrag den Vereinbarungen im alten Erbvertrag widersprechen, gelten die alten Vereinbarungen als aufgehoben, selbst wenn dies im neuen Erbvertrag nicht ausdrücklich erklärt wurde.

Achtung!

Sind im Erbvertrag Dritte bedacht worden, so können die Vertragspartner den Erbvertrag ohne deren Zustimmung aufheben. Der Grund: Die Regelungen zugunsten Dritter gelten erst für den Erbfall. Vorher können Dritte kein Recht erwerben.

Beiderseitige Interessen angemessen schützen

Um einem weitverbreiteten Irrtum zu begegnen: Die Bindungen an die Regelungen im Erbvertrag gelten immer nur für den Erbfall. Zu Ihren Lebzeiten können Sie weiterhin über Ihr (Betriebs-)Vermögen grundsätzlich frei verfügen. Das wiederum führt zu einem starken Interessengegensatz zwischen Ihnen und Ihrem Nachfolger:

- Ihnen als übergebenden Unternehmer kommt es darauf an, durch den Erbvertrag möglichst in keiner Weise darauf festgelegt zu werden, wie Sie über Ihr (Betriebs-)Vermögen verfügen.
- Ihr Nachfolger hingegen will sichergehen, dass Sie den Betrieb nicht bereits zu Lebzeiten verkaufen oder in sonstiger Weise darüber verfügen.

Praxistipp

Um diesem Interessengegensatz Rechnung zu tragen, bietet es sich an, etwa folgende Regelungen in den Erbvertrag aufzunehmen:

- Sie vereinbaren einen Rücktrittsvorbehalt, der dann greift, wenn der Nachfolger aus Ihrem Unternehmen ausscheidet, obwohl seine Mitarbeit in Ihrem Betrieb fester Bestandteil einer schrittweisen Übergabe ist.
- Sie setzen Ihren Nachfolger als Alleinerben ein, behalten sich aber vor, über Ihr sonstiges Vermögen außerhalb des Betriebs durch Vermächtnisse zum Beispiel zugunsten des Ehegatten, des Lebenspartners oder anderer Abkömmlinge (Kinder, Enkel) zu verfügen. Das kann dann auch durch ein Testament geschehen.

- Das Sicherungsbedürfnis Ihres Erben als Nachfolger können Sie in der Weise berücksichtigen, dass Sie ihm für den Fall der Veräußerung Ihres Betriebs zu Ihren Lebzeiten ein Vorkaufsrecht einräumen – an Ihrem Unternehmen und gegebenenfalls zusätzlich an Ihrem Grundstück, wenn das Unternehmen darauf betrieben wird. Kommt es tatsächlich zum Verkauf des Unternehmens und zur Ausübung des Vorkaufsrechts, müsste Ihr Erbe den Kaufpreis dann sofort leisten. Das wird er regelmäßig als völlig unzumutbar empfinden und deshalb verlangen, dass Sie ihm den Kaufpreis bis zum Erbfall stunden.

6.3 Familieninterne Nachfolge II: Verfassen eines Testaments

Die meisten Menschen verzichten darauf, letztwillige Verfügungen zu Lebzeiten zu treffen, und überlassen es somit der gesetzlichen Erbfolge, wer ihr Vermögen später einmal erbt. Als Betriebsinhaber können Sie dieses Risiko nicht eingehen, wenn Sie in verantwortlicher Weise eine Nachfolgeregelung sicherstellen wollen. Die Errichtung eines Testaments kommt in Betracht, wenn Ihr Nachfolger aus Ihrer eigenen Familie stammt. Eine bewährte und der Errichtung eines Testaments oftmals vorgezogene Alternative ist der Abschluss eines Erbvertrags (siehe dazu Abschnitt »Familieninterne Nachfolge I«). Aber eben auch durch die Errichtung eines Testaments wissen Sie genau, dass später jeder das bekommt, was Sie ihm zugedacht haben.

Ausgangslage: Die gesetzliche Erbfolge

Um in einem Testament umsichtige und rechtlich unangreifbare Anordnungen treffen zu können, ist es wichtig, dass Sie die gesetzliche Erbfolge kennen. Als Ihre gesetzlichen Erben kommen Ihre Verwandten, Ihr überlebender Ehegatte und der Fiskus in Betracht. Die Verwandten ihrerseits werden in verschiedene Erbordnungen eingeteilt, wobei die Verwandten einer vorhergehenden Ordnung die Verwandten nachfolgender Ordnungen von der Erbfolge ausschließen.

Erben der ersten Ordnung

Hierzu gehören Ihre Abkömmlinge, das heißt Ihre Kinder, Enkel und Urenkel. Dabei erben Ihre Kinder stets zu gleichen Teilen. Leben Ihre Kinder zur Zeit des Erbfalls noch, werden dadurch deren Kinder, also Ihre Enkel, von der gesetzlichen Erbfolge ausgeschlossen. Sollte hingegen eines Ihrer Kinder bereits vor Ihnen verstorben sein, so treten an seine Stelle dessen Kinder zu gleichen Teilen.

Beispiel: Ein Kaufmann hat drei Töchter – Julia, Svenja und Heike. Alle Töchter haben jeweils zwei Kinder. Aufgrund eines tragischen Verkehrsunfalls verstirbt die Tochter Julia. In diesem Fall würden die beiden Töchter Svenja und Heike den Kaufmann je zu einem Drittel beerben, die zwei Kinder der verstorbenen Tochter Julia würden an deren Stelle treten und sich deren Drittel teilen, sodass beide jeweils ein Sechstel erhalten würden.

Erben der zweiten Ordnung

Hierzu zählen Ihre Eltern und deren Abkömmlinge, das heißt Ihre Geschwister und deren Kinder, mithin Ihre Neffen und Nichten. Leben zur Zeit des Erbfalls Ihre Eltern noch, so beerben sie Sie zu gleichen Teilen. Lebt etwa ein Elternteil nicht mehr, treten an seine Stelle dessen Kinder zu gleichen Teilen. Haben Ihre Eltern neben Ihnen keine weiteren Kinder, so erbt der überlebende Elternteil alles.

Beispiel: Ein Kaufmann ist verheiratet und hat keine Kinder. Er hinterlässt seine Ehefrau Vera. Außerdem leben sein Vater Johann sowie seine Schwestern Ursula und Anja noch. Eigentlich ist er davon ausgegangen, dass seine Ehefrau Vera sein gesamtes Vermögen erben soll. Aufgrund der gesetzlichen Erbfolge erbt seine Ehefrau allerdings nur drei Viertel. Das restliche Viertel entfällt auf seine Eltern zu jeweils einem Achtel. Da aber seine Mutter bereits verstorben ist, treten an deren Stelle seine Schwestern Ursula und Anja zu gleichen Teilen. Das heißt, beide erben das Achtel ihrer verstorbenen Mutter, also jede ein Sechzehntel.

Erben der dritten Ordnung

Hierzu gehören Ihre Großeltern und deren Abkömmlinge, das heißt Ihre Onkel und Tanten, Cousinen und Vettern. Leben bei Erbfall Ihre Großeltern noch, so beerben sie Sie allein zu gleichen Teilen. An die Stelle eines verstorbenen Großelternteils treten dessen Abkömmlinge.

Erben der vierten Ordnung

Das sind Ihre Urgroßeltern und deren Abkömmlinge, das heißt, Ihre Großonkel und Großtanten.

Haben Sie weder Verwandte noch einen Ehepartner, der Sie beerben könnte, wird der Staat Ihr gesetzlicher Erbe. Der Staat hat nicht das Recht, die Erbschaft auszuschlagen.

Praxistipp

Wenn Sie ermitteln wollen, wie viel Ihren Verwandten aufgrund der gesetzlichen Erbfolge zusteht, sollten Sie die nachfolgenden grundlegenden Regelungen berücksichtigen:

- Solange Sie Kinder oder Enkelkinder haben, erben Ihre Eltern und Geschwister nichts. Einzelne Angehörige einer näheren Ordnung schließen alle Angehörigen einer weiter entfernten Ordnung aus. Erst wenn Sie weder Kinder noch Enkel haben, kommen Ihre Eltern und Geschwister zum Zuge. Sind Sie Einzelkind und sind Ihre Eltern bereits verstorben, erben Ihre Großeltern sowie Tanten, Onkeln, Vettern und Cousinen.
- Innerhalb einer Erben-Ordnung erben zuerst die Eltern und erst nach deren Tod die Kinder. Die Erbfolge des überlebenden Ehegatten bestimmt sich nach der Art des Güterstands und noch danach, welche Verwandten neben ihm ein gesetzliches Erbrecht geltend machen können.
- Ihr überlebender Ehepartner ist neben Ihren Verwandten der ersten Ordnung zu einem Viertel, neben Verwandten der zweiten Ordnung oder Ihren Großeltern zur Hälfte gesetzlicher Erbe. Haben Sie weder Verwandte erster oder zweiter Ordnung noch Großeltern, erhält Ihr überlebender Ehegatte die ganze Erbschaft.
- Alle anderen Verwandten, also beispielsweise Großonkel und Großtante oder Vetter und Cousine, werden durch den Ehegatten als Erben ausgeschlossen. Diese erhalten also nichts, wenn sie die nächsten noch lebenden Verwandten sind. Ihr ganzer Nachlass fällt an Ihren Ehegatten

Bei Eheleuten bestimmt der Güterstand die Höhe des Erbteils

Beim gesetzlichen Güterstand der Zugewinngemeinschaft erbt Ihr Ehepartner zusätzlich zu seinem gesetzlichen Erbteil ein weiteres Viertel des Nachlasses als pauschalen Zugewinnausgleich. Mithin erhöht sich dadurch der gesetzliche Erbteil Ihres überlebenden Ehepartners um ein Viertel der Erbschaft. Das hat zur Folge, dass Ihr Ehepartner gegenüber Erben der ersten Ordnung die Hälfte erbt, neben solchen der zweiten Ordnung oder Ihren Großeltern drei Viertel.

Ihr Ehepartner erbt also …

… neben Kindern und Enkeln: 1/2
… neben Ihren Eltern, Geschwistern, Neffen und Nichten: 3/4
… neben Ihren Großeltern, Tanten, Onkeln, Cousinen und Vettern: mindestens 3/4
… neben Urgroßeltern und deren Kindern: 1/1

Leben Sie mit Ihrem Ehegatten zum Zeitpunkt des Erbfalls im Güterstand der Gütertrennung, so erbt Ihr überlebender Ehepartner neben Ihren Kindern zu gleichen Teilen.

Beispiel: Ein Kaufmann hat zwei eheliche Kinder, Jürgen und Andrea. In diesem Fall erbt die überlebende Ehegattin neben ihren Kindern ein Drittel. Hätte der Kaufmann ein Kind, würde seine Ehefrau die Hälfte erben. Neben mehr als drei Kindern ist der überlebende Ehegatte stets zu einem Viertel der gesetzliche Erbe.

Was Lebenspartner erben

Nichtehelichen Lebenspartnern steht kein gesetzliches Erbrecht zu. Wollen Sie Ihren nichtehelichen Lebenspartner absichern, empfiehlt es sich also, wenn Sie entweder ein Testament errichten oder mit ihm einen Erbvertrag abschließen.

Besser gestellt sind demgegenüber die Partner einer eingetragenen Lebenspartnerschaft; sie sind Ehegatten weitestgehend gleichgestellt. Die Höhe des Erbteils hängt also davon ab, ob und wie viele Kinder Sie hinterlassen. Außerdem ist die Höhe des Erbteils davon abhängig, welchen Güterstand Sie mit Ihrem Lebenspartner gewählt haben.

Errichtung eines Testaments: privat oder öffentlich?

Ein Testament können nur Sie persönlich errichten. Sie haben die Wahl zwischen einem privaten und einem öffentlichen Testament.

Öffentliches Testament

Als öffentliches Testament gelten alle letztwilligen Verfügungen, bei denen ein Notar mitwirkt. Es besteht die Möglichkeit, dass Sie dem Notar mündlich Ihren letzten Willen erklären. Sie können ihm aber auch mit dem Hinweis, dass der Inhalt Ihr letzter Wille ist, einen offenen oder verschlossenen Brief mi einer schriftlichen Erklärung übergeben, in der Ihr letzter Wille abgefasst ist. Diese schriftliche Erklärung brauchen Sie nicht selbst zu schreiben.

Der Notar veranlasst die amtliche Verwahrung des öffentlichen Testaments. Der Vorteil des öffentlichen Testaments besteht drin, dass sich seine Echtheit später von den Erben nicht bestreiten lässt. Der Notar prüft nämlich die formellen Voraussetzungen der wirksamen Errichtung, insbesondere auch Ihre Testierfähigkeit, also Ihre Fähigkeit, ein Testament selbstständig zu errichten. Bei einem öffentlichen Testament können Sie also davon ausgehen, dass es nach Ihrem Tod Bestand hat und von Ihren Erben beziehungsweise etwaigen übergangenen Erben nicht angefochten werden kann.

Privates Testament

Es handelt sich um ein eigenhändig geschriebenes und ebenso eigenhändig unterschriebenes Testament. Es ist also insbesondere nicht zulässig, das Testament mit dem PC zu schreiben, anschließend auszudrucken und dann nur noch zu unterzeichnen. In einem solchen Fall wäre das Testament unwirksam.

Geben Sie zusätzlich Ort und Zeit der Errichtung an, damit später festgestellt werden kann, wo und wann Sie das Testament errichtet haben. Der Grund: Sie können jederzeit wieder ein neues Testament errichten. Das jeweils letzte Testament ist für die Erbfolge verbindlich.

Ein privates Testament hat den Vorteil, dass es nichts kostet, sofern Sie sich nicht durch einen Rechtsanwalt, Steuerberater und/oder Notar beraten lassen. Andererseits kann es passieren, dass Sie Ihren letzten Willen nicht eindeutig formulieren oder sogar Inhalts- oder Formfehler begehen. Dieses Risiko sollten Sie als Betriebsinhaber auf keinen Fall eingehen, zumal bei den Anordnungen zur Unternehmensnachfolge zusätzlich immer auch deren erbrechtliche und steuerliche Auswirkungen zu berücksichtigen sind.

Praxistipp

Verwahren Sie Ihr Testament nicht an einem beliebigen Ort in Ihren Privat- oder Geschäftsräumen oder in einem Banksafe. Geben Sie es besser bei einem Amtsgericht Ihrer Wahl in amtliche Verwahrung. So können Sie sicher sein, dass Ihr Testament nach Ihrem Tod eröffnet wird.

Wie sich ein Pflichtteil auswirkt

Um den Pflichtteil geht es immer dann, wenn Sie in Ihrem Testament einen nahen Angehörigen von der Erbfolge ausschließen. Pflichtteilsberechtigt sind Kinder, Ehegatten, Partner einer eingetragenen Lebenspartnerschaft und Eltern. Voraussetzung für den Pflichtteil ist, dass der Pflichtteilsberechtigte aufgrund der gesetzlichen Erbfolge erbberechtigt ist.

Beispiel: Ein Kaufmann hinterlässt seine Ehefrau, zwei Kinder und seine Eltern. Bei der gesetzlichen Erbfolge würden seine Eltern nicht erben, sondern nur seine Ehefrau und seine Kinder. Deshalb haben die Eltern hier auch keinen Pflichtteilsanspruch.

Der Pflichtteilsanspruch führt nicht etwa dazu, dass übergangene Erben die Beteiligung am Nachlassvermögen und damit am Unternehmen erzwingen können. Vielmehr können sie »nur« die Zahlung eines Geldbetrags durchsetzen.

Die Höhe des Pflichtteils entspricht der Hälfte des gesetzlichen Erbteils und hängt von der Anzahl der Miterben ab, die neben dem Pflichtteilsberechtigten zu berücksichtigen sind.

Beispiel: Ein Sohn wird im Testament übergangen. Unter Berücksichtigung der übrigen Erben beträgt sein gesetzlicher Erbteil ein Viertel. Dann kann er als Pflichtteil die Zahlung eines Betrags in Höhe eines Achtels des Nachlassvermögens verlangen.

Der Betrag wird dem Pflichtteilsberechtigten nicht automatisch ausgezahlt. Er muss ihn vielmehr ausdrücklich geltend machen. Die Verjährungsfrist beträgt drei Jahre. Das bedeutet: Der Zahlungsanspruch verfällt, wenn der Pflichtteilsberechtigte ihn nicht innerhalb von drei Jahren nach Erbfall und Testamentseröffnung gegenüber dem Erben geltend macht.

Alles-oder-nichts-Prinzip gilt nicht mehr

Es ist Ihr legitimes Interesse, die Höhe des Pflichtteils gesetzlicher Erben, die Sie übergehen wollen, dadurch zu verringern, dass Sie Ihr Vermögen bereits zu Lebzeiten verschenken. Selbst wenn Sie Teile Ihres (Betriebs-)Vermögens an eines Ihrer Kinder beziehungsweise an Verwandte und Freunde verschenken, bleibt immer noch das Risiko, dass diese Schenkungen wertmäßig zu Ihrem Nachlass hinzugerechnet werden und sich der Pflichtteil dadurch erhöht. Wenn nämlich zwischen der Schenkung und dem Erbfall noch keine zehn Jahre verstrichen sind, hat der Pflichtteilsberechtigte einen sogenannten Pflichtteilsergänzungsanspruch. Dann wird der übergangene Erbe so gestellt, als ob die Schenkungen nicht erfolgt wären und damit das Vermögen des Erblassers durch die Schenkungen nicht verringert worden wäre.

Bis 31. Dezember 2009 galt: Die Schenkungen werden in voller Höhe berücksichtigt, auch wenn der Erbfall nur wenige Tage oder Stunden vor Ablauf der 10-Jahres-Frist eingetreten ist (sogenanntes Alles-oder-nichts-Prinzip).

Seit Inkrafttreten der Erbrechtsreform am 1. Januar 2010 gilt nunmehr das sogenannte Abschmelzmodell. Danach wird die bisherige starre Regelung durch eine zeitliche Abstufung ersetzt. Je länger die Schenkung bei Eintritt des Erbfalls zurückliegt, desto weniger wird sie wert: Eine Schenkung im ersten Jahr vor dem Erbfall wird demnach voll berücksichtigt, im zweiten Jahr nur noch zu 9/10, und für jedes weitere Jahr um jeweils 1/10 weniger.

Verstirbt der Erblasser vor Ablauf ... seit der Schenkung ...	... beträgt der Pflichtteilsergänzungs- anspruch
des 1. Jahres	100 %
des 2. Jahres	90 %
des 3. Jahres	80 %
des 4. Jahres	70 %
des 5. Jahres	60 %
des 6. Jahres	50 %
des 7. Jahres	40 %
des 8. Jahres	30 %
des 9. Jahres	20 %
des 10. Jahres	10 %

Achtung! Sind seit der Schenkung 10 Jahre vergangen, entfällt jeglicher Pflicht-teilsergänzungsanspruch

Beispiel: Ein verwitweter Betriebsinhaber hat zwei Kinder. Seinem Sohn, den er testamentarisch als Alleinerben eingesetzt hat, schenkt er Immobilienvermögen im Wert von 1,6 Millionen Euro. Seiner Tochter steht dann grundsätzlich ein Pflichtteilsergänzungsanspruch zu. Dieser betrifft bezogen auf das Immobilienvermögen ein Viertel von 1,5 Millionen Euro, also 375.000 Euro.

Je länger der Kaufmann nach der Schenkung lebt, desto geringer wird der Pflichtteilsergänzungsanspruch der Tochter. Stirbt der Vater also etwa im ersten Jahr nach der Schenkung, besteht der Pflichtteilsergänzungsanspruch nach wie vor in Höhe von 375.000 Euro. Tritt der Erbfall dagegen zum Beispiel im sechsten Jahr nach der Schenkung ein, reduziert er sich auf 187.500 Euro (50 Prozent von 375.000 Euro).

In diesen zwei Fällen gelten Besonderheiten: Erfolgte eine Schenkung an den Ehegatten oder den Partner einer eingetragenen Lebenspartnerschaft, beginnt die Zehnjahresfrist überhaupt nicht zu laufen. Der Grund: In diesem Fall bleibt der verschenkte Gegenstand wirtschaftlich in der Regel weiterhin im Vermögen des Erblassers. Ausnahme: spätere Scheidung beziehungsweise Auflösung der Lebenspartnerschaft. Dann beginnt die Zehnjahresfrist mit diesem Ereignis zu laufen.

Beispiel: Schenkung an den Ehegatten in 2005, Scheidung in 2009, Erbfall in 2017. Ein übergangener Erbe kann seinen Pflichtteilsergänzungsanspruch grundsätzlich noch anteilig geltend machen, da die Zehnjahresfrist erst 2009 begonnen hat und 2017 noch nicht abgelaufen ist.

Die Zehnjahresfrist beginnt auch dann nicht zu laufen, wenn Sie im Zusammenhang mit der Vermögensübertragung einen Gegenstand verschenken und sich daran ein Nießbrauchsrecht vorbehalten. Der Grund: In diesem Fall können Sie den verschenkten Gegenstand weiterhin wirtschaftlich nutzen.

Beispiel: Ein Kaufmann schenkt seinem Sohn ein Mietshaus, behält aber den Nießbrauch daran, sodass ihm die Mieterträge weiterhin zustehen.

Pflicht zum Ausgleich bei Pflegeleistungen

Immer mehr Pflegebedürftige werden zu Hause von Angehörigen gepflegt, über die finanzielle Seite wird dabei selten gesprochen. Trifft der Erblasser auch in seinem Testament keine Ausgleichsregelung, geht der pflegende Angehörige oftmals leer aus. Erbrechtliche Ausgleichsansprüche gibt es nur für einen Abkömmling (zum Beispiel Kind, Enkel), der unter Verzicht auf berufliches Einkommen den Erblasser über längere Zeit gepflegt hat. Seit 1. Januar 2010 ist der Ausgleichsanspruch unabhängig davon, ob für die Pflegeleistung auf ein eigenes berufliches Einkommen verzichtet wurde.

Beispiel: Ein verwitweter Betriebsinhaber wird über lange Zeit von seiner berufstätigen Tochter gepflegt. Sein Sohn kümmert sich nicht um ihn. Der Betriebsinhaber stirbt, ohne ein Testament errichtet zu haben. Die Tochter kann verlangen, dass sie für ihre Pflegeleistungen einen Ausgleich erhält, der vom Nachlass vorab abgezogen wird.

Der Nachlass beträgt 300.000 Euro und die Pflegeleistungen sind mit 40.000 Euro zu bewerten. Dann erben Tochter und Sohn zwar grundsätzlich zur Hälfte, dennoch erhält die Tochter mehr. Von den 300.000 Euro sind zunächst 40.000 Euro für ihre Pflegeleistungen abzuziehen, so dass 260.000 Euro übrig bleiben. Der Sohn erhält davon 50 Prozent, das sind 130.000 Euro, die Tochter ebenfalls 130.000 Euro zuzüglich 40.000 Euro als Ausgleich für ihre Pflegeleistungen, sodass sie Anspruch auf insgesamt 170.000 Euro hat.

Entziehung des Pflichtteils

Eine Entziehung des Pflichtteils kommt nur bei schwerwiegenden Verfehlungen in Betracht, etwa in folgenden Fällen: Der Pflichtteilsberechtigte hat Ihnen, Ihrem Ehegatten, Ihrem Partner bei einer eingetragenen Lebenspartnerschaft, einem anderen Abkömmling oder einer Ihnen ähnlich nahestehenden Person (zum Beispiel Stief- und Pflegekinder)

- nach dem Leben getrachtet,
- vorsätzlich eine körperliche Misshandlung begangen,
- sich eines Verbrechens (zum Beispiel Tötungsversuch) oder eines schweren vorsätzlichen Vergehens schuldig gemacht.

Achtung!

Diese beispielhafte Aufzählung zeigt bereits, dass eine Entziehung des Pflichtteils den seltenen Ausnahmefall darstellt. Ständiger Ärger mit dem Pflichtteilsberechtigten oder grober Undank reichen für eine Entziehung des Pflichtteils grundsätzlich nicht aus. Der Entziehungsgrund des »ehrlosen und unsittlichen Lebenswandels« ist seit 1. Januar 2010 entfallen. Stattdessen berechtigt jetzt eine rechtskräftige Verurteilung zu einer Freiheitsstrafe von mindestens einem Jahr ohne Bewährung zur Entziehung des Pflichtteils. Zusätzlich ist aber erforderlich, dass es Ihnen als Erblasser unzumutbar ist, dem Verurteilten seinen Pflichtteil zu belassen. Gleiches gilt bei Straftaten, die im Zustand der Schuldunfähigkeit begangen wurden.

Stundung von Pflichtteilsansprüchen

Auch bei dem nunmehr geltenden Abschmelzungsmodell können Unternehmenserben durch Zahlungen an Pflichtteilsberechtigte finanziell unzumutbar belastet werden. Streitigkeiten zwischen einem Pflichtteilsberechtigten und dem Unternehmenserben zum Beispiel über den Wert des Unternehmens können letztlich sogar dazu führen, dass dadurch die Fortführung des Unternehmens massiv gefährdet wird.

Praxistipp

Stellen Sie deshalb frühzeitig sicher, dass diese Risiken ausgeschlossen sind. Das erreichen Sie durch einen Vertrag mit den Pflichtteilsberechtigten, die Sie testamentarisch und insbesondere bei der Unternehmensnachfolge übergehen wollen, indem Sie mit Ihnen vereinbaren, dass sie auf ihren Pflichtteil verzichten und dafür in bestimmter Weise abgefunden werden. Diese Abfindung kann zum Beispiel in einer Barzahlung oder in einer stillen Beteiligung an dem Unternehmen bestehen. Lässt sich ein Verzicht auf den Pflichtteilsanspruch nicht realisieren, können Firmenerben seit 1. Januar 2010 zumindest unter erleichterten Voraussetzungen verhindern, dass das Unternehmen in finanzielle Schwierigkeiten gerät, weil Zahlungsansprüche von Pflichtteilsberechtigten bedient werden müssen. Jeder Erbe kann jetzt verlangen, dass die Pflichtteilsansprüche gestundet werden, die Fälligkeit der Zahlung also hinausgeschoben wird, um einen Liquiditätsengpass des zahlungspflichtigen Erben zu vermeiden. Voraussetzung dafür ist nur noch, dass die sofortige Zahlung des Pflichtteils eine »unbillige Härte« darstellen würde.

So können Sie sich absichern, wenn ein Erbe ausfällt

Ihr Erbe ist nicht verpflichtet, die ihm von Ihnen in Ihrem Testament zugedachte Erbschaft anzunehmen. Er kann sich vielmehr binnen sechs Wochen überlegen, ob er Ihr Erbe antreten möchte oder nicht. Diese Frist beginnt mit dem Zeitpunkt, in dem Ihr Erbe Kenntnis von dem Erbfall erhält. Bei testamentarischer Erbeinsetzung beginnt die Frist bei der Testamentseröffnung.

Entschließt sich Ihr Erbe dazu, die Erbschaft nicht anzutreten, kann er es in einer Erklärung gegenüber dem Nachlassgericht innerhalb der Sechs-Wochen-Frist ausschlagen, andernfalls gilt die Erbschaft als angenommen. Nach der Ausschlagung geht der ausgeschlagene Teil an die übrigen gesetzlichen Erben über.

Damit Ihr (Betriebs-)Vermögen nach einer Ausschlagung oder etwa einem vorzeitigen Tod des Erben nicht in die falschen Hände kommt, sollten Sie in Ihrem Testament einen Ersatzerben einsetzen.

Beispiel: Ein geschiedener Kaufmann setzt seine Tochter als Alleinerbin ein. Für den Fall, dass sie stirbt oder das Erbe ausschlägt, ordnet er im Testament an, dass ersatzweise sein Neffe erben soll.

> **Praxistipp**
>
> Selbst wenn Sie es für unmöglich halten, dass Ihre potenziellen Erben und Nachfolger in der Führung des Unternehmens die Erbschaft ausschlagen könnten, empfiehlt es sich, allen auch nur theoretisch denkbaren Risiken von vornherein vorzubeugen. Schließlich geht es um die Fortführung Ihres Lebenswerkes. Deshalb empfiehlt es sich, vertragliche Lösungen vorzuziehen: Abschluss eines Erbvertrags mit dem Angehörigen, der die Unternehmensnachfolge antreten soll, und gleichzeitig Abschluss von Erbverzichtsverträgen mit allen anderen pflichtteilsberechtigten Erben.

6.4 Bedeutung der Testamentsvollstreckung

Ob Sie ein Testament errichten oder einen Erbvertrag abschließen: Durch Anordnung beziehungsweise Vereinbarung einer Testamentsvollstreckung können Sie sicherstellen, dass die Unternehmensnachfolge in Ihrem Sinne erfolgt und Ihr übriger Nachlass entsprechend Ihren Vorstellungen verwaltet wird. Der Testamentsvollstrecker hat die Verwaltungs- und die Verfügungsbefugnis für den Nachlass. Die Testamentsvollstreckung endet mit der Erledigung der Aufgaben, spätestens nach 30 Jahren.

Eine Testamentsvollstreckung empfiehlt sich speziell in folgenden Fällen:

- Die Erben sind geschäftlich noch unerfahren.
- Das Unternehmen soll bis zur Volljährigkeit des Erben fortgeführt werden.
- Es soll Streit zwischen den einzelnen Erben vermieden werden.
- Es soll sichergestellt werden, dass Vermächtnisse und/oder Auflagen erfüllt werden.

Arten der Testamentsvollstreckung

Unterscheiden Sie diese beiden Arten der Testamentsvollstreckung:

1. *Abwicklungsvollstreckung:* Dies ist der gesetzliche Regelfall und gilt immer dann, wenn nichts anderes testamentarisch angeordnet oder erbvertraglich geregelt ist. Der Testamentsvollstrecker führt Ihre Verfügungen als Betriebsinhaber und Erblasser aus. Sind mehrere Erben vorhanden, regelt er die Auseinandersetzung des Nachlasses. Ferner kann seine Aufgabe darin bestehen, Vermächtnisse und Auflagen zu vollziehen, Teilungsanordnungen auszuführen, Nachlassverbindlichkeiten zu bedienen, Immobilien zu verkaufen oder die Teilungsversteigerung zu betreiben.

2. *Verwaltungsvollstreckung:* Hier verteilt der Testamentsvollstrecker nicht nur den Nachlass. Zusätzlich verwaltet er ihn auch. Art und Umfang der Befugnisse des Testamentsvollstreckers richten sich nach Ihren Anordnungen im Testament beziehungsweise den Regelungen im Erbvertrag. Sie können seine gesetzlichen Befugnisse sowohl beschränken als auch erweitern. Alle Beschränkungen und Erweiterungen der Befugnisse müssen in einem Testamentsvollstrecker-Zeugnis aufgeführt werden. Dieses wird zu gegebener Zeit vom Amtsgericht ausgestellt und dient dem Testamentsvollstrecker als Legitimationsnachweis.

Achtung!

Bei einem Einzelunternehmen besteht die Besonderheit, dass die eigentliche Verwaltungsvollstreckung nicht möglich ist, weil der Gläubigerschutz insoweit Vorrang hat. Ihr Ausweg, der einer verwaltenden Testamentsvollstreckung im Ergebnis gleichkommt: Sie bevollmächtigen den Testamentsvollstrecker faktisch zur Unternehmensleitung oder er nimmt die Unternehmensleitung treuhänderisch für Sie wahr.

Person des Testamentsvollstreckers

Sie können selbst bestimmen, wer als Testamentsvollstrecker tätig werden soll, die Auswahl aber auch einer Person Ihres Vertrauens oder dem Nachlassgericht überlassen. Es empfiehlt sich, selbst zu entscheiden, wer Testamentsvollstrecker sein soll. Es sollte eine Person sein, die Ihr vollstes Vertrauen hat, die geschäftserfahren ist, die Entwicklung Ihres Unternehmens langjährig verfolgt hat und auch von den potenziellen Erben wie insbesondere Ihrem Nachfolger akzeptiert wird. Vielfach stammt der Testamentsvollstrecker aus dem Beraterteam des Unternehmers, ist also Rechtsanwalt, Steuerberater, Wirtschaftsprüfer oder Unternehmensberater.

Das Nachlassgericht stellt dem Testamentsvollstrecker auf Antrag ein sogenanntes Testamentsvollstrecker-Zeugnis aus. Dieses dient ihm als Legitimationsnachweis und enthält dann zum Beispiel auch alle Beschränkungen und Erweiterungen seiner Befugnisse, die Sie im Testament beziehungsweise Erbvertrag bestimmt haben.

Der Testamentsvollstrecker hat Anspruch auf eine angemessene Vergütung. Um späteren Streit der Erben mit dem Testamentsvollstrecker zu vermeiden, sollten die Höhe der Vergütung und deren Fälligkeit bereits im Testament beziehungsweise Erbvertrag festgelegt werden.

Checkliste: Regelung der Unternehmensnachfolge durch Testament oder Erbvertrag

	Geklärt
In welchem ehelichen Güterstand leben Sie (Zugewinngemeinschaft, Gütertrennung, Gütergemeinschaft)?	❑
Besteht eine eingetragene Lebenspartnerschaft?	❑
Welche Auswirkung hat der eheliche Güterstand beziehungsweise die eingetragene Lebenspartnerschaft auf die Unternehmensnachfolge?	❑
Haben Sie bereits entschieden, wie Sie die Unternehmensnachfolge regeln wollen:	
• durch Erbvertrag?	❑
• durch Testament?	❑
Berücksichtigen die Regelungen/Verfügungen die Pflichtteilsrechte nicht berücksichtigter Erben?	❑
Ist klar geregelt, welcher Erbe welches Vermögen erhalten soll?	❑
Sind etwaige Ausgleichsansprüche geregelt?	❑
Muss das Testament/der Erbvertrag notariell beurkundet werden?	❑
Wollen Sie einen Testamentsvollstrecker einsetzen?	❑

6.5 Familieninterne Nachfolge III: Schrittweise Übertragung und Betriebsaufspaltung

Gründung einer Personengesellschaft oder Kapitalgesellschaft

Durch die Gründung einer Personengesellschaft (zum Beispiel OHG) beziehungsweise Kapitalgesellschaft (GmbH) und Aufnahme Ihres Nachfolgers als Gesellschafter stellen Sie die Weichen für eine schrittweise Übertragung des Unternehmens. Ihr Nachfolger kann allmählich in die Unternehmensführung hineinwachsen und entsprechend seinen zunehmenden Befugnissen und Zuständigkeiten stufenweise einen größeren Gesellschaftsanteil erhalten.

> **Praxistipp**
>
> Sichern Sie sich als Mehrheitsgesellschafter vorsorglich ab und schützen Sie Ihre GmbH für den Fall, dass sich der auserwählte Nachfolger unter Ihren Erben als Fehlentscheidung erweist oder es sogar zu Machtkämpfen kommt.

Das zeigt sich im Betriebsalltag immer wieder: Streitigkeiten unter Gesellschaftern spitzen sich so zu, dass eine weitere Zusammenarbeit nicht mehr möglich ist. Der vorgesehene Nachfolger muss dann gehen. Weigert er sich, bleibt letztlich nur der Ausschluss. Für solche Situationen sollte der Gesellschaftsvertrag regeln,

- welche konkreten Gründe den Ausschluss eines Gesellschafters rechtfertigen und
- wie der Ausschluss vollzogen wird – häufig durch Einziehung des Geschäftsanteils nach einem entsprechenden Gesellschafterbeschluss.

> **Achtung!**
>
> Enthält der Gesellschaftsvertrag keine Ausschlussregelungen, können die Gesellschafter den Ausschluss nicht einfach erklären, sondern müssen eine Ausschlussklage erheben. Das muss die Gesellschafterversammlung mit einer Dreiviertel-Mehrheit beschließen.

Die zusätzliche Gefahr für Ihre GmbH bei einem Gesellschafterausschluss: Falls die Höhe der Abfindung streitig ist, kann für viele Jahre die Gesellschafterstruktur und insbesondere auch die Wirksamkeit von wichtigen Unternehmensentscheidungen infrage stehen. Der Gesellschaftsvertrag muss ermöglichen, dass ein Gesellschafter austritt beziehungsweise ausgeschlossen wird, noch bevor er die ihm zustehende Abfindung erhalten hat, damit der ausscheidende Gesellschafter seinen Geschäftsanteil sofort verliert und nicht etwa erst mit Zahlung der Abfindung.

Für den Ausschluss eines Gesellschafters ist immer ein wichtiger Grund erforderlich. Im Gesellschaftsvertrag kann geregelt werden, wann ein wichtiger Grund in diesem Sinne vorliegt. Dies können wichtige Ausschlussgründe sein:

- Schwerwiegende Störung des Vertrauensverhältnisses
- Unfähigkeit zur loyalen Zusammenarbeit
- Verweigerung der Mitwirkung entsprechend den Regelungen im Gesellschaftsvertrag
- Wesentliche Verstöße gegen ein Wettbewerbsverbot
- Kriminelle Handlungen
- Verleitung von GmbH-Mitarbeitern zum Geheimnisverrat
- Ungeordnete Vermögensverhältnisse
- Mangelnde Kreditwürdigkeit

Betriebsaufspaltung

Bei einer Betriebsaufspaltung wird ein Unternehmen in zwei selbstständige Firmen aufgeteilt. Wenngleich es verschiedene Arten der Betriebsaufspaltung gibt, entstehen durch die Betriebsaufspaltung stets ein Besitzunternehmen und eine Betriebsgesellschaft, wobei zwischen beiden eine sachliche und personelle Verflechtung besteht:

1. *Sachliche Verflechtung:* Diese ergibt sich daraus, dass das Besitzunternehmen materielle Wirtschaftsgüter wie Grundstücke und Maschinen oder immaterielle Wirtschaftsgüter wie Erfindungen, Patente und Markenrechte der Betriebsgesellschaft überlässt und diese bei der Betriebsgesellschaft die wesentliche Betriebsgrundlage darstellen.
2. *Personelle Verflechtung:* Diese folgt daraus, dass bei dem Besitzunternehmen und der Betriebsgesellschaft dieselben Personen beteiligt sind und dieselbe Person beziehungsweise Personengruppe beide Unternehmen gesellschaftsrechtlich beherrscht. Das werden regelmäßig Sie als übergebender Unternehmer sein. Entscheidend ist, dass Sie dann durch entsprechende vertragliche Regelungen in der Lage sind, sowohl im Besitzunternehmen als auch in der Betriebsgesellschaft einen einheitlichen Geschäfts- und Betätigungswillen durchzusetzen, also »das Sagen haben«.

Das Besitzunternehmen verpachtet dabei alle wesentlichen Betriebsgebäude und -anlagen an die Betriebsgesellschaft. Die Folge:

- Die Betriebsgesellschaft ist nach außen hin als GmbH tätig, das Besitzunternehmen kann in jeder beliebigen Rechtsform (zum Beispiel OHG, KG) geführt werden und hält dagegen die Unternehmenswerte. Es haftet aber grundsätzlich nicht für Verbindlichkeiten des Betriebsunternehmens, außer für nicht abgeführte Steuern.
- Steuerlich werden die Vorteile des Einzelunternehmens oder der Personengesellschaft mit denen der GmbH kombiniert. So sind zum Beispiel unmittelbare Verlustzuweisungen auf die Gesellschafter möglich.

Achtung!
Die beiden Unternehmen sind zwar rechtlich selbstständig, gelten bei sachlicher und persönlicher Verflechtung jedoch wirtschaftlich wiederum als ein Unternehmen. Heben Sie diese Verflechtung auf, gilt dies als Betriebsaufgabe. Dies bedeutet, dass ein Aufgabegewinn unter Aufdeckung sämtlicher stiller Reserven versteuert werden muss.

Beispiel: Sie haben eine Tochter und einen Sohn. Wirtschaftsgüter des Besitzunternehmens übertragen Sie auf die Tochter. Anteile an der Betriebsgesellschaft treten Sie an Ihren Sohn ab. Um die steuerliche Folgen einer Betriebsaufgabe zu vermeiden und die Vorteile der Betriebsaufspaltung zu erhalten, empfiehlt es sich, Tochter und Sohn gleichmäßig sowohl an dem Besitzunternehmen als auch an der Betriebsgesellschaft zu beteiligen.

6.6 Familienexterne Nachfolge I: Verkauf an Dritte

Wenn eine Unternehmensnachfolge innerhalb der Familie ausscheidet, lassen sich externe Käufer grob in zwei Kategorien einteilen:

1. *Management-Buy-out (MBO):* Ihr Nachfolger kommt aus dem eigenen Unternehmen. Zum Beispiel kann es sich um einen leitenden Mitarbeiter handeln, der bisher schon wichtige Führungsaufgaben wahrgenommen hat und Ihr Unternehmen selbstständig weiterführen möchte. Oder im Falle einer GmbH ist es etwa der Mitgesellschafter, der Ihre Gesellschaftsanteile übernehmen möchte und künftig als Geschäftsführer tätig sein will.

Ihr Vorteil: Ihr Nachfolger kennt sich bereits bestens im Unternehmen aus, ist für die Mitarbeiter ein »bekanntes Gesicht« und verfügt über gewachsene Beziehungen zu Kunden, Lieferanten und sonstigen Geschäftspartnern. Das wird in der Regel zusätzlich dazu führen, dass Ihre Haftungsrisiken als übergebender Betriebsinhaber deutlich reduziert sind. Kehrseite der umfassend gewahrten Kontinuität: Ihr Nachfolger verharrt in den eingefahrenen Gleisen und zeigt keine Bereitschaft zu einer innovativen Weiterentwicklung des Unternehmens.

2. *Management-Buy-in (MBI):* Der Nachfolger kommt von außen. Dabei kann es sich um einen Wettbewerber handeln oder um einen leitenden Angestellten eines Unternehmens, mit dem Sie im Wettbewerb stehen oder der bislang noch bei einem Geschäftspartner tätig ist. Ebenso können auch Führungskräfte an der Unternehmensnachfolge Interesse zeigen, die aus einer ganz anderen Branche stammen und dort schon umfassende Erfahrungen in der Führung einer Firma gesammelt haben. Letztlich kommen – speziell bei einer Kapitalgesellschaft (zum Beispiel GmbH) – auch Investoren in Betracht.

Ihr Vorteil: Der externe Nachfolger verleiht Ihrem Unternehmen neue Impulse. Ferner kaufen Sie sie Know-how für die Weiterentwicklung Ihres Unternehmens ein. Möglicher Nachteil: Die Einarbeitung kann sich als zeitintensiv erweisen, zumal dann, wenn der Nachfolger aus einer anderen Branche kommt.

Wie Sie die Weichen vorvertraglich richtig stellen

Egal, ob Sie Inhaber eines Einzelunternehmens sind oder zum Beispiel alle Geschäftsanteile an einer GmbH halten: Beim Verkauf des eigenen Unternehmens schwingt immer die Befürchtung mit, Kaufinteressenten, die nicht zum Zuge kommen, könnten später in den Vertragsgesprächen erhaltene Informationen weitergeben. Durch die Verbreitung vertraulicher Informationen kann Ihnen ein ganz erheblicher Schaden entstehen

Praxistipp

Versuchen Sie gleich im ersten Gespräch mit Kaufinteressenten herauszufinden, ob sie wirklich Interesse am Kauf Ihres Unternehmens haben und welches genau die Motivation für ihr Interesse ist (zum Beispiel strategische Ausweitung des eigenen Produkt- oder Dienstleistungsangebots, Übernahme einer Firma nach langjähriger Tätigkeit in Führungspositionen). Umgeben Sie sich frühzeitig mit kompetenten Beratern, die es Ihnen mit ihrer Erfahrungen erleichtern, unter den Kaufinteressierten eine Auswahl zu treffen, insbesondere auch anhand dieser weiteren Fragen:

- Ist der Kaufinteressent vertrauenswürdig?
- Ist er geeignet, die Unternehmensnachfolge anzutreten?
- Welche Methode legt er bei der Bewertung eines Unternehmens zugrunde?
- Legt er überzeugend dar, dass er für den Kauf über die notwendigen Finanzmittel verfügt beziehungsweise sie beschaffen kann?

Welche Angaben in ein Informationsmemorandum gehören

Ebenso wird auch der Kaufinteressent für sich klären wollen, ob Ihr Unternehmen für ihn in Betracht kommt, ob er sein grundsätzliches Interesse an dem Erwerb Ihres Unternehmen vertiefen und in intensive Gespräche darüber einsteigen will. Dafür sind Erstinformationen über Ihr Unternehmen unerlässlich.

Hochsensible Informationen über Ihr Unternehmen sind darin selbstverständlich noch nicht enthalten. Das erwartet ein Kaufinteressent auch nicht. Er muss aber in die Lage versetzt werden, sich einen umfassenden Eindruck zu verschaffen. Deshalb ist es üblich, ein sogenanntes Informationsmemorandum bereitzuhalten, das folgende Aspekte erfasst:

- Geschichte des Unternehmens
- Wirtschaftliche Entwicklung des Unternehmens
- Marktumfeld, in dem das Unternehmen tätig ist
- Marktstellung des Unternehmens.
- Zukunftsfähigkeit des Unternehmens
- Gesellschaftsrechtliche Struktur des Unternehmens, sofern es sich nicht um ein Einzelunternehmen handelt

Ohne Vertraulichkeitsvereinbarung geht es nicht

Selbst wenn Sie diese Informationen anonymisiert über Berater anbieten, können Sie letztlich nicht verhindern, dass Kaufinteressierte, zumal aus der eigenen Branche, sofort erkennen, um welches Unternehmen es geht. Allein die Tatsache, dass Ihr Unternehmen zum Verkauf steht und dass mit Kaufinteressierten Gespräche geführt werden, kann sich negativ auswirken.

Praxistipp

Bestehen Sie deshalb bereits in einem frühen Gesprächsstadium auf dem Abschluss einer Vertraulichkeitsvereinbarung mit Kaufinteressierten. Regeln Sie darin,

- welche Informationen als vertraulich gelten (zum Beispiel, dass das Unternehmen zum Verkauf steht, dass Gespräche darüber geführt werden, der Inhalt dieser Gespräche, alle mündlich, elektronisch und schriftlich gegebenen Informationen);
- welche Informationen nicht als vertraulich gelten (Informationen, die dem Gesprächspartner bereits bekannt sind, die öffentlich bekannt oder allgemein zugänglich sind oder während der Gespräche ohne Zutun des Gesprächspartners durch Dritte bekannt werden);
- dass alle vertraulichen Informationen geheim zu halten sind und nur im Rahmen der Gespräche über den Unternehmenskauf verwertet werden dürfen;
- dass die Geheimhaltungspflicht auch für enge Mitarbeiter, Berater und sonstige Dritte gilt, die Sie oder der Kaufinteressent an den Gesprächen und Verhandlungen und deren Vor- und Nachbereitung beteiligen;
- dass diese Personen schriftlich zur Geheimhaltung verpflichtet werden;
- dass bei einem Scheitern der Verhandlungen alle ausgehändigten Dokumente im Original zurückzugeben sind, Kopien nicht gefertigt werden dürfen und elektronische Daten zu löschen sind;
- dass bei Verletzung einer sich aus der Vertraulichkeitsvereinbarung ergebenden Pflicht eine Vertragsstrafe in bestimmter Höhe zu zahlen ist und die Geltendmachung eines weitergehenden Schadens davon unberührt bleibt;
- dass Änderungen und Ergänzungen der Vertraulichkeitsvereinbarung der Schriftform bedürfen.

Letter of Intent schafft Vertrauensbasis

Nach den ersten Gesprächen mit Kaufinteressenten wird sich entweder von selbst herauskristallisieren oder von Ihnen entschieden werden müssen, mit welchem Nachfolgekandidaten Sie weiterverhandeln wollen. Natürlich müssen Sie sicher sein, dass Ihr Favorit selbst auch die Gespräche vertiefen will, schließlich kommen beim weiteren Verhandlungsverlauf hochsensible Unternehmensdaten »auf den Tisch«.

Deshalb ist es üblich, dass der Kaufinteressent in einem sogenannten Letter of Intent seine ernsthafte Absicht dokumentiert, Ihr Unternehmen zu erwerben. Weit verbreitet ist es aber auch, dass beide Verhandlungspartner den Letter of Intent unterzeichnen, um beiderseits keinen Zweifel daran zu lassen, dass ein Kaufvertrag über das Unternehmen geschlossen werden soll. Eine Verpflichtung zum Abschluss eines Vertrags ergibt sich daraus jedoch nicht. Als vertrauensbildende Maßnahme kann diese Absichtserklärung aber gar nicht hoch genug eingeschätzt werden.

Praxistipp

Kaufinteressenten erwarten oftmals, dass Sie ausschließlich mit ihnen über den Verkauf Ihres Unternehmens verhandeln. So verständlich diese Forderung ist, so nachvollziehbar ist auch, dass Sie Ihrem Verhandlungspartner keine generelle Exklusivität zubilligen können. Schließlich ist das Interesse Dritter am Erwerb Ihres Unternehmens ein gewichtiges Druckmittel, das Sie nicht unnötig aus der Hand geben sollten. Lassen Sie sich deshalb allenfalls darauf ein, die Gespräche zeitlich befristet ausschließlich mit einem Verhandlungspartner zu führen.

Ein Letter of Intent sollte folgende Erklärungen enthalten:

- Absicht, über den Verkauf des Unternehmens zu verhandeln
- Zusammenfassung der bisherigen Gesprächsergebnisse
- Vertraulichkeitsvereinbarung, sofern sie nicht bereits vorliegt
- Katalog der Unterlagen, die dem Kaufinteressenten zur Einsichtnahme und Prüfung vorgelegt werden
- Zeitplan für die Vertragsverhandlungen

Was Sie über die Zahlung des Kaufpreises vereinbaren können

Einer der zentralen Regelungsbereiche in jedem Unternehmenskaufvertrag ist die Art und Weise der Kaufpreiszahlung. Unterscheiden Sie dabei im Wesentlichen diese Gestaltungsvarianten:

Verkauf gegen Einmalzahlung

Diese Variante bietet für Sie als Verkäufer das größte Maß an Sicherheit und schafft zugleich klare Eigentumsverhältnisse. Der Kaufpreis steht unveränderlich fest und ist unabhängig von der wirtschaftlichen Entwicklung des Unternehmens. Sie können mit dem Kaufpreis sicher planen und ihn entsprechend Ihren Vorstellungen gewinnbringend anlegen.

Verkauf gegen wiederkehrende Leistung

Insbesondere beim Management-Buy-out, wenn Ihr Nachfolger also aus dem eigenen Unternehmen kommt, verfügt der Käufer oftmals nur über beschränkte Eigenmittel und kann auch Fremdkapital nur im begrenzten Umfang beschaffen. Dann bietet es sich an, den Kaufpreis in wiederkehrende Leistungen aufzuspalten. Das setzt besonderes Vertrauen in die Eignung und Befähigung Ihres Nachfolgers zur Unternehmensführung voraus, denn die Zahlung des vollständigen Kaufpreises ist von der wirtschaftlichen Entwicklung des Unternehmens abhängig.

> **Praxistipp**
>
> Bestehen Sie darauf, dass ein nennenswerter Teil des Kaufpreises bereits bei Abschluss des Kaufvertrags fällig ist und lediglich der Restbetrag in wiederkehrende Leistungen aufgeteilt wird.

Unterscheiden Sie bei wiederkehrenden Leistungen zwischen Raten, Rente und dauernden Lasten:

- *Raten:* Bei Vereinbarung einer Ratenzahlung verpflichtet sich der Käufer, den ganzen oder restlichen (nicht sofort fälligen) Kaufpreis in gleich hohen Raten zu leisten. Legen Sie Wert darauf, die Fälligkeit der einzelnen Ratenzahlungen genau zu regeln. Um Ihr Risiko zu verringern, empfiehlt es sich, jährliche Ratenzahlungen nicht zu akzeptieren, sondern zumindest einen halbjährlichen Zahlungsrhythmus durchzusetzen.
- *Rente:* Die Rente kann in Form einer betrieblichen Veräußerungsrente oder in Form einer betrieblichen Versorgungsrente vereinbart werden. Bei der Veräußerungsrente handelt es sich um eine Gegenleistung für die Übertragung des Unternehmens. Die Versorgungsrente hingegen dient in erster Linie dazu, Ihren Lebensunterhalt als übergebender Betriebsinhaber sicherzustellen.
  Beide Rentenformen können Sie sowohl als Leibrente als auch als Zeitrente vereinbaren. Bei einer Leiberente handelt es sich um regelmäßig wiederkehrende, terminlich genau festgelegte Bezüge, die auf Lebenszeit an Sie auszahlt werden. Bei einer Zeitrente wird die Dauer der Zahlungspflicht befristet. In beiden Fällen ist es üblich, eine Wertsicherungsklausel zu vereinbaren, die Sie vor inflationsbedingten Wertverlusten schützt.
- *Dauernde Last:* Dauernde Lasten unterscheiden sich von Rentenzahlungen dadurch, dass es sich nicht um gleichmäßige Zahlungen handelt. Vielmehr wird die Höhe der Zahlung zum Beispiel an den Umsatz oder Gewinn des Unternehmens gekoppelt oder etwa an Ihren persönlichen Bedürfnissen als übertragender Inhaber ausgerichtet.

Für welche Variante Sie sich bei einem Verkauf gegen wiederkehrende Leistung auch immer entscheiden, diese beiden Gesichtspunkte bedürfen der sorgfältigen Abklärung mit einem versierten Berater: Klären Sie jeweils die steuerlichen Auswirkungen und die umfassende Absicherung Ihrer Zahlungsansprüche durch entsprechende Sicherheiten des Käufers (zum Beispiel Immobilien, private Bürgschaften, Bankbürgschaft).

Checkliste: So wahren Sie Ihre Interessen bei Vereinbarung wiederkehrender Leistungen

Verkaufen sie Ihr Unternehmen gegen wiederkehrende Leistungen in Form von Raten oder Rentenzahlungen, müssen Sie einige Jahre warten, bis der Kaufpreis ganz getilgt ist. Sie sollten daher gut überlegen, ob diese Zahlungsweise die richtige für Sie ist.

	Geklärt
Ist Ihre Altersversorgung durch weiteres Vermögen gesichert?	❑
Wie hoch ist Ihr monatlicher finanzieller Bedarf?	❑
Wie hoch ist der Verkehrswert Ihres Unternehmens?	❑
Werden die zukünftig erwarteten Unternehmenserträge ausreichen, um zusätzlich zu den laufenden Aufwendungen auch die Zahlungen an Sie zu tragen?	❑
Sollen gleichbleibende Zahlungen vereinbart werden oder sollen die Zahlen zum Beispiel gewinnabhängig sein?	❑
Sollen gleichbleibende Zahlungen an die Inflationsentwicklung angepasst werden?	❑
Sollen Sicherheiten für den Fall vereinbart werden, dass Ihr Nachfolger seinen Zahlungspflichten nicht mehr nachkommen kann?	❑
Falls ja: Sind diese Sicherheiten werthaltig?	❑
Sollen die Rentenzahlungen auch nach dem Tod des Übergebers noch an den überlebenden Ehegatten weitergezahlt werden?	❑
Wenn ja: Wird dies ausdrücklich vertraglich vereinbart?	❑

Gewährleistungsrechte des Käufers

Der zweite zentrale Regelungsbereich in Unternehmenskaufverträgen sind die Gewährleistungsrechte des Käufers. Er will sicher sein, dass die ihm erteilten Informationen und Zusicherungen zutreffen. Dies gilt umso mehr, als er ab einer bestimmten Unternehmensgröße nicht in der Lage ist, alle Angaben des Verkäufers detailliert zu überprüfen.

Aber auch Sie als Verkäufer haben ein großes Interesse daran, dass die Gewährleistungsrechte des Käufers penibel geregelt werden. Schließlich wollen und müssen Sie wissen, wofür genau Sie einzustehen haben und was außerhalb Ihres Verantwortungsbereichs liegt.

Was Garantien bedeuten

Hat Ihr Unternehmen Fehler, die den Wert oder die Funktionstauglichkeit im Ganzen mindern, sind Sie dem Käufer zum Schadensersatz verpflichtet. Ebenso haften Sie für das Fehlen zugesicherter Eigenschaften Ihres Unternehmens.

Achtung!
Umsatz und Ertrag des Unternehmens sind grundsätzlich keine zusicherungsfähigen Eigenschaften.

Darüber hinaus gestaltet es sich als schwierig, die gesetzlichen Gewährleistungsregelungen praktisch umzusetzen. Das liegt daran, dass der Verkauf eines Unternehmens ein sehr komplexer Vorgang ist, unzählige Vorgänge und Verhältnisse erfasst werden müssen und bei einer gerichtlichen Auseinandersetzung komplizierte Beweislastregeln gelten. Deshalb enthalten Unternehmenskaufverträge regelmäßig umfassende Regelungen dazu, wofür der Verkäufer Garantien übernimmt, welche Rechtsfolgen bei falschen Angaben gelten und innerhalb welcher Frist der Käufer etwaige Gewährleistungsansprüche geltend machen muss.

Unterscheiden Sie beim Gegenstand der Garantien:

- *Rechtliche Verhältnisse:* Bei einer Kapitalgesellschaft (zum Beispiel GmbH) etwa Angaben zu den Gesellschaftern, ihre Geschäftsanteile und die Höhe der eingezahlten Kapitaleinlagen und die Berechtigung zur Verfügung über die Geschäftsanteile; Nichtbestehen von Vorkaufs- oder sonstigen Erwerbsrechten Dritter; Richtigkeit der Angaben im Handelsregister; Maßgeblichkeit des Gesellschaftsvertrags in der vorgelegten Fassung; Verträge mit einzelnen Gesellschaftern.
- *Wirtschaftliche Verhältnisse:* zum Beispiel Angaben zu den Bilanzen, zur Vermögens-, Finanz- und Ertragslage des Unternehmens; Nichtbestehen eines Insolvenzverfahrens; korrekte Erfüllung der steuerlichen Pflichten.
- *Sonstige Verhältnisse:* zum Beispiel Angaben zu Patenten, Gebrauchs-, Geschmacksmuster- und Markenrechten, Lizenzen, Internet-Domain-Namen und sonstigen gewerblichen Schutzrechten des Unternehmens; Angaben zu anhängenden oder drohenden Rechtsstreitigkeiten beziehungsweise Schiedsgerichtsverfahren sowie Verwaltungsverfahren;

Verträge mit Dritten und deren Laufzeit, Personalbestand, Laufzeit und Ausgestaltung der Verträge mit Führungskräften, Tarifverträge, Betriebsvereinbarungen, Sozialpläne, Versicherungen.

Die Rechtsfolgen bei Sach- und Rechtsmängeln sind gesetzlich klar geregelt. In Betracht kommen:

- Nacherfüllung (Beseitigung des Mangels oder Lieferung einer mangelfreien Sache)
- Rücktritt (Rückabwicklung des Unternehmenskaufvertrags)
- Minderung (Reduzierung des Kaufpreises unter Berücksichtigung des Mangels)
- Schadensersatz

Eine Nacherfüllung wird Ihnen beim Verkauf eines Unternehmens regelmäßig nicht möglich sein. Ebenso wenig wird der Käufer ernsthaft einen Rücktritt in Betracht ziehen, denn die damit verbundenen Probleme sind praktisch kaum lösbar: Wie sollen die vom Käufer zwischenzeitlich gezogenen Nutzungen und seine Verwendungen bewertet werden? Und überhaupt: Hat sich der Wert des Unternehmens seit Übergabe verändert, gegebenenfalls positiv oder negativ?

Um diese schwierigen Bewertungsfragen und die damit möglicherweise verbundenen Auseinandersetzungen zu vermeiden, enthalten Unternehmenskaufverträge eine sehr praktikable Regelung, die den beiderseitigen Interessen gerecht wird: Unter Ausschluss der übrigen Gewährleistungsrechte wird vereinbart, dass bei Sach- und Rechtsmängeln Schadensersatz zu leisten ist.

Praxistipp

Bestehen Sie auf einer Begrenzung Ihrer Haftung der Höhe nach. Das kann ein zu vereinbarender Betrag sein, ebenso kommt aber auch ein zu vereinbarender Prozentsatz des Kaufpreises als Höchstbetrag in Betracht.

Ausgewählte Regelungen, die auch noch wichtig sind

Welche Regelungen in einen Kaufvertrag aufgenommen werden, hängt immer von den konkreten Umständen des Einzelfalls ab, insbesondere auch von der Größe und Rechtsform des Unternehmens. Unverzichtbar ist allerdings eine Regelung zum Zeitpunkt der Übergabe. Weit verbreitet sind überdies Regelungen zum Wettbewerbsverbot, zum Abwerbeverbot von Arbeitnehmern sowie zu Steuern und Abgaben.

Zeitpunkt der Übergabe

Der Abschluss des Kaufvertrags und die Übergabe des Unternehmens fallen selten auf einen Tag zusammen. Bei kleinen Unternehmen werden diese beiden Termine eng beieinander liegen. Bei mittleren und großen Unternehmen können die Termine dagegen deutlich auseinanderfallen. Das liegt daran, dass vielfach noch Genehmigungen aller Art eingeholt werden müssen. So zum Beispiel:

Stellt das Einzelunternehmen, das verkauft wird, nahezu das gesamte Vermögen des Verkäufers dar, ist die Zustimmung des Ehegatten erforderlich. Gleiches gilt, wenn Beteiligungen an Gesellschaften veräußert werden, die nahezu das gesamte Vermögen des übertragenden Gesellschafters ausmachen.

Handelt es sich um die Beteiligung an einer offenen Handelsgesellschaft oder einer Kommanditgesellschaft, müssen zusätzlich alle Gesellschafter dem Verkauf zustimmen, sofern im Gesellschaftsvertrag nicht ausdrücklich etwas anderes geregelt ist.

Werden Geschäftsanteile an einer GmbH verkauft, muss die Gesellschafterversammlung ebenfalls zusätzlich zustimmen, sofern die Satzung der GmbH nichts anderes vorsieht.

Achtung!

Es ist allgemein üblich, dass sich der Verkäufer verpflichtet, dem Käufer und seinen Beauftragten in der Zeit zwischen Abschluss des Kaufvertrags und dem Zeitpunkt der Übergabe auf sein Verlangen hin zu ermöglichen, während der üblichen Geschäftszeiten

- Einblick in alle Unterlagen der Firma zu nehmen,
- die Geschäftsräume zu betreten,
- von der Geschäftsleitung und den Mitarbeitern Auskunft zu allen Angelegenheiten des Unternehmens zu erhalten.

Praxistipp

Knüpfen Sie dies ausdrücklich an die Voraussetzung, dass die vom Käufer benötigten Informationen für den Vollzug des Kaufvertrags erforderlich sind.

Wettbewerbsverbot

Es ist der Albtraum eines jeden Unternehmenskäufers, dass der Verkäufer für ein Konkurrenzunternehmen tätig wird oder sogar selbst ein Konkurrenzunternehmen gründet. Das gilt ganz besonders in den Fällen, in denen Sie als Verkäufer das Unternehmen einst gegründet und jahrzehntelang als Inhaber oder geschäftsführender Gesellschafter maßgeblich geprägt haben.

So verständlich die Interessenlage Ihres Nachfolgers ist, so sollten Sie sich dennoch optimalen Bewegungsspielraum sichern. Schließlich wissen Sie nie, welche Möglichkeiten zu einer Unternehmensführung sich Ihnen künftig noch eröffnen, selbst wenn Sie zum Zeitpunkt der Nachfolgeregelung »bestimmt nicht mehr unternehmerisch tätig« sein wollen:

- *Sachliches Wettbewerbsverbot:* Lassen Sie sich nur auf ein Wettbewerbsverbot ein, das solche Produkte und Dienstleistungen erfasst, die Ihr Unternehmen zum Zeitpunkt der Übergabe vertreibt beziehungsweise erbringt. Eine spätere Ausweitung der Tätigkeit des Unternehmens auf neue Geschäftsfelder darf Sie nicht beeinträchtigen. Ausnahme: Zum Zeitpunkt der Übergabe befinden sich bestimmte Produkte und Dienstleistungen bereits in der Entwicklung beziehungsweise Erprobung.

- *Räumliches Wettbewerbsverbot:* Es umfasst das Vertriebsgebiet Ihres Unternehmens. Dabei kann es sich um eine bestimmte Region innerhalb Deutschlands, das gesamte Bundesgebiet, Europa und auch darüber hinaus handeln. Das hängt immer von den konkreten Gegebenheiten ab. Entscheidend ist das Vertriebsgebiet zum Zeitpunkt des Vertragsabschlusses. War Ihr Unternehmen seit jeher regional tätig und dehnt Ihr Nachfolger den Aktionsradius des Unternehmens später europaweit aus, kann dies nicht nachträglich in das vereinbarte Wettbewerbsverbot aufgenommen werden.

- *Zeitliches Wettbewerbsverbot:* Ein Wettbewerbsverbot darf sich maximal auf zwei bis fünf Jahre nach Abschluss des Kaufvertrags erstrecken. In der Regel ist eine Frist von zwei Jahren völlig ausreichend. Ein längeres Wettbewerbsverbot kommt allenfalls dann in Betracht, wenn Sie das Unternehmen etwa über Jahrzehnte hinweg geprägt haben, es seinerzeit selbst gegründet und zu dem gemacht haben, was es heute darstellt. Aber auch dann sollten Sie ein Wettbewerbsverbot von maximal zwei Jahren akzeptieren.

Steuern und Abgaben

Bei kleinen und mittleren Unternehmen betreffen die Betriebsprüfungen des Finanzamts Veranlagungszeiträume, die einige Jahre vor dem Zeitpunkt der Übergabe des Unternehmens an den Nachfolger liegen. Führen solche Betriebsprüfungen zu Steuernachzahlungen, sind diese nicht vom Nachfolger zu vertreten. In Unternehmenskaufverträgen findet sich daher regelmäßig ein Passus, wonach der Verkäufer dem Unternehmen die festgesetzten Steuernachzahlungen einschließlich etwaiger Versäumniszuschläge, Zinsen und sonstiger Nebenleistungen zu erstatten hat.

Praxistipp

Betriebsprüfungen des Finanzamts, die nach dem Zeitpunkt der Übergabe stattfinden, aber Veranlagungszeiträume vor der Übergabe betreffen, können durchaus auch zu Steuervorteilen führen, die sich dann erst nach dem Übergabezeitpunkt auswirken. Zum Beispiel können sich Abschreibungszeiträume verschieben. Regeln Sie deshalb ausdrücklich, dass und wie solche Steuervorteile mit etwaigen Steuernachzahlungen verrechnet werden, sodass im Ergebnis unter Umständen gar keine Beträge mehr von Ihnen zu erstatten sind.

Checkliste: Wie Sie Ihre Interessen im Unternehmenskaufvertrag optimal durchsetzen (am Beispiel einer GmbH)

	Geklärt
Kaufgegenstand	
Ist die GmbH korrekt bezeichnet?	❑
Sind die Angaben zum Handelsregister zutreffend?	❑
Ist das Stammkapital richtig angegeben?	❑
Werden die Geschäftsanteile mit allen Rechten und Pflichten verkauft?	❑
Ist das Gewinnbezugsrecht für das laufende und ggf. für das vorausgegangene Geschäftsjahr geregelt?	❑
Kaufpreis	
Ist der Kaufpreis ausdrücklich erwähnt?	❑
Handelt es sich um einen Festpreis?	❑
Sollen anstelle eines Festpreises regelmäßig wiederkehrende Leistungen vereinbaren werden, in Form von • Raten? • Renten? • Dauernden Lasten?	 ❑ ❑ ❑
Bei Vereinbarung regelmäßig wiederkehrender Leistungen: Bietet Ihr Nachfolger für seine Zahlungspflichten ausreichend Sicherheiten?	❑
Gewährleistung	
Sind Inhalt und Umfang der Gewährleistungen lückenlos geregelt, in Bezug auf • rechtliche Verhältnisse? • wirtschaftliche Verhältnisse? • sonstige Verhältnisse?	 ❑ ❑ ❑

Verpflichtungen zwischen Abschluss und Übergabe	
Für den Fall, dass der Tag des Vertragsabschlusses und der Tag der Übergabe auseinanderfallen: Besteht der Käufer auf einer Regelung, die für Sie bestimmte Pflichten vorsieht: • Fortführung des gewöhnlichen Geschäftsbetriebs unter Berücksichtigung der vertraglichen Regelungen bis zum Tag der Übergabe? • Zugangs- und Zutrittsrechte des Käufers zum Unternehmen, soweit er Informationen benötigt, die für den Vollzug des Vertrags erforderlich sind?	❏ ❏
Wettbewerbsverbot	
Sofern Sie sich auf ein Wettbewerbsverbot einlassen wollen. Ist es umfassend geregelt: • sachlich? • räumlich? • zeitlich?	❏ ❏ ❏
Steuern und Abgaben	
Was soll bei Steuernachzahlungen aufgrund von Betriebsprüfungen gelten, die Veranlagungszeiträume vor Übergabe des Unternehmens betreffen, aber danach festgesetzt werden?	❏
Falls Sie die Nachzahlungen erstatten sollen: Sieht der Vertrag vor, dass Sie etwaige Steuervorteile, die sich für das Unternehmen aus der Betriebsprüfung ergeben, gegen die Steuernachzahlungen aufrechnen dürfen?	❏

6.7 Familienexterne Nachfolge II: Verpachtung und Einsetzung eines Geschäftsführers als Zwischenlösung

Verpachtung des Betriebs

Die Verpachtung des Betriebs kann dann in Erwägung gezogen werden, wenn Ihre Kinder zwar grundsätzlich als Nachfolger in Betracht kommen, sich jedoch noch in der Schulausbildung befinden oder erst einmal genügend Berufserfahrung sammeln sollen. Anders als beim Verkauf Ihres Unternehmens bleiben Sie Eigentümer, erzielen für die Dauer des Pachtvertrags laufende Einnahmen und erhalten Ihren Betrieb nach Vertragsende zurück, können ihn dann also auf Ihre Kinder übertragen. Aber: Sie haben keinen Einfluss auf die Betriebsführung. Insbesondere ist trotz sorgfältiger Auswahl des Pächters nicht ausgeschlossen, dass er Ihr Unternehmen »heruntenwirtschaftet«. Deshalb sollte die Verpachtung des Betriebs immer nur eine Übergangslösung sein.

Pflichten des Pächters

Verpflichten Sie den Pächter,

- die vereinbarte Pacht termingerecht zu zahlen – meist wird geregelt, dass die Pacht einen bestimmten Prozentsatz des jährlichen Umsatzes beträgt und der Pächter monatliche Abschlagszahlungen leistet;
- dass er darauf verzichtet, eigene Forderungen aus dem Pachtvertrag gegen die Pachtzahlungen aufzurechnen oder ein Zurückbehaltungsrecht geltend zu machen;
- Ihren Betrieb in dem Umfang fortzuführen und zu erhalten, wie er ihn bei Pachtbeginn übernommen hat;
- das Inventar zu erhalten, bei Erforderlichkeit zu ersetzen und die Gefahr des zufälligen Untergangs zu tragen; regeln Sie ausdrücklich, dass vom Pächter ersatzweise angeschaffte Inventarstücke in Ihr Eigentum als Verpächter übergehen;
- die gewöhnliche Unterhaltung und Ausbesserung des Grundstücks, der Gebäude und sonstiger baulicher Anlagen zu übernehmen;
- alle öffentlich-rechtlichen Abgaben zu entrichten;
- die betrieblichen Versicherungen im bestehenden Umfang aufrechtzuerhalten und die Beiträge pünktlich zu zahlen; bestehen Sie außerdem darauf, dass der Pächter eine Haftpflichtversicherung abschließt, die auch die Ansprüche Dritter gegen den Verpächter mit abdeckt;
- bestehende Arbeitsverträge als Arbeitgeber zu übernehmen;
- in die bestehenden Verträge mit Versorgungsunternehmen (Gas, Strom, Wärme, Wasser) einzutreten;
- ein Wettbewerbsverbot zu unterzeichnen, dass er innerhalb von zwei Jahren nach Beendigung des Pachtvertrags einen Konkurrenzbetrieb weder errichtet noch betreibt noch sich an einem solchen Betrieb beteiligt.

Pflichten des Verpächters

Im Allgemeinen obliegen Ihnen als Verpächter folgende Pflichten:

- Notwendige Instandhaltung des Grundstücks, der Gebäude und der sonstigen baulichen Anlagen sowie deren Erneuerung, soweit sie nicht vom Pächter zu tragen sind
- Zugeständnis, während der Laufzeit des Pachtvertrages einen Konkurrenzbetrieb weder zu errichten noch zu betreiben noch sich an einem solchen Betrieb zu beteiligen

Diese Regelungen schützen Ihre Interessen zusätzlich

Nehmen Sie in den Pachtvertrag eine Regelung auf, die Sie berechtigt, den verpachteten Betrieb während der üblichen Geschäftszeiten zu besichtigen. Lassen Sie sich außerdem das Recht einräumen, die Bücher und sonstigen Geschäftsunterlagen selbst oder durch einen Berater Ihrer Wahl zu prüfen, so weit die Unterlagen für die Berechnung des Pachtzinses maßgeblich sind. Nur so verhindern Sie, dass Sie Ihr Pächter hintergehen kann und Ihnen zum Beispiel Umsatzzahlen präsentiert, die weit unter den tatsächlich erzielten Umsätzen liegen und Ihnen dadurch zustehende Pachtzahlungen vorenthalten werden.

Denken Sie bei Abschluss des Pachtvertrags außerdem auch schon an seine Beendigung. Regeln Sie ausdrücklich, dass Sie Roh- und Hilfsstoffe zu Einkaufspreisen sowie Warenvorräte zu Herstellerabgabepreisen übernehmen. Vereinbaren Sie außerdem, wie zu verfahren ist, wenn die Warenvorräte die Mengen überschreiten, die der Pächter bei Abschluss des Vertrags übernommen hat. Lassen Sie sich das Recht einräumen, die Übernahme der Warenvorräte abzulehnen, wenn sie die zu Beginn des Vertrags vorhandenen Mengen zum Beispiel um 20 Prozent übersteigen.

Schreiben Sie außerdem fest, dass ein Wertausgleich bezüglich des Inventars nicht stattfindet. Sichern Sie sich darüber hinaus die Möglichkeit, vom Pächter vorgenommene bauliche Veränderungen zu übernehmen, wenn Sie ihm eine angemessene Entschädigung anbieten.

Einsetzung eines Geschäftsführers

Als Zwischenlösung bis zur Übergabe des Unternehmens an einen Nachfolger aus der Familie kann es sich auch anbieten, einen Geschäftsführer einzusetzen. So kann zum Beispiel ein Mitarbeiter aus Ihrem Unternehmen zum Geschäftsführer aufsteigen. Ebenso kann der Geschäftsführer aber auch von außen kommen. In jedem Fall haben Sie bei Einsetzung eines Geschäftsführers wesentlich bessere Einflussmöglichkeiten auf die Führung des Unternehmens, als dies bei einer Verpachtung der Fall ist.

Ihr »Hebel« für eine optimale Einflussnahme ist bei einer GmbH die Regelung, welche Geschäfte des Geschäftsführers zustimmungspflichtig sind, also von der Gesellschafterversammlung »abgesegnet« werden müssen. Gesellschafter sind entweder Sie allein oder Sie zusammen mit Familienangehörigen.

Maximalen Einfluss langfristig sichern

Die Willensbildung der Gesellschafter erfolgt in der Regel in der Gesellschafterversammlung und kommt in den Gesellschafterbeschlüssen zum Ausdruck. Soweit nicht gesetzliche Vorschriften entgegenstehen, bestimmen sich die Rechte und damit auch die Zuständigkeiten der Gesellschafterversammlung nach der GmbH-Satzung. Sieht diese im konkreten Einzelfall keine Regelung vor, gelten die Bestimmungen des GmbH-Gesetzes.

Einige Kompetenzen der Gesellschafterversammlung sind zwingend vorgegeben. In anderen Fällen wiederum sieht das GmbH-Gesetz zwar vor, dass die Gesellschafterversammlung zuständig ist. In der GmbH-Satzung kann aber geregelt werden, dass bestimmte Kompetenzen auf den oder die Geschäftsführer übertragen werden können.

Und auch davon wird in der Praxis regelmäßig Gebrauch gemacht: Die Gesellschafter können ihre internen Kompetenzen erweitern, indem sie im Gesellschaftsvertrag einen Katalog von Geschäftsführungsmaßnahmen festlegen, die im Innenverhältnis ihre Zustimmung erfordern.

Diese Aufgaben sind der Gesellschafterversammlung nach dem GmbH-Gesetz zwingend zugewiesen:

- Änderung der Satzung
- Einforderung von Nachschüssen
- Auflösung der Gesellschaft
- Bestellung und Abberufung der Liquidatoren

Auch Entscheidungen über sogenannte ungewöhnliche Maßnahmen fallen in den Kompetenzbereich der Gesellschafter. Betroffen sind Maßnahmen und Entscheidungen der Geschäftsführung, die

- vom Unternehmensgegenstand nicht gedeckt sind,
- den bisherigen geschäftspolitischen Grundsätzen widersprechen,
- wegen ihrer wirtschaftlichen Bedeutung und ihres Risikos Ausnahmecharakter haben.

Nach dem GmbH-Gesetz sind die Gesellschafter auch in den folgenden Fällen zuständig, wobei diese Kompetenzen aber auch auf den Geschäftsführer übertragen werden können:

- Feststellung des Jahresabschlusses und die Verwendung des Ergebnisses
- Einforderung von Einzahlungen auf die Stammeinlagen

- Rückzahlung von Nachschüssen
- Teilung und Einziehung von Geschäftsanteilen
- Bestellung und Abberufung von Geschäftsführern sowie deren Entlastung
- Prüfung und Überwachung der Geschäftsführung
- Bestellung von Prokuristen und Handlungsbevollmächtigten zum gesamten Geschäftsbetrieb
- Geltendmachung von Ersatzansprüchen gegen Geschäftsführer oder Gesellschafter aus der Gründung oder Geschäftsführung
- Bestellung eines besonderen Vertreters für Prozesse der Gesellschafter gegen Geschäftsführer

Achtung!

Zu den Ersatzansprüchen zählen sämtliche vertraglichen oder gesetzlichen Schadensersatz-, Erstattungs- und Herausgabeansprüche aufgrund von Pflichtverletzungen bei der Gründung der GmbH oder der Geschäftsführung. Auch Auskunfts-, Unterlassungs- und Beseitigungsansprüche werden mit erfasst.

Praxistipp

Je mehr der oben aufgeführten Kompetenzen bei der Gesellschafterversammlung verbleiben, desto größer bleibt ihr Einfluss auf die Geschicke der GmbH. Eine andere Frage ist, ob ein selbstbewusster Geschäftsführer bereit ist, in Ihr Unternehmen einzusteigen, wenn seine Kompetenzen stark begrenzt sind. Werten Sie die folgende Übersicht danach aus, wie Sie die »Machtverhältnisse« innerhalb der GmbH verteilen wollen.

Checkliste: Kompetenzverteilung zwischen Gesellschafterversammlung und Fremdgeschäftsführer

Aufgaben in der GmbH	Zuständigkeit	
	Gesellschafterversammlung	Fremdgeschäftsführer
Abschluss von Bankdarlehen	❑	❑
Abschluss von Leasingverträgen	❑	❑
Abschluss von Lizenzverträgen	❑	❑
Abschluss von Mietverträgen	❑	❑
Abschluss von Pachtverträgen	❑	❑
Anschaffung von Sachmitteln aller Art	❑	❑
Aufgabe eines Geschäftszweiges	❑	❑

Aufgabe von Zweigniederlassungen	❑	❑
Aufgabe wesentlicher Tätigkeitsbereiche	❑	❑
Aufnahme eines Geschäftszweiges	❑	❑
Bauliche Maßnahmen	❑	❑
Belastung von Grundstücken	❑	❑
Bewilligung von Krediten	❑	❑
Einstellung von Arbeitnehmern	❑	❑
Errichtung von Zweigniederlassungen	❑	❑
Erteilung von Handlungsvollmachten	❑	❑
Erteilung von Pensionszusagen	❑	❑
Erteilung von Prokura	❑	❑
Erwerb eines anderen Unternehmens oder einer Unternehmensbeteiligung	❑	❑
Erwerb von Grundstücken	❑	❑
Gewährung von Sicherheiten	❑	❑
Gründung eines anderen Unternehmens	❑	❑
Inanspruchnahme von Kundenkrediten	❑	❑
Inanspruchnahme von Lieferantenkrediten	❑	❑
Investitionen, die einen bestimmten Betrag übersteigen	❑	❑
Kündigung von Lizenzverträgen	❑	❑
Massenentlassungen	❑	❑
Stilllegung des Betriebs oder wesentlicher Betriebsteile	❑	❑
Übernahme von Bürgschaften	❑	❑
Veräußerung der GmbH	❑	❑
Veräußerung des Betriebs oder wesentlicher Betriebsteile	❑	❑
Veräußerung eines anderen Unternehmens oder einer Unternehmensbeteiligung	❑	❑
Veräußerung von Grundstücken	❑	❑
Verlegung des GmbH-Sitzes	❑	❑
Widerruf von Handlungsvollmachten	❑	❑
Widerruf von Prokura	❑	❑

So können die Gesellschafter nicht gegen Sie entscheiden

Als zentraler Dreh- und Angelpunkt Ihres Unternehmens und womöglich auch noch als Gründer der Firma werden Sie es nicht zulassen wollen, dass die Gesellschafter Entscheidungen gegen Ihren Willen treffen. Am besten gehen Sie auf »Nummer sicher«.

Den ersten Hebel können Sie direkt schon bei der Beschlussfähigkeit der Gesellschafterversammlung ansetzen. Da das GmbH-Gesetz keine besonderen Bestimmungen über die Beschlussfähigkeit der Gesellschafterversammlung enthält, hat dies zur Folge, dass eine ordnungsgemäß einberufene Gesellschafterversammlung bereits dann beschlussfähig ist, wenn auch nur ein Gesellschafter anwesend (oder ordnungsgemäß vertreten) ist. Das liegt durchaus in Ihrem Interesse, wenn Sie Mehrheitsgesellschafter sind. In diesem Fall reicht eine Formulierung im Gesellschaftsvertrag, wonach die Gesellschafterversammlung beschlussfähig ist, wenn mindestens 50 Prozent des Stammkapitals vertreten sind.

Anders sieht Ihre Interessenlage aber aus, wenn Sie Minderheitsgesellschafter sind, die übrigen Familienmitglieder also die Mehrheit der Geschäftsanteile halten. In diesem Fall kommt es für Sie darauf an, die Hürde für die Beschlussfähigkeit möglichst so weit nach oben zu schrauben, dass die Versammlung ohne Sie nicht stattfinden kann.

Beispiel: Angenommen, Sie halten 30 Prozent der Geschäftsanteile, dann Sie sollten Sie in der GmbH-Satzung eine Regelung durchsetzen, nach der die Gesellschafterversammlung beschlussfähig ist, wenn mindestens 75 Prozent des Stammkapitals vertreten sind.

Praxistipp

Auch das ist möglich: Als Gesellschafter mit einer Minderheitsbeteiligung lassen Sie sich ein Vorzugsstimmrecht in Höhe von 51 Prozent einräumen.

Wenn Ihr Geschäftsführer eine Tantieme fordert

Für Gesellschafter-Geschäftsführer ist sie obligatorisch und auch Fremdgeschäftsführer bestehen meist darauf: die Vereinbarung eines variablen Gehaltsbestandteils zusätzlich zu den fixen Geschäftsführerbezügen.

Variabler Gehaltsbestandteil	Musterformulierungen und zusätzliche Hinweise
Gewinntantieme	*Zusätzlich zum Festgehalt erhält der Geschäftsführer eine Tantieme in Höhe von ... Prozent des Jahresgewinns des Unternehmens. Die Berechnung erfolgt auf der Grundlage des körperschaftsteuerpflichtigen Gewinns nach Verrechnung etwaiger Verlustvorträge und Vorabzug der Tantieme. Gewinnabhängige Rückstellungen, steuerliche Sonderabschreibungen und sonstige gewinnabhängige Aufwendungen der Gesellschaft bleiben unberücksichtigt. Die Tantieme ist binnen eines Monats nach Feststellung der Bilanz fällig.* Auch eine Formulierung wie die folgende findet sich häufig in den Dienstverträgen leitender Angestellter: *Frau/Herr .... erhält neben den festen Vergütungsbestandteilen eine Tantieme. Die Höhe der Tantieme orientiert sich am Geschäftsergebnis und wird von der Geschäftsleitung festgelegt. Sie beträgt mindestens 1,5 Prozent des ausgewiesenen Gewinns. Sie ist fällig jeweils bis zum Ende des übernächsten die endgültige Feststellung des Jahresergebnisses folgenden Monats. Spätestens zwei Wochen vor diesem Fälligkeitszeitpunkt ist Frau/ Herr .... über die konkrete Höhe der Tantieme schriftlich zu informieren.*
Garantietantieme	Die Regelung einer Garantietantieme findet sich ebenfalls häufig in Dienstverträgen mit leitenden Angestellten. Mit Garantietantieme ist gemeint, dass für die Tantieme eine bestimmte Mindest- und/ oder Höchstgrenze vereinbart wird. *Der Geschäftsführer erhält zusätzlich zum Festgehalt eine Tantieme in Höhe von ... Prozent vom Festgehalt, mindestens aber einen Betrag in Höhe von ... Euro, höchstens jedoch einen Betrag in Höhe von ... Euro.*
Umsatzabhängige Festvergütung	Verwechseln Sie die umsatzabhängige Festvergütung nicht mit einer Umsatztantieme. Letztere ist eine variable, der Höhe nach vom Umsatz abhängige und an diesem prozentual ausgerichtete Tantieme, die in der Praxis kaum eine Rolle spielt: Der Grund ist die zumindest latent vorhandene Befürchtung vieler Gesellschafter, dem Fremdgeschäftsführer komme es dann nur noch darauf an, den Umsatz hochzutreiben – ohne Rücksicht auf die Gewinnsituation. Die umsatzabhängige Festvergütung hingegen sieht neben dem laufenden monatlichen Festgehalt eine weitere fixe Vergütung vor. Ob die allerdings gezahlt wird, hängt davon ab, dass bestimmte Umsätze erreicht werden. Diese Umsätze sind aber eben gerade nicht für die Höhe der Vergütung maßgeblich. *Beispiel:* Der Fremdgeschäftsführer erhält ein Festgehalt. Darüber hinaus vereinbaren Sie mit ihm, dass er eine zusätzliche Vergütung in Höhe von 60.000 Euro für den Fall erhält, dass der Umsatz 6 Millionen Euro übersteigt.

Checkliste: Praktische Vorbereitung der Unternehmensnachfolge

Arbeitsverhältnisse im Unternehmen

Eine gut vorbereitete Unternehmensnachfolge sichert Arbeitsplätze. Eine schlechte Vorbereitung setzt Arbeitsplätze aufs Spiel. Planen Sie daher besonders gründlich.

Wie viele Mitarbeiter sind im Unternehmen angestellt?	❑
Seit wann sind die Mitarbeiter im Unternehmen?	❑
Welche Mitarbeiter sind in Teilzeit, welche in Vollzeit beschäftigt?	❑
Welche Mitarbeiter befinden sich derzeit in Elternzeit o. Ä.?	❑
Wie viele Mitarbeiter arbeiten in der Betriebsstätte, wie viele zu Hause (Telearbeit)?	❑
Welche Funktion haben die einzelnen Mitarbeiter?	❑
Wie ist die Altersstruktur der Mitarbeiter?	❑
Wie hoch ist der jährliche Bruttoverdienst der einzelnen Mitarbeiter?	❑
Welche sonstigen Vergütungen, Sozialleistungen, Pensionszusagen gibt es?	❑
Entsprechen Anzahl, Qualifikation und Alter der Mitarbeiter den Anforderungen des Unternehmens?	❑
Werden Weiterbildungsmaßnahmen erfolgreich in Anspruch genommen?	❑
Wurden die Mitarbeiter über die Auswirkungen der Betriebsübertragung auf das Arbeitsverhältnis informiert?	❑
Sind alle Mitarbeiter mit dem Übergang ihres Arbeitsverhältnisses einverstanden beziehungsweise welche Mitarbeiter haben von ihrem Widerspruchrecht Gebrauch gemacht?	❑
Wurden alle Löhne und Gehälter bezahlt?	❑
Wurden alle Sozialversicherungsbeiträge fristgerecht überwiesen?	❑
Welche externen Berater hat das Unternehmen?	❑

Diese Unterlagen benötigen Sie

Arbeitsverträge, Personalakten, Verträge zur betrieblichen Altersvorsorge, Beraterverträge, Bestätigung der Sozialversicherung, dass alle Beiträge abgeführt wurden; Erklärung zu Pensionsverbindlichkeiten.

Ihre Ansprechpartner

Unternehmer, Mitarbeiter, Betriebsrat, Unternehmensberater, Rechtsanwalt, Sozialversicherung.

Zustand der Betriebsstätte

Der Zustand der Gebäude, Maschinen und Anlagen sollte mithilfe von geeigneten Gutachtern beurteilt werden. Wird hier eine sorgfältige Prüfung versäumt, können auf den Nachfolger erhebliche Reparatur-, Sanierungskosten et cetera zukommen. Auch für den Übergeber ist eine genaue Prüfung sinnvoll, um mögliche spätere Regeressforderungen zu vermeiden.

Welche Betriebsstätten werden übertragen und wo befinden sie sich?	❏
Um welche Grundstücke handelt es sich?	❏
Welche Betriebsstätten sind gemietet, gepachtet oder geleast?	❏
Wurden alle Verträge über den Erwerb oder die Veräußerung von Grundstücken et cetera erfüllt?	❏
Können auf dem Betriebsgrundstück An- oder Umbauten stattfinden?	❏
Wird für etwaige Umbauten oder Änderungen eine neue Betriebserlaubnis benötigt?	❏
Besteht Verdacht auf Altlasten – zum Beispiel durch Unfälle, Leckagen, Produktionsabfälle, Gebäudekontamination, Geländeauffüllungen?	❏
Werden Anlagen im Unternehmen als Sicherheit für Dritte eingesetzt?	❏
Bestehen noch Garantiefristen für Maschinen, Anlagen und Gegenstände der Betriebs- und Geschäftseinrichtung?	❏
In welchem Zustand sind Maschinen, Anlagen und Gegenstände der Betriebs- und Geschäftseinrichtung?	❏
Welche Maschinen, Anlagen und Gegenstände der Betriebs- und Geschäftseinrichtung sind gemietet oder geleast?	❏
Wie hoch sind die laufenden Instandhaltungsaufwendungen?	❏

Umgang mit Lieferanten

Auch Ihr Nachfolger ist auf die gute Qualität der gelieferten Roh-, Hilfs- und Betriebsstoffe angewiesen. Gute Lieferanten sollten deshalb auch nach der Übertragung weiter zur Verfügung stehen.

Welche Unternehmen beliefert das Unternehmen?	❏
Welches sind die wichtigsten Lieferanten?	❏
Welche Laufzeit wurde in den Lieferverträgen vereinbart?	❏
Welche besonderen Vereinbarungen gibt es?	❏
Wie ist die Qualität der gelieferten Waren?	❏
Wird die Ware immer pünktlich geliefert?	❏
Wie häufig kam es in den letzten 3 Jahren zu Reklamationen?	❏
Welche Zahlungsmodalitäten wurden mit den Lieferanten vereinbart?	❏
Bestehen Verbindlichkeiten gegenüber Lieferanten?	❏

Diese Unterlagen benötigen Sie

Lieferantenverträge, Schriftwechsel, Informationsmaterial über Lieferanten, Aufträge an Lieferanten der letzten 3 Jahre, besondere Zahlungsvereinbarungen.

Ihre Ansprechpartner

Lieferanten, Unternehmensberater.

Sonderfall: Unternehmen befindet sich in gepachteten Räumen

Für welche Instandhaltungsarbeiten ist der Pächter, für welche der Verpächter zuständig?	❑
Dürfen Sie die Räume umbauen?	❑
Muss nach Ablauf des Pachtvertrags der alte Zustand wiederhergestellt werden?	❑
Hält sich der Verpächter zuverlässig an alle vertraglichen Vereinbarungen?	❑
Wie hoch waren die Heizkosten der letzten 3 Jahre?	❑
Wer regelt die Heizwärme?	❑

Diese Unterlagen benötigen Sie

Baupläne, Bebauungspläne, Grundbuchauszüge, Handelsregisterauszüge, Kaufverträge für Gebäude und Grundstücke, Kaufverträge für Maschinen, Anlagen, Fuhrpark et cetera, Miet-, Pacht- und Leasingverträge für Gebäude, Maschinen, Ausstattung, Fuhrpark et cetera, Rechnungen über Instandhaltungsarbeiten, Wartungsverträge, Übersicht der bisherigen betrieblichen Nutzung (wegen Altlastenverdacht), Berichte des Arbeitsschutz- und Umweltamtes, Kreditverträge, Unbedenklichkeitsbescheinigung des Finanzamtes, dass alle öffentlichen Abgaben für Grundstücke bis zum Zeitpunkt der Übertragung abgeführt wurden, Grundriss, Heizkostenabrechnung.

Ihre Ansprechpartner

Mitarbeiter, TÜV und andere technische Sachverständige, technischer Berater der Kammern, kommunale Wirtschaftsförderung, Architekt oder andere Bauexperten, Bauamt, Umweltamt, Altlastenkatasteramt, Finanzamt, Notar, Hausbank des Unternehmers, Verpächter.

Anhang

Wo Sie Rat und Hilfe für Ihre Nachfolgeregelung erhalten

Berater der Handwerkskammern, Handelskammern und Berufsverbände

Als erste Orientierungshilfe zur Betriebsübergabe können Sie von den Beratern der Handwerkskammern, der Handelskammern und der Fachverbände wertvolle Tipps und Informationen erhalten. Bei den vielfältigen Formen der Übergabe ist trotz allem Wissen und trotz aller Routine eine individuelle Beratung unumgänglich.

Streben Sie eine optimale Nachfolgeregelung an, kann sie nur an den unterschiedlichen individuellen Verhältnissen in vermögensmäßiger und familiärer Hinsicht ausgerichtet werden. Dabei sind rechtliche, betriebswirtschaftliche und nicht zuletzt steuerliche Vorschriften und Regelungen zu beachten.

Im gemeinsamen Gespräch werden alle wichtigen Fragen zur Betriebsübergabe, Vor- und Nachteile der Übergabeformen, die rechtlichen und steuerlichen Auswirkungen diskutiert und ein ausgewogenes, individuelles Übergabekonzept erarbeitet.

Des Weiteren können von den Beratern objektive Gebäudewert-, Maschinenwert-, Unternehmenswert- und Pachtpreisberechnungen durchgeführt werden. Durch frühzeitige Planung und rechtzeitige Weichenstellung lassen sich die Nachfolgeregelung und der Generationswechsel problemlos vollziehen. Die Beratungsleistungen sind für Mitgliedsbetriebe der Handwerkskammern, Innungen, Handelskammern und Berufsverbände in der Regel kostenfrei.

Die abschließende detaillierte Beratung und Umsetzung der erarbeiteten Vorschläge sollte gemeinsam mit dem Steuerberater, Rechtsanwalt und Notar erfolgen.

Steuerberater

Je nach Übergabeform und Übergabezeitpunkt werden unterschiedliche steuerliche Belastungen auftreten. Insbesondere bei der Einkommensteuer, Erbschaft- und Schenkungsteuer können erhebliche Zahlungsverpflichtungen an das Finanzamt fällig werden. Der fachkundige Rat des Steuerberaters hilft, unnötige Steuerbelastungen zu vermeiden. Auch hier gilt es, rechtzeitig Beratung zu suchen, um frühzeitig geeignete Schritte in die Wege zu leiten.

Rechtsanwalt

Bei nahezu allen Übergangsformen ist es notwendig, bestehende Verträge zu ändern, zu übertragen, auszulösen oder neu abzuschließen. Unangenehme Überraschungen können durch den juristischen Rat des Rechtsanwaltes vermieden werden. Davon betroffen sind Übergabeverträge, Kaufverträge, Pachtverträge, Leasingverträge, Mietverträge, Arbeitsverträge, Darlehensverträge, Bürgschaftsverträge, Werksverträge et cetera.

Zu empfehlen ist auch, eine schriftliche Vereinbarung darüber zu treffen, welche Leistungen, finanziellen Verpflichtungen oder Gewährleistungsansprüche vom Übernehmer zu tragen sind.

Notar

Fundierte Beratung durch den Notar ist notwendig, insbesondere wenn Erbschaftsregelungen bei der Betriebsübergabe getroffen werden. Notarielle Beurkundungen sind bei der Übergabe von Grundstücken und Gebäuden erforderlich. Der Notar gibt auch Auskunft darüber, welche Konsequenzen bei der Übergabe des Betriebs aufgrund des ehelichen Güterstandes berücksichtigt werden müssen.

Versicherungen

Ob Handwerksbetrieb, Handelsunternehmen und Dienstleistungsfirma: Im Laufe der Zeit werden eine Vielzahl von Versicherungen abgeschlossen. Solche, die der Privatsphäre zuzuordnen sind, aber auch Versicherungsverträge, welche das Risiko der gewerblichen/beruflichen Tätigkeit abdecken. Bei einer Betriebsübergabe müssen betriebliche Sachversicherungen rechtzeitig gekündigt oder auch die Möglichkeit der Übertragung auf den Nachfolger mit der Versicherungsgesellschaft abgestimmt werden. Informationen über den Beginn und die Höhe der Rentenansprüche,

Auskünfte zu Fälligkeit von Lebensversicherungen, Hinweise zur Umstellung der Krankenversicherungsbeiträge et cetera müssen eingeholt werden.

Vereidigte Sachverständige

Die Ermittlung des Unternehmenswertes stellt den Betriebsinhaber oft vor Probleme. Er möchte seine Maschinen und Betriebseinrichtungen nicht unterbewerten, aber auch den Nachfolger nicht überfordern. Welcher Wertansatz als angemessen betrachtet werden kann, hängt von sehr vielen Faktoren ab. Der technische Zustand, das Alter, die Einsatzmöglichkeiten sind nur ein paar Merkmale, die in eine Wertschätzung einfließen. Der Sachverständige verfügt über die notwendige Literatur und die Erfahrung aus der Praxis, welcher Preis auf dem Markt für ein Betriebsvermögen erzielt werden kann.

Zur Bewertung von Grundstücken und Gebäuden können von den Städten und Gemeinden durch die Gutachterausschüsse Schätzungen durchgeführt werden. Erfahrungswerte und ortsübliche Bewertungskriterien sind bei der Suche nach einem realistischen Wert sehr hilfreich. Die Gutachten stellen die Grundlage zur Ermittlung des Kaufpreises dar und geben Hinweise, die als Verhandlungsbasis betrachtet werden können.

Betriebs-/Unternehmensbörse

Die Handwerkskammern, Handelskammern und Fachverbände helfen bei der Suche, einen geeigneten Nachfolger zu finden. Zu diesem Zweck wurde eine Betriebsbörse eingerichtet. Hier werden Informationen über Betriebe, die einen Nachfolger suchen, erfasst. Ebenso werden in der Betriebsbörse Nachfragen derjenigen, die sich gern selbstständig machen wollen, registriert und wunschgemäß mit abgabewilligen Betriebsinhabern zusammengeführt. Dadurch erhöhen sich die Chancen, einen Betrieb zu erhalten beziehungsweise eine neue selbstständige Existenz zu gründen.

Anfragen können an die Handwerkskammern, Handelskammern und Fachverbände gerichtet werden. Besonders interessant ist auch die bundesweite Nachfolgebörse »nexxt-change-Unternehmensbörse«, bei der es sich um eine Gemeinschaftsinitiative des Bundesministeriums der Wirtschaft, der KfW, des Deutschen Industrie- und Handelstages, des Zentralverbands des Deutschen Handwerks, des Bundesverbandes der Deutschen Volksbanken und Raiffeisenbanken sowie des Deutschen Sparkassen- und Giroverbandes handelt.

Wie Sie den richtigen Berater finden

Sieben Tipps zur Beratersuche

1. Fragen Sie Freunde und Bekannte nach geeigneten Beratern.
2. Nutzen Sie Beraterdatenbanken im Internet.
3. Wählen Sie einen Berater, der Ihnen komplizierte Sachverhalte verständlich erklären kann.
4. Lassen Sie sich Referenzen vorlegen.
5. Bestimmen Sie Ihren Bedarf, die Art und den Umfang der gewünschten Beratungsleistung.
6. Stellen Sie fest, wie viel finanzielle Mittel Sie für eine kostenpflichtige Beratung zur Verfügung haben.
7. Fragen Sie nach den Kosten.

13 Fragen zum Beratervertrag

1. Welchen Zuständigkeitsbereich hat der Berater (kaufmännischer, technischer Bereich)?
2. In welchen Bereichen ist der Berater allein verantwortlich und auf eigenes Risiko tätig (Beispiel: technische Endabnahme)?
3. Wie hoch ist die Beratervergütung und wann ist sie fällig?
4. Gibt es Zusatzhonorare für besondere Leistungen?
5. Wenn ja, wie hoch sind diese?
6. Werden eventuelle Auslagen, die dem Berater entstehen, durch das Unternehmen ersetzt?
7. Wird die Höhe der Vergütung nach einem festgelegten Zeitraum überprüft?
8. Wird ein externer Gutachter einbezogen, falls keine Einigung zur Vergütungshöhe zustande kommt?
9. Wie lange wird die Beratungstätigkeit dauern?
10. Welche Kündigungsfrist wird vereinbart?
11. In welchen Fällen können beide Parteien fristlos kündigen?
12. Ist vereinbart, dass über alle geschäftlichen und betrieblichen Angelegenheiten nach außen hin Stillschweigen gewahrt wird?
13. Darf der Berater auch in anderen Unternehmen tätig sein?

Informationen zur Unternehmensnachfolge im Internet

Allgemeine Hinweise

Bundesministerium für Wirtschaft und Technologie (BMWi)	Zentrale Informationen zur Existenzgründung, -sicherung und Unternehmensführung sowie • Businessplaner • Softwarepaket • E-Training • Online-Expertenforum • Downloads • Checklisten und Übersichten • Newsletter	www.existenzgruender.de
»nexxt« Initiative Unternehmensnachfolge	Zentrale Informationen zur Unternehmensnachfolge sowie • Börsen • Software • Veranstaltungskalender • Checklisten und Übersichten	www.nexxt.org
Deutscher Gründerpreis	Eine Initiative von Stern, den Sparkassen, ZDF und Porsche. Jährliche Preisverleihung in den Kategorien Schüler, Start-up, Aufsteiger und Lebenswerk. Newsletter, Gründerservice u. a. mit Checklisten, Sparkassen-Beratersuche, Veranstaltung	www.deutscher-gruenderpreis.de

Wirtschaftsjunioren Deutschland e. V.	Bundesressort Existenzgründung/-sicherung, Netzwerk von Unternehmern und Führungskräften, Planspiele für Existenzgründer und Betriebsübernehmer, Informationsveranstaltungen und Jungunternehmerstammtische	www.wjd.de www.wjd-mittelstandsfinanzierug.de
Bundesweite Gründerinnenagentur (bga)	Speziell für Gründerinnen: Plattform für Austausch, Kooperationen, Vernetzung und Projekte, Kontakte zu Beratungseinrichtungen, Expertinnen/Experten, Netzwerken, Faktenblätter zur Existenzgründung, Unternehmensnachfolge et cetera, Weiterbildungsangebote	www.gruenderinnen-agentur.de

Brancheninformationen

Zentralverband des Deutschen Handwerks (ZDH)	Unternehmensnachfolge im Handwerk Beratungs-Informationssystem	www.bis-handwerk.de
Deutscher Industrie- und Handelskammertag (DIHK)	Kooperationsbörse, Sachverständige, Technologiebörse	www.dihk.de
Bundesverband der Freien Berufe	Gründungsinformationen, Downloads	www.freie-berufe.de
Hauptverband des Deutschen Einzelhandels	Förderung, Kontaktadressen	www.einzelhandel.de
Deutscher Hotel- und Gaststättenverband	Daten zum Gastgewerbe	www.dehoga.de
Bundesverband der Deutschen Industrie e. V.	Daten zu Auftragslage, Produktion, Arbeitskosten et cetera	www.bdi.eu

Statistisches Bundesamt	Statistische Daten zu verschiedenen Branchen	www.destatis.de
Institut für Handelsforschung an der Universität zu Köln	Betriebsvergleiche, Markt- und Unternehmensanalysen	www.ifhkoeln.de
Bundesverband der Deutschen Volksbanken und Raiffeisenbanken BVR	Informationen zu über 100 Branchen der mittelständischen Wirtschaft	www.bvr.de

Fachberatung/Beraterdatenbanken

»nexxt«-Initiative Unternehmensnachfolge	Beraterbörse Unternehmensbörse	www.nexxt.org www.nexxt-change.org
Beraterbörse der KfW Mittelstandsbank	Beraterdatenbank	www.kfw-beraterboerse.de
RKW	Beraterdatenbank	www.rkw.de
Bundessteuerberaterkammer	Informationen zu Leistungen und Vergütungen, Downloads unter anderem zur Gründungsberatung	www.bstbk.de
Bundesrechtsanwaltskammer	Aktuelle Themen, Links zu regionalen Kammern	www.brak.de
Bundesnotarkammer	Online-Suche im Deutschen Notarverzeichnis	www.bnotk.de
Bundesverband der vereidigten Buchprüfer	Informationen zur Tätigkeit, Mitgliederverzeichnis	www.bvb.org
Deutscher Anwaltverein	Informationen zur Tätigkeit, Mitgliederverzeichnis	www.anwaltverein.de
Deutscher Notarverein	Verzeichnis der Mitgliedsvereine	www.dnotv.de
Deutscher Steuerberaterverband e. V.	Steuerberatersuchservice	www.dstv.de
Deutscher Verband der Wirtschaftsförderungs- und Entwicklungsgesellschaften e. V. (DVWE)	Beraterdatenbank	www.dvwe.de

Verband Beratender Ingenieure e. V.	Planerdatenbank	www.vbi.de
bundesweite gründerinnenagentur (bga)	Beraterdatenbank zur Nachfolge und anderen Themen	www.gruenderinnena-gentur.de
Institut der Wirtschaftsprüfer in Deutschland	Mitgliederverzeichnis	www.idw.de
Wirtschaftsprüferkammer	WP Verzeichnis online	www.wpk.de www.wp-verzeichnis-onli-ne.de
Bundesverband Deutscher Unternehmensberater e. V. (BDU)	Beraterdatenbank	www.bdu.de
Bundesverband der Wirtschaftsberater e. V. (BVW)	Beraterdatenbank	www.bvw-ev.de
Vereinigung beratender Betriebs- und Volkswirte	Hinweis zu Existenz- und Aufbauberatung, Unternehmensbörse	www.vbv.de
Business Angels Netzwerk Deutschland (BAND)	Kontaktvermittlung zwischen Gründern und Business Angels	www.business-angles.de
Alt hilft Jung e. V.	Seniorberater	www.althiltjung.de

Förderprogramme und Finanzierung

Förderdatenbank des Bundes	Förderprogramme von Bund, Ländern und der EU für die gewerbliche Wirtschaft	www.foerderdaten-bank.de
Bundesamt für Wirtschaft und Ausfuhrkontrolle	Förderung von Unternehmensberatungen	www.bafa.de www.beratungsfoerde-rung.info
KfW Bankengruppe	KfW- und ERP-Programme	www.kfw.de
Verband Deutscher Bürgschaftsbanken (VdB)	Ausfallbürgschaften und Beteiligungsgarantien	www.vdb-info.de
Bundesverband Deutscher Kapitalbeteiligungsgesellschaften e. V.	Recherchemöglichkeit zu Beteiligungskapitalgebern, Verzeichnis über Beteiligungsgesellschaften	www.bvk-ev.de

Bundesverband der Deutschen Volks- und Raiffeisenbanken BVR	Informationen zu Existenzgründung, Unternehmensnachfolge, Fremd- und Eigenkapitalfinanzierung, Förderprogrammen (www.foerderberater.de) sowie Altersvorsorge, Vermögensanlage	www.vr.networld.de
Sparkassen-Finanzgruppe	Informationen zu Existenzgründung, Unternehmensnachfolge, Fremd- und Eigenkapitalfinanzierung	www.sparkasse.de
Bundesverband Öffentlicher Banken Deutschlands e. V.	Informationen zu neuesten Entwicklungen im Fördergeschäft, Mittelstand und Basel II	www.voeb.de
Verlag für die Deutsche Wirtschaft	Aktuelle Informationen, Checklisten und Schnellübersichten zur Unternehmensfinanzierung und zu Unternehmenssteuern	www.rechnungswesen-antwort.de

Recht

Bundesministerium der Justiz, juris GmbH	Gesetzestexte	www.gesetze-im-internet.de
Deutsches Patent- und Markenamt	Alle bestehenden und verfügbaren Patente, Formulare	www.dpma.de
Patentanwälte	Datenbank mit Adressen von Patentanwälten	www.patentawaltsuche.de
Forum Deutsches Recht	Rechtsprechungen, aktuelle Entwicklungen et cetera	www.recht.de
Startothek	Datenbank für Kommunen und Berater zur Optimierung der Gründungsberatung	www.startothek.de

Studien

Institut für Mittelstandsforschung, Bonn	Studienübersicht, Download	www.ifm-bonn.de
Institut für Mittelstandsforschung der Universität Mannheim	Studienübersicht, Download	www.ifm.uni-mannheim.de
bundesweite gründerinnenagentur (bga)	Studien	www.gruenderinnenagentur.de

Nützliche Adressen

Bundesarbeitsgemeinschaft ALT HILFT JUNG
c/o Bremer Senior Service e. V.
Fahrenheitstraße 1, 28359 Bremen
Tel.: 0421/2208-117, Fax: 0421/2208-150
Internet: www.althilftjung.de
(Zuständig für die Bundesarbeitsgemeinschaft ist die Bremer Geschäftsstelle)

Bundesnotarkammer
Mohrenstraße 34, 10117 Berlin
Tel.: 030/383866-0, Fax: 030/383866-66
Internet: www.bnotk.de

Bundesrechtsanwaltskammer
Littenstraße 9, 10179 Berlin
Tel.:030/284939-0, Fax: 030/284939-11
Internet: www.brak.de

Bundessteuerberaterkammer
Haus der Steuerberater
Neue Promenade 4, 10178 Berlin
Postfach 028855, 10131 Berlin
Tel.: 030/240087-0, Fax: 030/240087-00
Internet: www.bstbk.de

Bundesverband der vereidigten Buchprüfer e. V.
Schillstraße 10, 10785 Berlin
Tel.: 030/88001818, Fax: 030/88624130
Internet: www.bvb.org

Bundesverband der Deutschen Industrie e. V. (BDI)
Breite Straße 29, 10178 Berlin
Tel.: 030/2028-1, Fax: 030/2028-2450
Internet: www.bdi.eu

Bundesverband der Freien Berufe
Postfach 04 03 20, 10062 Berlin
Tel.: 030/284444-0, Fax: 030/284444-78
Internet: www.freie-berufe.de

Bundesverband Deutscher Unternehmensberater e. V. (BDU)
Zitelmannstraße 22, 53113 Bonn
Tel.: 0228/9161-0, Fax: 0228/9161-26
Internet: www.bdu.de

Bundesverband der Deutschen Volksbanken und Raiffeisenbanken e. V. (BVR)
Schellingstraße 4, 10785 Berlin
Tel.: 030/2021-0, Fax: 030/2021-1900
Internet: www.bvr.de

Bundesverband Deutscher Banken
Burgstraße 28, 19178 Berlin
Tel.: 030/1663-0, Fax: 030/1663-1399
Internet: www.bankenverband.de

Bundesverband Öffentlicher Banken Deutschlands e. V. (VÖB)
Lennéstraße 11, 190785 Berlin
Tel.: 030/8192-0, Fax: 030/8192-222
Internet: www.voeb.de

Bundesweite Gründerinnenagentur (bga)
Haus der Wirtschaft
Willi-Bleicher-Straße 19, 70174 Stuttgart
Tel.: 0711/123-2532, Fax: 0711/123-2556
Internet: www.gruenderinnenagentur.de

KfW Mittelstandsbank
Palmengartenstraße 5-9, 60325 Frankfurt/M.
Tel.: 069/7431-0, Fax: 069/7431-2944
Internet: www.kfw.de

Info-Line zum Thema »Förderung«: 01801-241124
KfW-Niederlassung Berlin
Charlottenstraße 33/33a, 19117 Berlin
Tel.: 030/20264-0, Fax: 030/20264-5188

Deutscher Anwaltverein
Littenstraße 11, 10179 Berlin
Tel.: 030/726152-0, Fax: 030/726152-190
Internet: www.anwaltverein.de

Deutscher Industrie- und Handelskammertag (DIHK)
Breite Straße 29, 10178 Berlin
Tel.: 030/20308-0, Fax: 20308-1000
Internet: www.dihk.de

Deutscher Notarverein
Kronenstraße 73/74, 10117 Berlin
Tel.: 030/206157-40, Fax: 030/206157-50
Internet: www.dnotv.de

Deutscher Steuerberaterverband
Littenstraße 10, 10179 Berlin
Tel.: 030/27876-2, Fax: 030/27876-799
Internet: www.dstv.de

Deutscher Sparkassen- und Giroverband e. V. (DSGV)
Charlottenstraße 47, 10117 Berlin
Tel.: 030/20225-0, Fax: 030/20225-250
Internet: www.dsgv.de

Deutscher Verband der Wirtschaftsförderungs- und Entwicklungsgesell-
schaften e. V.
Corveyer Allee 21, 37671 Höxter
Tel.: 05271/9743-0, Fax: 05271/974-3311
Internet: www.dvwe.de
Internet: www.wirtschaftsfoerderung.org
Internet: www.wirtschaftsfoerderung-online.de

Die Familienunternehmer – ASU
Von der Wirtschaftsprüfer in Deutschland e. V. (IDW)
Tersteegenstraße 14, 40474 Düsseldorf

Tel.: 0211/4561-0, Fax: 0211/4541097
Internet: www.idw.de

Institut für Mittelstandsforschung Bonn
Maximilianstraße 20, 53111 Bonn
Tel.: 0228/72997-0, Fax: 0228/72997-34
Internet: www.ifm-bonn.de

RKW Rationalisierungs- und Innovationszentrum der Deutschen Wirtschaft e. V.
Düsseldorfer Straße 40, 65760 Eschborn
Tel.: 06196/495-3311, Fax: 06196/495-493311
Internet: www.rkw.de

Verband Beratender Ingenieure e. V. (VBI)
Bundesgeschäftsstelle
Budapester Straße 31, 10787 Berlin
Tel.: 030/26062-0, Fax: 030/26062-100
Internet: www.vbi.de

Verband Deutscher Bürgschaftsbanken e. V.
Schillstraße 10, 10785 Berlin
Tel.: 030/2639654-0, Fax: 030/2639654-20
Internet: www.vdb-info.de

Wirtschaftsjunioren Deutschland e. V. (WJD)
Breite Straße 29, 10178 Berlin
Tel.: 030/20308-1515/-1517, Fax: 030/20308-1522
Internet: www.wjd.de

Zentralverband des Deutschen Handwerks (ZDH)
Mohrenstraße 20/21, 10117 Berlin
Tel.: 030/20619-0, Fax: 030/206194-60
Internet: www.zdh.de

»nexxt-change« Unternehmerbörse
KfW Mittelstandsbank
Unternehmeragentur
Charlottenstraße 33/33a, 10117 Berlin
Internet: www.nexxt-change.org
Internet: www.kfw-mittelstandsbank.de

Handwerkskammern (HWK)
Die Adresse Ihrer zuständigen Handwerkkammer finden Sie unter anderem im örtlichen Telefonverzeichnis.
Eine Übersicht/Zusammenstellung aller HWKs erhalten Sie beim Zentralverband des Deutschen Handwerks.

Glossar

Asset-Deal: Grundform des Unternehmenskaufs, bei dem die Vermögensgegenstände einzeln übertragen werden. Anwendungsbereiche sind der Verkauf einzelkaufmännischer Unternehmen und die Veräußerung von Unternehmens- oder Betriebsteilen beziehungsweise Teilbetrieben (Singularsukzession). Den Gegensatz zum Asset-Deal bildet der sogenannte Share-Deal.

Auseinandersetzungsvertrag: Die Aufhebung einer Gesamthandsgemeinschaft erfolgt in erster Linie durch den Abschluss eines Vertrags zwischen den Gesamthändern, in dem die genauen Modalitäten der Aufhebung, insbesondere die Verteilung des Gesamthandsvermögens, geregelt werden.

Basiszinssatz: Basiszinssatz des Bürgerlichen Gesetzbuchs (§ 247 BGB). Er verändert sich zum 1. Januar und 1. Juli eines jeden Jahres um die Prozentpunkte, um welche die Bezugsgröße seit der letzten Veränderung des Basiszinssatzes gestiegen oder gefallen ist. Der Basiszinssatz wird jeweils nach dem 1. Januar und 1. Juli von der Deutschen Bundesbank im Bundesanzeiger gekannt gemacht. (Quelle: Deutsche Bundesbank)

Buchwert: Der Wert, mit dem ein Besitz- oder Schuldposten in der Buchhaltung und der Bilanz erscheint.

Bürgschaftsbank: Bürgschaftsbanken unterstützen mittelständische Unternehmen und Freiberufler, indem sie Ausfallbürgschaften gegenüber Hausbanken für Kredite aller Art zur Finanzierung von wirtschaftlich vertretbaren Vorhaben übernehmen.

Durchschnittssteuersatz: Einkommensteuersatz, mit dem das zu versteuernde Einkommen durchschnittlich besteuert wird. Davon zu unterscheiden ist der Grenzsteuersatz.

Einzelrechtsnachfolge: (Singularsukzession) Wegen des im Sachrecht geltenden Spezialitätsprinzips bezieht sich die Rechtsnachfolge regelmäßig nur auf bestimmte einzelne Sachen und Rechte (Asset-Deal). Das Gegenteil der Einzelrechtsnachfolge ist die Gesamtrechtsnachfolge.

ERP-European Recovery Program: Europäisches Wiederaufbauprogramm, das zurückgeht auf den Marshall-Plan zur Unterstützung des Wiederaufbaus der Europäischen Wirtschaft.

Ertragsanteil: Teil einer wiederkehrenden Zahlung, der dem Zinsanteil entspricht.

Freibetrag: Betrag, der nicht besteuert wird.

Gesamthandsgemeinschaft: Das Wesen der Gesamthandsgemeinschaft besteht darin, dass Rechte und Verbindlichkeiten den Gesamthändern gemeinsam in vollem Umfang zustehen. Eine eigene Rechtsfähigkeit hat die Gesamthandsgemeinschaft jedoch nicht. Eine Gesamthandsgemeinschaft liegt unter anderem vor bei der Gesellschaft bürgerlichen Rechts, der OHG, der KG, beim ehelichen Gütestand der Gütergemeinschaft sowie bei der ungeteilten Erbengemeinschaft (auch Auseinandersetzungsvertrag). Das Gegenteil der Gesamthandsgemeinschaft ist die Bruchteilsgemeinschaft. Hier steht den Teilhabern jeweils ein Anteil an einem Recht zu.

Gesamtrechtsnachfolge: (Universalsukzession) Der unmittelbare Übergang eines Vermögens mit allen Rechten und Verpflichtungen auf den Gesamtnachfolger, der damit in die Stellung seines Rechtsvorgängers eintritt. Wichtigster Fall der Gesamtrechtsnachfolge ist der Erbfall (Einzelrechtsnachfolge).

Gesamtschuld: Mehrere Personen schulden jeder für sich die Erbringung einer Leistung, zum Beispiel die Zahlung eines Geldbetrages. Der Gläubiger kann sich aussuchen, wen er in Anspruch nimmt, insgesamt kann er die Leistung aber nur einmal verlangen. Gegebenenfalls müssen die Gesamtschuldner dann unter sich einen gerechten Ausgleich herstellen.

Gewährleistungshaftung: (Beim Kauf) Haftung für Sach- und Rechtsmängel (Rechtsmängelhaftung).

Handlungsvollmacht: Besondere Form der Vollmacht. Der Umfang der Vollmacht kann beliebig bestimmt, insbesondere auf einzelne oder bestimmte Rechtsgeschäfte beschränkt werden.

Inhaberaktie: Aktien können entweder auf den Inhaber oder auf den Namen lauten (Namensaktien). Bereits der Besitz der Urkunde legitimiert gegenüber der AG als Anteilseigner (zu Aktien: Stammaktie, Vorzugsaktie).

Kapitalgesellschaft: Kapitalgesellschaften besitzen als juristische Personen Rechtsfähigkeit. Besondere Merkmale der Kapitalgesellschaft: Die Anteile können grundsätzlich frei veräußert und vererbt werden, die Gesellschafter haften nicht persönlich und die persönliche Mitarbeit der Gesellschafter ist nicht notwendig. Kapitalgesellschaften sind insbesondere die AG, die Kommanditgesellschaft auf Aktien und die GmbH. Der Gegensatz zur Kapitalgesellschaft ist die Personengesellschaft.

Kapitalkonto: Auf dem Kapitalkonto werden die Einlagen der Gesellschaft gebucht. Es ist grundsätzlich unveränderbar, da schon allein aus Haftungsgründen die Einlagen nicht angegriffen werden dürfen. Demgegenüber werden etwa Gewinne oder Verluste der Gesellschaft auf variablen Konten der Gesellschafter (»Privatkonto«) gebucht.

Kommanditist: Gesellschafter einer Kommanditgesellschaft, bei dem im Unterschied zum Komplementär die Haftung gegenüber den Gläubigern der Gesellschaft auf einen bestimmten Betrag begrenzt ist (siehe auch Personengesellschaft, Komplementär).

Komplementär: Unbeschränkt haftender Gesellschafter der Kommanditgesellschaft (Kommanditist, Personengesellschaft). Komplementär einer Kommanditgesellschaft kann auch eine juristische Person sein, insbesondere eine Gesellschaft mit beschränkter Haftung. In diesem Fall spricht man von einer GmbH & Co. KG. Diese Rechtsform bietet sich für den Fall an, dass keine natürliche Person die unbeschränkte Haftung übernehmen will.

KfW Bankengruppe: Förderinstitut mit besonderen Aufgaben auf dem Gebiet der mittelständischen Wirtschaft und der Finanzierung von Vorhaben im Ausland.

Leibrente: Von einer Leibrente spricht man, wenn die Dauer der gleichmäßigen Leistungen von der Lebenszeit einer oder mehrerer Personen abhängig gemacht wird. Eine Leibrente ist nur in der Schriftform wirksam.

Management-Buy-out (MBO) und Management-Buy-in (MBI): Erwerb eines bestehenden Unternehmens durch interne oder externe Führungskräfte. Die eigenen Führungskräfte kaufen das Unternehmen und übernehmen als Kapitaleigener auch die Geschäftsführung (MBO). Von MBI spricht man, wenn externe Führungskräfte ein bestehendes Unternehmen kaufen. Häufig findet sich auch eine Mischung aus beidem, vor allem dann, wenn die interessierten internen Führungskräfte allein nicht genügend Kapital aufbringen.

Namensaktie: Aktien können auf den Namen oder auf den Inhaber (Inhaberaktie) lauten. Nur ein Eintrag im Aktienbuch legitimiert gegenüber der AG zum Miteigentum. Die Aktien müssen auf den Namen lauten, wenn sie vor der vollen Leistung des Nennbetrags oder des höheren Ausgabenbetrages ausgegeben werden. Namensaktien sind Oderpapiere (Inhaberaktie, Stammaktie, Vorzugsaktie).

Nießbrauch: Das grundsätzlich nicht übertragbare und unvererbliche dingliche Nutzungsrecht. Ein Nießbrauch kann an Sachen (Grundstücken und beweglichen Sachen), an einem übertragbaren Recht und an einem Vermögen, auch an einem Unternehmen, bestellt werden.

Personengesellschaft: Zusammenschluss mehrerer Personen zu einer Gesellschaft zur Verfolgung eines gemeinsamen Zweckes. Besondere Merkmale sind: zum Teil persönliche Haftung der Gesellschafter für

Schulden, Übertragbarkeit und Vererblichkeit der Mitgliedschaft nur mit Zustimmung der anderen Gesellschafter und die fehlende Rechtsfähigkeit der Personengesellschaft. Personengesellschaften sind insbesondere GbR, OHG, KG und die stille Gesellschaft (Kapitalgesellschaft).

Pflichtteil: Sind Abkömmlinge, die Eltern oder der Ehegatte des Erblassers (nicht Geschwister oder weitere Verwandte) durch Verfügung von Todes wegen (zum Beispiel durch Testament) von der gesetzlichen Erbfolge ausgeschlossen, so können sie von den Erben den Pflichtteil verlangen. Der Pflichtteil ist ein persönlicher Anspruch auf Zahlung einer Geldsumme in Höhe der Hälfte des Wertes des gesetzlichen Erbteils im Zeitpunkt des Erbfalls. Der Pflichtteil kann nur unter bestimmten engen Voraussetzungen entzogen werden.

Prokura: Vollmacht, die nur vom Inhaber eines Handelsgeschäfts oder seinem gesetzlichen Vertreter durch ausdrückliche Erklärung erteilt werden kann. Sie ermächtigt zu allen gerichtlichen und außergerichtlichen Rechtsgeschäften und Rechtshandlungen, die der Betrieb eines Handelsgewerbes regelmäßig mit sich bringt. Zur Veräußerung und Belastung von Grundstücken ermächtigt die Prokura nur dann, wenn die Vertretungsmacht ausdrücklich darauf erstreckt wird.

Rechtsfähigkeit: Rechtsfähigkeit bedeutet, selbstständiger Träger von Rechten und Pflichten zu sein. Rechtsfähig sind alle natürlichen und juristischen Personen (siehe hierzu Kapitalgesellschaften). Personengesellschaften haben dagegen keine eigene Rechtsfähigkeit, wobei das Handelsgesetzbuch den Personengesellschaften eine beschränkte Rechtsfähigkeit einräumt.

Rechtsmängelhaftung: (Beim Kauf) Der Verkäufer ist grundsätzlich verpflichtet, dem Käufer den Kaufgegenstand frei von Rechten zu verschaffen, die von Dritten gegen den Käufer geltend gemacht werden können. Liegt ein Rechtsmangel vor, so bestimmen sich die Rechte des Käufers nach den Vorschriften über den Kauf (Nacherfüllungsanspruch, Schadensersatz, Minderung oder Rücktritt), ohne dass es auf ein Verschulden des Verkäufers ankommt.

Rente: Wiederkehrende Zahlung in gleichmäßiger Höhe.

Rentenbarwert: Gegenwert einer Zahlungsreihe (zum Beispiel Rente) unter Berücksichtigung der Erlebenswahrscheinlichkeit und eines Abzinsungsfaktors.

Share-Deal: (Beteiligungskauf) Beim Share-Deal wird das Unternehmen mit seinem Rechtsträger (im Regelfall eine handelsrechtliche Personengesellschaft oder Kapitalgesellschaft) veräußert. Gegenstand des Kaufvertrags sind die Beteiligung des Verkäufers am Rechtsträger und die damit verbundenen Gesellschaftsrechte.

Singularsukzession: Einzelrechtsnachfolge.

Sonderausgaben: Sonderausgaben sind in der Regel privat veranlasste Ausgaben, die nicht Betriebsausgaben oder Werbungskosten sind. Der Gesetzgeber lässt den Abzug bestimmter Sonderausgaben bei der Ermittlung des zu versteuernden Einkommens (zum Beispiel Kirchensteuer, Sozialversicherungsbeiträge, Steuerberatungskosten) zu.

Stammaktie: Wertpapier, das mit allen Rechten eines Aktionärs, insbesondere dem Stimmrecht, verbunden ist (Inhaberaktie, Namensaktie, Vorzugsaktie). Für über dem Grundfreibetrag liegende zu versteuernde Einkommen greifen die Steuersätze von 15 Prozent (Eingangssteuersatz) bei einem zu versteuernden Einkommen von 7.665 Euro/15.330 Euro (Ledige/Verheiratete) bis zum Spitzensteuersatz von 42 Prozent bei einem zu versteuernden Einkommen von 52.152 Euro/104.304 Euro (Ledige/Verheiratete).

Stichtagsbilanz: Bilanz, die auf einen bestimmten Tag erstellt wird (zum Beispiel den Tag, zu dem das Unternehmen verkauft werden soll).

Tarifbegünstigungen: Für bestimmte Einkünfte sieht das Einkommensteuergesetz eine Ermäßigung des regulären Steuersatzes vor (halber durchschnittlicher Steuersatz für bestimmte Veräußerungsgewinne einmal im Leben ab dem 55. Lebensjahr; im Übrigen sogenannte Fünftelregelung).

Teilungsanordnung: Der Erblasser kann durch Verfügung von Todes wegen Anordnungen über die Auseinandersetzung der Erbengemeinschaft treffen.

Testierfreiheit: Der Erblasser kann den Inhalt seiner Verfügung von Todes wegen grundsätzlich frei bestimmen. Die Testierfreiheit findet ihre Grenze in dem Verbot der Sittenwidrigkeit sowie in den gesetzlichen Bestimmungen zum Pflichtteilsrecht naher Angehöriger (Pflichtteil).

Universalsukzession: Gesamtrechtsnachfolge.

Veräußerungsgewinn: Der Betrag, um den der Veräußerungspreis nach Abzug der Veräußerungskosten die Anschaffungskosten (bei der Veräußerung eines Betriebs das Kapitalkonto) übersteigt.

Verfügung von Todes wegen: Oberbegriff für Testament und Erbvertrag.

Vermächtnis: Zuwendung eines Vermögensvorteils im Wege der Verfügung von Todes wegen durch den Erblasser an den Vermächtnisnehmer, ohne dass dieser Erbe ist.

Versorgungsleistung: Leistungen, in der Regel Geldzahlungen, zur Sicherung des Lebensunterhalts an bestimmte Personen (Versorgungsrenten und dauernde Lasten).

Vorausvermächtnis: Vermächtnis, das einem Erben oder Mit-Erben zugewendet ist. Über die Erbeinsetzung hinaus wird ein bestimmter Vermögensvorteil besonders zugedacht, der Vermächtnisnehmer erhält zusätzlich etwas zu seinem Erbteil.

Vorweggenommene Erbfolge: Vermögensübertragungen unter Lebenden mit Rücksicht auf die künftige Erbfolge.

Vorzugsaktie: Aktien, die mit einem Vorzug bei der Verteilung von Gewinnen ausgestattet sind, aber in aller Regel kein Stimmrecht haben (Inhaberaktie, Namensaktie, Stammaktie).

Werbungskosten: Aufwendungen zur Sicherung und Erhaltung von Einnahmen. Beispiele: Schuldzinsen für die Finanzierung einer Immobilie, die vermietet wird; Aufwendungen für Fahrten zwischen Wohnung und Arbeitsstätte.

Wertsicherungsklausel: Vereinbarung, welche die Höhe einer Rente an steigende Lebenshaltungskosten anpasst. Sie hat das Ziel, eine Geldschuld vom Nennwertprinzip zu lösen und wertbeständig zu gestalten. Für die Genehmigung von Wertsicherungsklauseln ist das Bundesamt für Wirtschaft und Ausfuhrkontrolle in Eschborn zuständig.

Wettbewerbsverbot: Beschränkung einer Person in ihrer beruflichen oder gewerblichen Tätigkeit; Verbot, zugunsten eines anderen Unternehmens im gleichen Geschäftszweig tätig zu werden. Ein gesetzliches Wettbewerbsverbot besteht für den Handlungsgehilfen und den Vorstand der AG. Das Wettbewerbsverbot gilt entsprechend für den Geschäftsführer der GmbH. Das Wettbewerbsverbot kann aber durch Zustimmung des Aufsichtsrats oder bei einer GmbH durch entsprechende Klauseln im Gesellschaftsvertrag aufgehoben sein.

Zeitrente: Wird die Zahlung von gleichbleibenden Beträgen für eine bestimmte Zeit unabhängig von der Lebenserwartung des Rentenempfängers vereinbart, liegt eine Zeitrente vor (Leibrente, wiederkehrende Bezüge).

Zusammenveranlagung: Bei der Zusammenveranlagung von Ehegatten werden deren Einkünfte zusammengerechnet. Die Einkommensteuer beträgt das Zweifache des Steuerbetrags, der sich für die Hälfte ihres gemeinsam zu versteuernden Einkommens nach der Grundtabelle ergibt (Splitting-Verfahren).

Register

O
Offene Handelsgesellschaft
(OHG) 30 f., 180 f.

P
Pflegeleistungen 198 ff.
Pflichtteil 195 f.
Pflichtteilsergänzungsanspruch 197
Preisklasse 107
Privatvermögen, Übergabe von
144 ff.

Q
Qualitative Faktoren 89 ff.

R
Ratingverfahren 78 f., 106
Rechtsanwalt 230
Risikoabschlag bei Verpfändung
94 ff.

S
Sachwertverfahren 64, 70 ff.
Schenkung 71
Sicherheiten 92 ff.
»Sonstiges Vermögen« 71 ff.
Steuerberater 230
Steuerliche Doppelbelastung 177

T
Testament, privates 195
Testamentsvollstrecker 202
Testamentsvollstreckung, Arten
der 201

U
Übergabezeitpunkt 216
Unternehmensbörse 231
Unternehmerkredit Inland 107 f.

V
Vereidigte Sachverständige 231
Vergleichswertverfahren 63, 66
Vermögen, begünstigtes 59
Verpachtung 217 ff.
Verpfändung von Kontoguthaben
95
Verpfändung von Wertpapieren 95
Verschonungsparameter Lohnsum-
me 146 f.
Verschuldungsgrad 86 f.
Versicherungen 230 f.
Versorgungsübersicht, persönliche
20
Vertraulichkeitsvereinbarung 207 f.
Verwaltungsvermögen 60 ff.
Verwaltungsvermögen, anteiliges
60 f.
Vorbereitung, zu späte 38 f.

W
Wachstumsbeschleunigungsgesetz
124 ff.
Wettbewerbsverbot 214 f.
Wohneigentum, selbst genutztes
133, 175 f.
Wunschkandidat 43 ff.

Z
Zielkonflikt 8 f.
Zinsdeckungsquote 88

Autoreninformation

Schnelle und fundierte Informationen, leicht verständlich aufbereitet und unterhaltsam präsentiert: So wollen Leser heute angesprochen werden. Diese Entwicklung setzt Heinz-Wilhelm Vogel, renommierter Rechtsanwalt, langjähriger Journalist und erfolgreicher Fachautor, mit seinen Publikationen konsequent um. Der Hamburger hat bislang mehr als 70 Bücher geschrieben – vor allem rund um die Themengebiete, mit denen er sich im Berufsalltag intensiv beschäftigt: Wirtschaft und Steuern.

Ob nun Ratgeber, Loseblattwerk oder Newsletter: Alle Publikationen sind nach dem Motto »Klartext statt Fachchinesisch« geschrieben und liefern den Lesern – weit über die rein rechtlichen und steuerlichen Informationen hinaus – immer auch einen echten geldwerten Zusatznutzen. »Nur wer gut informiert ist«, so Vogel, »kann seine Interessen optimal durchsetzen.« Mit sofort umsetzbaren Profi-Tipps, typischen Beispielen, übersichtlichen Musterkalkulationen, bewährten Checklisten und praxiserprobten Formularen bietet er seinen Lesern höchsten Nutzwert.

Aus seiner täglichen Arbeit als Rechtsanwalt weiß Vogel nur zu gut: Egal, ob es sich um einen Familienbetrieb handelt oder nicht: Für mittelständische Unternehmer stellt sich die größte berufliche Herausforderung ganz zum Schluss – dann, wenn es darum geht, den/die richtige(en) Nachfolger(in) zu finden.

Doch genau in dieser Situation finden sich viele Unternehmenslenker(innen) nicht zurecht. Sie verpassen vielfach den richtigen Zeitpunkt, sich rechtzeitig um diese wichtige Frage zu kümmern, müssen dann oftmals unter größtem Zeitdruck entscheiden und gefährden so ihr Lebenswerk. »Das«, so ist Vogel überzeugt, »kann den Lesern dieses Buchs nicht passieren.«

Der Jurist und Finanzwirt Matthias Lefarth leitet seit 2001 die Abteilung Steuer- und Finanzpolitik des Zentralverbandes des Deutschen Handwerks (ZDH), Berlin, einer der Spitzenorganisationen der deutschen Wirtschaft.

In zahlreichen Anhörungen des Finanzausschusses des Deutschen Bundestages hat Matthias Lefarth die Positionen des deutschen Mittelstands artikuliert. Dies gilt insbesondere auch für die zum 1. Januar 2009 in Kraft getretene Reform des Erbschaftsteuer- und Schenkungsteuerrechts.

Matthias Lefarth ist Autor zahlreicher Beiträge in Fachzeitschriften und Artikel in überregionalen Zeitungen. Vor seiner Tätigkeit beim Zentralverband des Deutschen Handwerks war er mehrere Jahre in der Abteilung »Allgemeine Unternehmenspolitik« der Europäischen Kommission in Brüssel und später beim Vorsitzenden des Finanzausschusses des Deutschen Bundestages als wissenschaftlicher Mitarbeiter tätig, bevor er von 1997 bis Ende 2000 als Referent in der Steuerabteilung des Bundesverbandes der Deutschen Industrie wirkte.

Mit *Unternehmensnachfolge in Handwerk, Handel und Produktion* macht er seine langjährigen Erfahrungen im Bereich der Mittelstands- und Steuerpolitik einer breiten Leserschaft nutzbar.

In den nächsten Jahren stehen Hunderttausende von Betriebsübergaben in Handwerk, Handel und Produktion an. Dabei gilt es, zahlreiche Aspekte zu berücksichtigen: in persönlicher, betriebswirtschaftlicher, rechtlicher und nicht zuletzt steuerlicher Hinsicht. Wie Sie ein maßgeschneidertes Anforderungsprofil für einen Nachfolger oder eine Nachfolgerin entwickeln, einen Masterplan für eine vorteilhafte Unternehmensnachfolge umsichtig aufstellen und Ihr Unternehmen Schritt für Schritt übergeben und dabei die Chancen des neuen Erbschaftsteuer- und Schenkungsteuerrechts optimal nutzen, zeigt er Schritt für Schritt in diesem Buch.

Wachstum lässt sich planen – und steuern

Nutzen Sie schon alle Möglichkeiten, um Ihr Unternehmen zu mehr Wachstum zu führen? Es gibt viele Bereiche, auf die Sie positiv Einfluss nehmen können: Von Strategie und Führungsstil über Qualitätsstandards und Marketingmix bis zur Art der Finanzierung – mit den Checklisten unseres Expertenteams Tatjana und Jürgen Braun decken Sie Verbesserungspotenziale auf.

- Ursachen von Erfolgen aufspüren und duplizieren
- Nachteilige Gewohnheitsmuster durchbrechen
- Selbstreflexion des gesamten Unternehmens einleiten
- Periodische Standortbestimmung vornehmen
- Unternehmensprozesse aktiv steuern

So übersehen Sie nichts und haben alles stets im Griff! Alle Arbeitshilfen finden Sie auch auf der beiliegenden CD-ROM.

»Alle Unternehmen wollen den Wettkampf um Kunden gewinnen: Neue Kunden sollen kommen, bestehende Kunden gerne wiederkommen und neue Märkte erschlossen werden. Um das zu erreichen, wird viel unternommen. Die Unternehmen optimieren ihre Prozesse, investieren in das Marketing und verbessern den Vertrieb. Doch all das nutzt wenig, wenn das Unternehmen nicht fit für Wachstum ist. Das Instrument für gutes Wachstum lautet Strategie.«

Tatjana und Jürgen Braun

mi mehr information
www.mi-wirtschaftsbuch.de